客家研究文丛·客家经典书系

"十二五"国家重点图书出版规划

客家之谜

谭元亨 著

华南理工大学出版社
·广州·

图书在版编目（CIP）数据

客家之谜 / 谭元亨著. —广州：华南理工大学出版社，2022.8
ISBN 978-7-5623-7112-0

Ⅰ.①客… Ⅱ.①谭… Ⅲ.①客家人-民族历史-研究-中国 Ⅳ.① K281.1

中国版本图书馆CIP数据核字（2022）第143204号

KEJIA ZHI MI
客家之谜
谭元亨 著

出 版 人：柯　宁
出版发行：华南理工大学出版社
（广州五山华南理工大学17号楼，邮编510640）
http://hg.cb.scut.edu.cn　E-mail: scutc13@scut.edu.cn
营销部电话：020-87113487　87111048（传真）

策划编辑：王　磊
责任编辑：王　磊　刘一行
责任校对：盛美珍
印 刷 者：广州市人杰彩印厂
开　　本：787mm×960mm　1/16　印张：17.75　字数：254千
版　　次：2022年8月第1版
印　　次：2022年8月第1次印刷
定　　价：88.00元

版权所有　盗版必究　印装差错　负责调换

目录

CONTENTS

开篇：神话的还原与历史	001
流亡者的身份："客家"得名之谜	006
葛藤坑传说：客家的"创世纪"之谜	010
华丽转身：客家形成之谜	015
身份确认：第二祖地之谜	023
"死亡之门"：人类文明的凤凰涅槃之谜	032
远去的历史烟尘："客家大本营"之谜	048
最后期的古汉语：客家方言之谜	064
物质与非物质：祠堂与谱牒之谜	071
黄与蓝的交互：客家民性之谜	080
龙的传人：汉民族渊源之谜	094
族群尊严：麒麟、獬豸舞之谜	099
"穷山恶水"：客地大自然造化之谜	104
来自"天放时代"：客家女之谜	107
"盛世"中的蛰伏：反客为主之谜	114

近代崛起：名人辈出之谜	123
学田与学谷：客家教育之谜	134
文化秀区：石笔之谜	144
造福多样：反哺之谜	151
山歌之乡：千年古韵之谜	169
夯土的史书：客家土楼之谜	181
家的胞衣："风水林"之谜	191
星河灿烂：独领风骚之谜	198
帆济五洋：大山中的侨乡之谜	217
冲天一啸："硬颈"精神之谜	224
胡椒与围堡：十三行客商之谜	240
扬起生命的风帆：客人开埠之谜	245
永恒的客家之旅	258
后　记	272
新版后记	275

开篇：
神话的还原与历史

我是谁？

我从哪里来？

我向何处去？

——这是人类永恒的思考，也是中华民族永恒的思考，更是中华民族中一支独特的民系紧迫而又悠远的思考！

在中华民族之中，很难找到一个民系如客家人一样。其历史是如此扑朔迷离，甚至连称谓迄今都是历史之谜——汉族八大民系中，独有客家人不以地域命名，不被叫作广府人、潮汕人，也不被叫作湖南人、四川人，而是一个没有地域归宿的名字：客家。也许，正是这个称谓，注定了他们上千年流离失所、浪迹天涯的命运。万里长旅的迁徙史，一路上冰刀霜剑、血雨腥风、杀机四伏、处处陷阱。这是炼狱之路，这是涅槃之路；苦难与光明并重，死亡与重生同在。在经磨历劫之际，客家人的汉民族自尊心却空前地被激发了起来。于是，在近代中国积弱、被动挨打之际，客家人终于在蛰伏中奋起，作冲天一啸——从太平天国运动、戊戌变法，到辛亥革命、新民主主义革命，无不有客家籍的领袖人物出现，从洪秀全、洪仁玕、刘光第、黄遵宪，到孙中山、廖仲恺、朱德、叶剑英……他们令世界为之侧目。

震惊之余，世人深为困惑不解的是，这个被称为"客家人"的民系，究竟是怎么"冒"出来的？她是那么古老，与古老的中华民族一样来自远古蛮荒的岁月；她又是那么年轻，仿佛刚刚诞生，朝气蓬勃、生机盎然；她充满了神话般的色彩，她的每一个历史故事都如此神奇；可她又活生生地伫立在现实之中，高大却又平易近人，真实至极……

客家人的历史就是这样，遥远而又邻近，古老而又年轻，传说与史实、神话与真实彼此之间已相互交融汇聚在一起，难以分辨，以至传说及神话成了他们现实生活经验的一个环节，仿佛是真正有过的历史事件……其实，这又有什么惊奇的呢？古希腊罗马神话中的庞贝古城、特洛伊木马等，不是在日后的考古发现中一一被证实了吗？远古的神话，每每有着真实的蓝本！

我们要破解客家文化之谜，就不能置笼罩在历史迷雾中的传说与神话于不顾，不能把它视为虚妄与荒诞……

其实，人类的历史，又何尝不是从神话传说开始的呢？诸如伊甸园、亚当与夏娃、诺亚方舟……诸如盘古开天、三皇五帝、大禹治水——中华民族的开端，也是从一系列"创世纪"的神话开始的。前后历经五年，借助核物理的碳十四测年技术及天象、星象记载的天文学等一系列科学手段的夏商周断代工程，对历史遗迹进行发掘，以及配合古史中有关日食的文献记载，等等，终于推算出禹于公元前2070年时在位。于是，传说也成了真实，洪水并非虚幻的神话场景……

毫无疑义，神话传说本身便是一种文化的体现，它们经过一段时间的"发酵"，产生于相应的历史土壤中。这是神话传说的主人公或制造者们（当然不是一个人，而是口耳相传经历很多代的人）对自身力量感到迷惘却又无时无刻不游移于憧憬与恐惧中产生的对现实的幻觉；是他们置身于水深火热的现实苦难之际，又梦想超越苦难而创造的另一个"真实"——至少是思想的真实。

神话永远是一种拯救，或者说，神话的基调便是拯救。《圣经》神话使西方得到拯救，当年散沙一盘的阿拉伯民族也正是因《古兰经》而被凝聚到了一起。客家人也有自己的神话作为凝聚剂——我曾写过的《客家圣典》试图将神话与现实粘合到一起，去展示这种凝聚力。处于大迁徙中，易于被"各个击破"的、家无定所的客家民系，尤其需要这样一种凝聚力。这是身处逆境之际的人性的表现，这种凝聚力上升为神性，从而使艰难、屈辱的生活获得精神上的解放，实现自我拯救——无论这些神话何等虚幻、何等难以破译，其真实意义便在这里！

我赞同不少学者的观点：客家不仅仅是一个文化意义上的民系，即文化的民系，不可以完全依赖于谱牒之类的文字资料。客家人，作为来自东方文化或中国、中原文化的"活化石"，本身就是一部关于人类史、民族史及人生史的深刻的启示录。只有基于这一认识，神秘感才会褪去。走上历史场景的是一代接一代、前仆后继、义无反顾的

● 客家人拜祭黄帝陵

先驱者，是他们在开拓、在创造，在逆境中卓然而立，直至震惊这个蓝色的星球。所以，进一步说，客家文化更是一种苦难的文化，是由落难者所创立的。

从一开始，客家先民便被战乱、灾荒所驱赶，从中原到沿海，从北方到南方。客家的神话"葛藤坑传说"，便发生在唐末的黄巢之乱；文天祥写下"人生自古谁无死，留取丹心照汗青"，则是南方客家人奋起抗御元兵，却注定是无望的挣扎；明末，反抗最激烈的，也正是南方的客家人分布的地区……但无论他们怎么表现自身作为汉民族正统所系而为前度王朝作殊死的抗争，可失败总是早就注定了的。这也是客家人与犹太人为何都有一样的"宿命论"的根本原因。

所以，作为一种民族文化（也许已不能用"民系"来局限它），客家文化较之邻近的诸如广府文化、湖湘文化等，总是要沉重得多、深刻得多！

苦难永远是一本厚重的大书，它所记载的一切，总比欢乐与轻松

● 炎帝陵在湖南第一大客家县炎陵县

要多得多，但愿这只是对既往的历史而言。因为既往的历史伟人，尤其是思想家、文学家、诗人，大都是苦难的产儿，且不说这么一个苦难的民系了。客家人的出现是一个历史的奇迹，是历史苦难所锻造出来的奇迹——而历史苦难每每只能摧毁一个民族。过去已有多少一度辉煌的民族文明被摧毁了，如玛雅文明等，人们只能在历史遗址及文物考古中发现它们。

而现在的客家人则有近亿人之众，保守估计也有七八千万人。据统计，客家人的人数在中华民族各大民系中名列前茅，是世界上另一个大迁徙民族——犹太人的5倍之多。而犹太人现在大约不足2000万人，他们同样是一场又一场历史灾难的幸存者……

要将客家史写成令人信服的历史，恐怕有很大的难度，连从何开始写起也无法确定。我写了《客家圣典》，副题为"一个大迁徙民系的文化史"，只是从文化角度上作了粗线条的、抽象的勾勒而已，并未敢从信史的角度下笔。我不知道会有谁去写这样一部历史，因为，有太多的历史文化之谜，迄今无法解开！

而这本书，也只归纳出一个又一个的文化之谜，留待读者去破译。

无论如何，为中华民族中优秀且像谜一样的民系，写这么一部书，是责无旁贷，也是很有价值的。客家人奉献给这个世界的精神财富，无论怎么发掘，也是不可穷尽的。我能以绵薄之力，在这精神的宝库中，添上一块小小的砖石，便足以称愿了。

流亡者的身份:
"客家"得名之谜

何谓客家人?

光这么一个称谓,就笼罩了千年的历史迷雾。迄今,尽管有不少专家学者进行考证、研究,众说纷纭,此亦一是非,彼亦一是非,仍不曾有一个定论。

而对于中国人来说,名与实,是决不可以轻慢的。名副其实、循名责实,是几千年的古训。名不正则言不顺,麻烦就大了!那么,"客家"二字当何解释,已让多少皓首穷经的学者们绞尽了脑汁。

正如墨子在《小取》中所说的:

"以名举实,以辞抒意,以说出故,以类取,以类予。"

这已经说得够明白的了。可客家的"名实""辞意""说故"及"类予"又如何办得到呢?

最古老的说法,认为"客家"即是"夏家","客"与"夏"谐音,几千年流传下来,"夏"则成了"客"。所以,客家的祖先或先民,就是发祥于我国中土的华夏民族。毕竟客家人有着中土右族强烈的祖先崇拜观念,时刻不忘自己的祖先是"夏家人"。这一来，上溯到了夏朝，如从大禹算起，则有4000多年历史。更有炎帝陵近侧的客家人，称自己是炎帝之后。

最遥远的说法，说"客家"即是"Hakka"，这个称谓来自俄罗斯的历史文献之中。据文献称，在俄罗斯的东部边域，也就是中国的西北方位上，有过这么一个被称为"Hakka"的部族，很可能便是后来中国客家人的先民。时至今日，外国仍沿用"Hakka"这一名称来称呼客家人。

最权威的说法来自著名的客家学专家、文化大师罗香林，在客家学奠基之作《客家源流考》中称："至于客家名称的由来则在五胡乱华，中原人民辗转南迁的时候，已有'给客制度'……可知客家的'客'字，是沿袭晋元帝诏书所定的。其后到了唐代，政府簿籍乃有'客家'的专称。而客家一词，则为民间的通则。"后来，他在《客家研究导论》中更进一步肯定："从客家的住地各方志所载户口宋时主客分列观察，亦可推知客家先民的迁移运动在五代或宋初是一种极其显著的事象，'客家'一名亦必起于是时。"众所周知，晋室南渡，是在南方"侨置"了不少原来北方才有的县市，而北方中原汉人，也就成了"侨客"。先到为"主"，后到为"客"，千古皆然。罗香林的说法一直被视为最权威的说法。

但在罗香林之后，不少人对此提出了异议，于是又有了更多的其他说法。

一说是，"客家"一词来自"河洛"二字的音变，客家人也就是河洛人，是从河洛地区迁徙而来的群体。

一说是，自五代、两宋以至明初，闽粤赣三省交界、今日被称为"客家大本营"的地方，并没有一批自唐宋以来就自称为"客家"的移民，也不存在称之为"客家"的方言，更没有名为"客家"的民系。因此，权威的罗香林的说法，只是一种臆断，而"客家"的称谓，则是因为明中叶至清初时，专门为三省交界处大批的外来移民而起名的。

更有来自国外的人类学者的说法，他们观点大致一致，如日本学者小川琢治认为：客家是中国"移民中的种族（注：应为民系）……多居于广东地方，当地居民将其作为外来种族而加以排斥，此乃客家名称之起因"。而美国人类学家康斯坦保（Nicole Constable）的说法更为具体一些，认为："客家是广府人对清初由粤东迁来珠江三角洲新移民的称谓，起初并无恶意，后来两个族群由于争夺土地而互相仇视，客家人便和自称'本地人'的广府人对立，最后以方言为识别，形成一个族群。"

一个"客"字，足以证明他们以移民、流亡者的身份历经了许多的王朝兴衰，经受了一路上无尽的风雨以及人为的诅咒与迫害，当然，也包括孤立与屈辱——可以说，光一个"客"字，就足以铸造出这么一个民系的坚忍力、创造力与开拓者的神话！

而在康熙二十六年（1687年），于《永安县志》上，第一次有"客家"一词出现："县中雅多秀氓，其高曾祖父多自江、闽、潮、

● 客家人手动车水

惠诸县迁徙而至，名曰'客家'。比屋诵读，勤会文。"

纂者屈大均，是广东大学者，其《广东新语》被视为广东的百科全书，而他所称的这些"客家"，则是立县时所至，则是其纂辑100多年前的事了。从无名到及名，经多长？从及名到现诸文字，又要多久？

那么，我们就无须像老夫子一样，非要在一个字上寻根究底，非要找出一个明确的答案来。历史本就是浑沌的，包括人类的诞生，迄今仍在浑沌之中，客家人的脱颖而出，有必要来一个"断代"吗？

且留住这绵延千年不尽的情愫，不妨追踪一下客家人在历史上留下的一个个或模糊或清晰的足迹，再去叩问又一个客家之谜吧！

葛藤坑传说：
客家的"创世纪"之谜

不少民族或是民系，都有自己的"创世纪"神话，客家民系也不例外。

不过，客家民系的神话，却有着自己特异的一面——其主人公乃至"救世主"，是一位女性。

如同《圣经》中的神话一样，虽说每每只有一小段话或一个小故事，可背后却包含着相当丰富的文化意蕴和历史意识。所以客家人这个"创世纪"神话，也同样有很多的文化之谜需要我们来破译。

这个神话中的"诺亚方舟"，叫作"葛藤坑"。

不妨原文照录这个"葛藤坑"的传说。

> 在昔，黄巢造反，隔山摇剑，动辄杀人；时有贤妇，挚男孩二人，出外逃难，路遇黄巢。怪其负年长者于背，而反携幼者以并行，因叩其故。妇人不知所遇即黄巢也。对曰："闻黄造反，到处杀人，旦夕且至；长者先兄遗孤，父母双亡，惧为贼人所获，至断血食，故负于背；幼者固吾生子，不敢置侄而负之，故携行也。"巢嘉其贤，因慰之曰："毋恐！巢等邪

乱，惊葛藤，速归家，取葛藤悬门首，巢兵至，不厮杀矣。"妇人归，急于所居山坑径口，盛挂葛藤。巢兵过，皆以巢曾命勿杀悬葛藤者，悉不敢入。一坑男子，因得不死。后人遂称其地曰葛藤坑，今日各地客家，其先皆葛藤坑居民。

为了方便今天读者的阅读，我们还是用现代汉语把它译出，并且尽可能减少其中信息的损耗。

故事大致是这样的——

被人们称之为"杀人魔王"的黄巢，自河南西南二道进掠淮南，攻入浙东，走江西北、中部，直抵福建西、中部，后又转江西，出湖南，打到广西东部，南下至广州，转而退到湖南再出湖北，扰安徽，渡淮水，攻克洛阳，占领长安——可以说大半个中国让他搅得天翻地覆，民不聊生。

然而，就是这个杀人魔王，却被一个客家女子所震慑了。

战乱期间，这位女子听人说杀人魔王"隔山摇剑，动辄杀人"。因此，她也与别的百姓一样，背井离乡，逃离家园。她的兄长和嫂子均在战争中丧生，只留下一个儿子。逃亡时，她便将这位侄子背在背上，牵着更年少的儿子上路。

在逃难中，偏偏又与黄巢狭路相逢。当然，她并不知道眼前横眉怒目、杀气腾腾的人就是传说中的杀人魔王。

黄巢愤怒地斥责她："你这妇人是怎么一回事？两个孩子，年纪大、身体好的反背在背上，不让他走路，年纪小、体弱的却气喘吁吁地拖在后边，是不是太偏心了？"

● 葛藤坑传说塑像

妇人说："听说黄巢造反，见人就杀，杀了个天昏地暗，日夕之间就要来到这里了，所以，才带了孩子出来逃亡。至于为什么背着大的却让小的走路，是因为大的是我兄的遗孤，可怜这孩子父母双亡，担心他再被贼人抓住杀了，使他家的血脉便就此断绝了，所以为了保护他，我得将他背上；而小的是我的亲骨肉，可我怎么也不能放下侄子而把自己的儿子背上，所以只好牵上儿子一同逃难。"

虽说妇人话里斥责他杀人如麻，不料，黄巢竟一点也不动怒，反而非常钦佩地安慰这位妇人："你不用害怕！黄巢等人作乱，却有一怕。"

"怕什么？"

"他怕一样东西，就是葛藤。你不必逃难了，赶快回家，找到葛藤，挂到门口上，黄巢的士兵经过，也不会进去杀人了。"

那妇人听罢，半信半疑，还是背着侄子，牵着儿子，返回自己居住的山坑里。不仅在自家门口挂满了葛藤，还在整个山坑里都挂满了葛藤。

果然，黄巢的兵路过，见葛藤而不入。

原来，黄巢下了命令：凡是挂了葛藤的地方，禁止进入。

于是山坑里的男人，都因为这葛藤的庇护，逃过一劫。

从此，后人便把这个地方叫作"葛藤坑"。客家人，都称自己是葛藤坑的人。

"葛藤坑"的传说，不仅是这个民系的"创世纪"神话，也是这个民系的意识来源。

正是这位葛藤坑的妇女，以自己伟大的秉性，慑服了黄巢，从而拯救了整个葛藤坑，或者说是整个客家民系，使他们免受战乱之苦，避免了灭族之祸。没有这位女性，"葛藤坑"就不复存在，客家民系便无以形成，客家文化也就不可能产生日后的辐射作用。

这正是"葛藤坑"传说中所包含的巨大人文意识的核心。

这个传说暗示客家妇女在这个民系中产生过举足轻重的作用，确定了客家妇女的历史地位以及所承担的"救世"之责，正如人们所说的——母仪天下!

虽然这位妇女在逃难中的行为,一悖亲与疏——无疑,儿子要亲,是亲生的骨肉,侄子却隔了一层;二悖幼与长——无疑,儿子年幼,需更多的照顾,侄子年长,走路并无妨。但是,这个客家母亲有悖常理,遵循的却是更高的伦理准则:"长者先兄遗孤,父母双亡,惧为贼人所获,至断血食,故负于背;幼者固吾生子,不敢置侄而负之,故携行也。"

一番话竟慑服了杀人魔王黄巢,反而"嘉其贤"。那么,这位客家妇女"贤"在何处?贤就贤在她把兄长一家的血脉安危放在首位,危难当前,顾他人而忘自我,有一种哀悯苍生的仁厚之心,这的确是客家妇女的伟大之处。

同样,其他的客家母亲都会这么教导自己的儿女,不要欠别人什么,也不要让别人感到欠了你什么,你才会在这个世界上活得坦荡;在周济受难之人时,客家妇女会把家中最好的东西拿出来,决不会把用过用旧的东西给人家,否则客家妇女会感到羞耻,觉得对不起别人。这是怎样一种了不起的牺牲精神!

● 打砻雕塑

也正是这种人道的、伦理的精神拯救了客家这个民系，也用自己的精神维系了客家人赖以辐射的文化因子，从而塑造了客家这个民系。引申开来，一个民族要兴旺发展，不至被灭亡，一个民系要自强独立，也要靠这么一种精神，顽强地去守护民族或民系的文化边界，守护其伦理的传统。而这无疑需要个体在必要的时候，牺牲自身的利益，舍小我而为大我，舍骨肉而为血统。这是一种群体的自卫意识。因此，我们就不难理解，世界上若干个流浪的民族，为何客家会比其他民族更重伦理、重教化、重传统、重善行——包括施舍与捐献，更以偏执般的激情去维护自己的文化。

"葛藤坑"传说中母性的形象，可以说是凝聚了如此丰富的文化信息。竟然是女性"拯救了世界"，至少是客家人的世界，这是传说的第一层文化信息。但是，即便这样，她还只是遵奉中国的伦理传统，以自己的姓为正宗的血脉，而这个"姓"，却只能由男性所继承，她捍卫的，仍是以男性为中心的宗法关系。这当然是深一层的文化信息了。

当然，最终的，仍是那种高于个人，也高于宗法关系的哀悯众生的人道精神——这是超越时空，超越任何形态社会与历史的。

应当说，在这个"创世纪"神话中，远不止包含上面这些文化信息。

相信读者在读完这本书之后，将会得到更多读不尽、道不完的"葛藤坑"！

华丽转身：
客家形成之谜

我曾下南洋，到了客家人最多的一个岛国印度尼西亚——有人说那里有大概500万客家人，甚至有人说有800万客家人，因为那里的华人超过了2000万人，这是让人匪夷所思的数字。

远隔重洋，无边的海水隔断了血脉，一个族群的儿女们在蛮荒之地开拓出自己的家园，落地生根。而来到这里，之前的一切：方言、乡音、习俗……作为族群标志的一切，也都一一定格，无以改变了。

我们诧异，他们在此地说的客家话，何以与梅县、河源的不尽相同？

同行的一位语言学家给我们解惑：他们说的是出发到这里之前的客家话，即200年前左右的客家话，所以，国内的客家话多少有了点变化，而这里的被封存了起来，丝毫也不曾发生变化，这是语言的"活化石"。他还说起，云贵高原上有一个文化奇观，就是屯堡，被视为"明遗址的活化石"。石头垒成的屯堡，由于地形关系，明初屯军，几乎就与世隔绝了。所以，迄今连堡里妇人的服饰仍是那时的特色。男耕女织，耕商结合，建筑更是明时风格，木雕、石雕，每一块石头都是一段历史。朱元璋平叛，在此留下30万屯军，从此远离了当时文化的主体。他们不再随历史变迁、随朝代更迭，而是开始了自我发展的独立道路，包括屯堡的语言，也都是几百年不变。

其实，当年客家的形成，也有异曲同工之妙。

中原汉族南下后，抵达东南一方，把他们隔离的则是大山。东边是武夷山，山名之所以有"夷"字，因为一过武夷山，便是古人所称的"东夷"所在地。南面则为南岭，也就是五岭山脉，越过南岭，便是古时所称的"南蛮之地"。南岭的阻隔在心理上更为严重，古谚有："马到郴州死，船到郴州止，人到郴州打摆子"——一过郴州即是南岭的瘴疠之地。谁都知道，一过南岭就没有雪了，广州也是上百年难见一次雪飘。当年崇祯皇帝也曾左一句、右一句称袁崇焕为"南蛮子"，袁崇焕祖居在东莞的水南村，他自己则出生、成长在广西藤县，那是客属地。

客家人自江西的石城过武夷山，则到了石壁。

广府人自江西越过南岭的梅关古道，则到了珠玑巷。

让我们重现当年的历史镜头。

● 客家祖地福建宁化石壁

郁孤台下清江水，
　　中间多少行人泪。

相传，在郁孤台即赣江口分手的人，溯章水西去，过梅关古道，进入南雄珠玑巷，从此就汇入了广东最大一个民系——广府人当中了。"珠玑巷传奇"如"葛藤坑传奇"一般，也集中体现出了广府民系的种种观念，这同样是一个神话，开基的神话。

而在郁孤台溯贡水东去的人，经石城，进入宁化石壁，也就是"葛藤坑"，就演变成为一个新的民系——客家人，这更是不争的事实，所以才有了客家人"创世纪"的神话——葛藤坑传说。

不同的方向，走出了不同的民系。

"珠玑巷"在当时的全国商业城市几乎都有。于是，重商重利的广府人，也就由此确定了其民系的品性。

而"葛藤坑"，则在南北的山乡也都有，已有人作过考证。"葛藤坑"中的人，重学重义。客家人的品性，也同样由此而来。

没有流亡，也就没有神话。

　　西北望长安，
　　可怜无数山。

要理解这十个字，就得解读这一神话，这一由"无数山"隔绝的流亡者的神话。

但是，黄巢之乱这一段历史演进，也并非不曾留下人类学、文化学、社会学、遗传学等诸方面的重要资料。它们可以提供非常丰富的历史文化信息，证明客家民系在形成过程中，某些特质、理念、品格是如何在上千年间一脉相承，又如何在新的历史地理环境下发展或变异的，从而才有了这么个"特异的存在"。

● 郁孤台

● 石城宝福塔

从珠玑巷南下的"宋人"直达珠江三角洲,其中一支有36姓97家,由其首领罗贵率领,落籍于冈州塱底,也就是今日的广东省江门市蓬江区良溪,与汉代移民汇合,形成了今日广府族群中的"四邑人",四邑方言也成了广府的次方言。

台湾著名语言学家罗肇锦认为,到达石壁的,其唐宋时期的官话一直没变,被视为"最后期的古汉语"——便是今天的客家话。

武夷山的"夷"界,当是非常清晰了。

而南岭呢?它也有"夷界"与"蛮界"么?

南岭往东的余脉,有一座广东名山——霍山。

显然,界线已经很清晰了。

霍山,位于古龙川的北部。站在霍山顶上,可以看到江西南部。当然,它是属于广东境内的,且是从江西寻乌、定南进入龙川境内最早看到的大山。由于地形奇特,霍山在四周平缓的丘陵中间,突兀而起,凌空而立,成了几百里内可以看到的、鲜明的具有冲击力的标志。

而古龙川,则是秦始皇大军平南越东线进入的第一站,并顺理成章地成为秦王朝在岭南最早设立的县治,也就是说,是中县人(即秦

● 长汀古城楼

人及其后的汉人）第一立足之地。那么，地域虽属蛮夷，但族源却再正统不过了。于是，这才有宋人朱何的"非中国、非夷狄"之说。

我们不妨引录朱何下面这段文字：

> 予尝闻天下之山矣，洛有嵩山，鲁有泰山，并有恒山，冀有岐山，斯中国也。匈奴有祁连山，西域有葱岭山，高丽有辽山，西南有文山，斯夷狄也尔。是山也，或中国，或夷狄，而传之史册，扬之天下，何也？在乎遇不遇之闻耳。幸而遇也，夷狄无不闻，不幸而不遇也，虽中国有所不闻矣。霍山者不中国，不夷狄，抱瑰奇卓异之实，而名未白于世者，此未之遇然耳，为霍山者，当益自负于杳冥磅礴之间，朝而苍烟与之俱，暮而白云与之娱，明月清风之与室庐，列仙群灵之与游居，岂不绰绰然其自特重从深乎。有时而遇也，则摅云而为膏物之泽，巢凤凰为明时之瑞，蓄杰材为大厦之用，繁灵药为生民之会，恶肯浮取其名哉，予恐霍山予言何如。

这段文字颇值得玩味：一是中国、夷狄之界划分得十分明显，连山的归属都再清楚不过了。山的出名，更在其"归属"，无归属难以有名。然而，处于江西、广东之边界的霍山，却"不中国，不夷狄"；二是尽管处于非中非夷之间，也得看"遇与不遇"，在乎机

● 客家人与闽南人共同的出发点为河南东南部的固始，也就是大别山阴，越过大别山，即从中原进入了南方地区，如今，固始属于信阳市。

会，而霍山独特的地缘位置，无机遇而"益自负于杳冥磅礴之间"，有机遇则"摅云而为膏物之泽，巢凤凰为明时之瑞……"。

固然，今日霍山亦已为广东七大名山之一，古人留下的诗文也有不少，但仍处于"遇与不遇"之间。

所谓"遇"，则是一个明确的定位，它处于汉界与蛮界之间，当算作什么——中县人、中州人、中国人，均为中原人在不同时期的称谓，而中县人及以后形成的客家人在此，又当视其为什么呢？

"客家圣山"的桂冠当非霍山莫属——圣者，传道授业解惑也，故孔夫子为圣人。霍龙避乱到此读书，乃遗圣迹，客家人酷爱读书，实一脉相承。

朱何的文章颇有宋人的自矜，甚至给人居高临下的感觉，而产生这一感觉则与那个时代是分不开的。

那是一种时代精神。宋代，是中国历史最为富丽、最有文采的朝代。有人说，如果可以穿越历史的话，那宋代是中国历史上最为优秀的选项。西方的史学家甚至认为，如果历史不被战乱切断，那中国的宋朝更早于西方来到资本主义的前夜，商品社会已经相当发达。距汴京不远的泉州，一度是海上丝绸之路上最发达的商港，宋神宗取南汉国"笼海得法"，海洋贸易风生水起，京城的商贾占了三分之一，已是市民社会形成的标志——这与今天的比例几乎无异。一幅《清明上河图》把宋朝的繁华富裕表现得淋漓尽致，令人倾慕与向往，而宋代的文坛不让盛唐，出了众多名家，宋词迄今仍是中国文学无法逾越的艺术高峰。

形成于宋代的客家族群，无疑挟着宋代的文化雄风，越过武夷山与南岭，来到了一个文化空白的"夷蛮之地"，也就大有用武之地，最新最美的文字、最亮最炫的图画，促使客家"华丽转身"。

一个族群便在此脱颖而出。

我曾在一篇论文中写道：

> 经多次到位而抵达石壁的客家先民，此时已有了形成一个独

特民系的所有条件：第一，跨过了武夷山余脉进入福建，便割断了与中原紧密联系的脐带，开始了独立发展的历程；第二，民族的积弱、挨打，激发了他们更强的民族自尊，他们已作为一支独立的力量承担起了民族救亡的责任，有了思想上的承传及进一步成熟、提升的需要，即有了共同的文化意识；第三，客家方言也终于脱颖而出，不再为一再侵入中原古韵的其他民族语言所改变；第四，这批越过文化边界包括军事边界的先民，不再是零散的，而有了相当规模，彼此的认同不再有障碍……还可以列举更多的条件，包括民俗之类，甚至上升到价值观上。

我们不难在石壁的姓氏上找到有力的论证。

《宁化客家姓氏源流》的作者余兆廷先生据其所能收集的现有资料，做了细致的考证，他说："据资料所载，自东汉开始，特别是在唐、宋、元之间，流迁于宁化的客家先祖姓氏相当频繁……据现有资料统计，近200年在宁化落籍（留居）过的姓氏，其中，有谱牒依据的计129姓；未见谱牒而来自外地寻根问祖和地情书刊所载及1985年全县姓氏普查证实，确曾在宁化居留的姓氏有69个。"①

对于这么一个弹丸之地，聚集有这么多的姓氏，说明了什么？不用怎么解释，大家都很明白。如今，每年都有上万名海内外客家人来到设有152个姓氏的客家先祖牌位的石壁客家公祠朝拜。寻根问

● 武夷山

---

① 载余兆廷《宁化客家姓氏源流》，中国华侨出版社，2000年，第10页。

祖,自是有其充足理由的——在他们的族谱上,都明确记录有这样一个"再生之地"的名字,他们的祖先曾经在这里聚落,而后才从这里走向如今的客家属地,走向世界。

要破解这样一个族群的最终形成之谜,则在此!

因为空间、地理造成的阻隔乃至客家人自身心理上的阻隔,使得进入这片土地的宋人有了独立自主发展的机会,不再与山那边与中原紧密联系的汉人交往。他们顽强地守护住了这个时代的文化边界,不让其他后来的文化侵入,自固、自主、特立独行,依旧不失宋人的自矜。

客家人应感谢秀美、清秀亦不失壮观的武夷山。

客家人应感谢奇谲、瑰丽亦不失大气的南岭。

没有这两座山,就不会有他们独立发展的机会,也不会有这样一个族群的诞生!

天时:宋代的人文氛围;

地利:武夷山与南岭的自然与历史的分界;

人和:在大迁徙中永不止步的意志与愿景!

当然,我们或许还可以追溯到公元三、四世纪欧亚大草原上所遭遇的"小冰河期",可以追溯到唐末的安史之乱与黄巢造反……正是几百上千年,这样一批中原望族的"多次到位",最后才在"两山"之外来了个华丽转身,让一个在中国近现代史上冲天而起的族群横空出世!

自然、地理、人文历史的机缘,全聚在此了!

身份确认：
第二祖地之谜

客家人，自家人，这是使用频率最高的用语。

自家人是什么？是中原、中县、中土人，古代中国的腹地，逐鹿中原，得中原者得天下；自家人，亦认同为汉人，汉民族，中原正宗的血统……

所有的指向，都是中原。

正如我们常说，黄河是中华民族的母亲河，而以郡望自矜的客家人，他们的原乡、他们的祖地便是黄河蜿蜒流过、哺育出的中原大地。

这是不会有任何疑义的。

但具体说到每个姓氏，则有南阳堂、颍川堂、陇西堂、江夏堂、三槐堂……覆盖了整个中原，包括河南、陕西、山西、甘肃、山东等省份。

因此，确认自己中原人的身份，似乎有这些就够了。

然而，客家人总觉得这还不够。

于是，便有了第二祖地的发生。

身份的认同是我们对自己在世界中地位的确定，也是在社会中的归属得到相应的允诺的体现。地位的确定，意味着自身的尊严得到尊重,也包含自信;而归属的允诺,则意味着群体(包括族群)的认可。这种依靠,远超亲情、友情支撑的力量。地位的确定、社会的认可,更是个人获得成功的保证,或者可以说是奋斗过程中所需要的一路绿灯。当然,这是现代社会的观念,与过去奴隶、农奴们的俯首帖耳、匍匐爬行式的"认命"不一样。

其实,客家人的身份认同也曾处于极度的焦虑之中。

首先,当这个族群形成之际,即越过武夷山进入东夷之地,越过南岭来到南蛮之地,他们身处异乡,又何以确认自身原先作为汉民族的身份呢?

于是,这才有了如今年年拜祭的"客家祖地"——宁化石壁,即从汉地石城越过武夷山之后的第一站——石壁,凭此方可确认自己是汉人,是华夏古国几千年的主人,只是来到夷地为客。当然,还有种姓、百姓宗祠、百姓古街……这都是身份认同的证明。关于这最早的身份认同,我已在关于"祖地"的多篇文章中写过,这里就不重复了。

这是最早的也是最根本的身份认同。

● 拜祭母亲河

而后，则是客家人越过武夷山、南岭之后，开始脱离汉族主体的独立发展，并在新的"第二祖地"上获得新的身份认同——这便随之形成客家方言，它被视为"最后期的古汉语"，如我在《厓系客家人》中的歌词所述："乡音识亲人。"众所周知，客家话是唯一不以地域命名的汉语八大方言中的一种，分布在南方逾十个省份中，却彼此可以交流、认可；土楼、围堡、围龙屋，也成了客家独有的族群建筑。方言与围楼，即精神文化与物质文化，两者均堪为代表。

在中国的南方，无论哪个民系，都很在乎自己的"祖地"，或曰"开基"之地。而这些"祖地"或"开基地"并不在中原——当然他们可以依姓氏的源流一直追溯到中原，因为姓氏的堂号都很清晰地指明了其在中原的相应位置，如王氏为"三槐堂"，属太原郡；陈姓为颍川堂，在今河南许昌；张姓为清河堂；罗姓为豫章堂；周姓为汝南堂；郭姓为汾阳堂；刘姓为彭城堂；黄姓为江夏堂；韩姓为南阳堂……这里引的，都是客家的大姓，在百家姓中也都很靠前。无疑，他们根在中原，是最早生息在那里的"望族"，是"地望"所在。所以，姓氏对"地望"与"祖地"的指向，是再明确不过的。中国人的姓氏源远流长，仅从伏羲氏开始"正姓氏，别婚姻"算起，亦有五千年的历史，客家民系的姓氏亦不例外。《左传·隐公八年》云："天子建德，因生以赐姓，胙之土而命之氏。"《通志·氏族略序》称："三代之前，姓氏分而为二，男子称氏，妇人称姓。氏所以别贵贱，贵者有氏，贱者有名无氏……姓所以别婚姻，故有同姓、异姓、庶姓之别；氏同姓不同者，婚姻可通，姓同氏不同者，婚姻不可通。三代之后，姓氏合而为一，皆所以别婚姻，而以地望明贵贱。"

因此，凭借姓氏，我们可以追溯到几千年前，这是地球上极少民族可以做到的，欧美各国，其姓氏大抵源于中世纪之后，再早，也就是古罗马帝国，也就二千多年，仅及我们一半时间。

客家人以郡望自矜是众所周知的，那么，他们为何不以姓氏的"地望"为最大的皈依，却非发掘出又一个"祖地"来，如同广府人，非找出个"珠玑巷"作为整个民系的开基之地呢？

我在研究客家民系之际，对相邻的民系，尤其是广府民系，也作了深入的研究，出版了多部广府民系的文化研究专著，在其中的一部《广府寻根》中，我是这么阐释的：

研究广府民系的形成，尤其是珠江文化或广府文化的"源"与"流"，都不能不触及珠玑巷的传说。这不仅仅在于广府民间一讲到祖上开基之处，必提到珠玑巷，甚至有的学者沿袭这一说法，去论证广府民系是直到珠玑巷时期才得以正式形成——这自然值得讨论，而且还在于这一传说所包含的文化意蕴，其在广府民系发展史中所具备的无可回避的重大影响。①

因此，如果写广府民系与广府文化时，无视珠玑巷，甚至不知珠玑巷，那便等于对这一历史课题的无知；同时，如果对珠玑巷本身不加以研究，简单几笔带过，也同样不可能真正认识了解这个民系及其文化。

无疑，广府人有太深的"珠玑巷情结"——这被他们视为自己的汉文化之"根"，以此证明他们不曾脱离中国的整体文化史，这正是问题的症结所在。近年来，关于珠玑巷的研究沸沸扬扬，出了不少书，提出了不少新的证据，也有一些不同的见解。其间，大量的是谱牒证明——至于谱牒的真伪，不少专家各有不同的说法，这里且不加以妄断。但研究一部文化史，有时更真实可信的，是那个时代的思想演变——那正是由史实本身提炼出来的，不存在虚拟的可能。故史学家有"思想史是唯一的信史"一说。

因此，我们可以断言，珠玑巷的传说，与其说是基于大量谱牒的发现，予以了进一步的证明，还不如说是产生于一个非常时

---

① 谭元亨《广府寻根》，广东高等教育出版社，2003年，第180—181页。

期作为一个民系共有的认同观念。

　　这点，我在论及广府民系形成的"广信期"中提到——"珠玑巷传说"正是产生于中国积弱、受屈辱及开始走下坡路的南宋时期。

　　——除了宋代进入"后儒社会"，实用理性占了上风，强调汉民族文化传统乃至汉族血统之外，更重要的是，汉民族王朝处于风雨飘摇之际，相对激发起了作为一个民族的文化自尊乃至血统之至贵——"珠玑巷传说"的内涵正是在此，以强调汉民族于岭南开基，作为广府民系的汉族血统。

● 客家围龙屋

　　这里须说明的是，广府民系萌发于汉初之广信周遭，其"广"字便源于广信，并由广信派生出广州，又由广州分出广东、广西……否则无以解释珠玑巷移民南下（宋末元初）之前，生活在两广，尤其是西江流域、珠江三角洲的百姓主体是什么人——这已在《广府寻根》中做了充分的论证，这里就不复述了。引用上一段文字的意义，则在于表明民族危亡之际，南方人民是如何激发自身的民族自尊，从而强化了自身汉文化的身份的。

无独有偶，几乎与广府民系于珠玑巷"开基"的同时，在福建宁化之石壁也有同一个客家民系"开基"的历史记忆。虽然对于广府民系而言，珠玑巷开基的意义主要在思想上，而非完全的历史事实。但是，对于客家民系来说，石壁作为"客家祖地"的开基，无论对思想而言，还是对历史事实而言，都具有重大而真实的意义。

如今，年年于石壁所在的福建宁化都有盛大的祭祖大典。为何在此？很简单，因为客家祖地就在这里，扩而言之，整个闽西，都被视为客家祖地；而石壁，则已建有初具规模的客家祖祠，收入了曾在此停留的200个姓。这一祭祖活动，隆重、浩大，影响深远，年年都有海外客属踊跃前来，人山人海，万头攒动，尤其白发苍苍的老者为多，他们的那份虔诚、那份感情，难以形诸笔墨。一个个老泪纵横，激动不已。有的扑倒在地，抓一把祖地的泥土，要带回现在的居所；有的更掬一捧汀江的水，注入瓶中，随身带着——汀江，是更近的母亲河！

那种对祖地的情感，何等浓烈！

年年岁岁，寻根问祖，思乡之情凝聚在一位如今近百岁的客家学人古进为客家公祠、牌坊所撰的楹联上：

　　石山北立先祖定居成新客
　　壁祠南向后裔归来寻旧家

还有一幅长联：

　　客地久盘桓定居犹是他乡客
　　家邦长依恋终老尚宜故园家

两副对联，把"石壁""客家"两词巧妙嵌入，言简意赅，意味深长，把客家历史、心愿、情感都写进去了。

多少老人在叨念对联时涕泗交流、感奋不已。

正因为这一祖地认同了他们汉民族的身份，找回了五千年炎黄子孙之根——他们人在海外感受至深。

我在广府人的祖地，也同样目睹这样的盛大场景。

正如客家族群视赣州为客家摇篮，闽西为客家祖地，梅州为客都，河源乃客家古邑，河源的水源音（或惠河话）被确认为客家古音——这是近30年来客家研究的并得到公认的成果。广府族群亦可视广信（含梧州、封开）为广府首府、发祥地，视珠玑巷为广府祖地，广州—香港则是广府的轴心或中心，而五邑，则成了广府乃至全国最大的侨乡。无论广府民系还是客家民系，均是两次乃至多次到位才得以形成的。语言的多元本身也说明族源的多元构成，广府有自广信至广州的标准白话，客家亦有梅州的标准客语，而五邑话与水源音也都同样是各自族群的次方言。这都已经没多少争议了。

摇篮对发祥地、祖地对开基地，以及标准白话对标准客语，古音与次方言……种种，虽说表述上略有差异，但大致都一样。从宏观上而言，这种历史文化定位，或许会因为不同时代的语境而有所变化，但各自的文化指向、历史内涵，却已经不会有太大的歧义了，这也是改革开放以来，文化的自觉、族群意识的自觉、多元一体格局的形成、思想解放与民主政治的推进之一大表现。

从这些方面，我们可以找到这两大民系诸多的文化共性。

首先，从地理上看，众所周知，中原自古以来，对东南西北方位上的族群有着非常明确的"华夷"之分，所谓北胡、南蛮、东夷、西狄的称呼就是这么来的，虽然后来大部分胡人已有蛮、夷、狄融入了汉民族当中，但这种意识却一直很顽固，且延续到了近现代。而对于东南方位而言，便是东夷、南蛮了。著名的爱国将领袁崇焕，在汉族王朝的明代，每每还被崇祯皇帝唤作"南蛮子"，虽说他本是客家人，是中原汉族的后裔，他的被杀，固然有清军反间计的原因，但与崇祯皇帝脑子里根深蒂固的"华夷之分"观念是密切相关的，认为"南蛮子"与"北胡人"互相勾结，乃"非我族类，其心必异"，则理所当然，终使袁崇焕被冤杀、被碎尸万段。

我们也同样从大量的历史典籍中得知，汉民族或更早一些的华夏族的边界，在东边，当是以武夷山脉为界，过了武夷山，乃是"东夷"。同样，在南边，过了五岭，有越城岭等，也明显为"华蛮之界"。也就是说，过了五岭，即南岭，也便是南蛮之地了，而非汉族或华夏族的地域了。

因此，从江西（古华夏族或汉族地域）进入福建（东夷）、广东（南蛮），无疑是离开汉民族的世界而进入了异族的世界。而这时，如何重新确认自己的汉族身份、明确显示自身的世系乃汉族世界，是汉民族的正朔，是炎黄子孙呢？

这就需要一个能确认其炎黄子孙、汉族根系的"第二祖地"的证明。

于是，便有了广府民系珠玑巷的传说。

于是，客家人也几乎同时有了石壁葛藤坑的传说。

有了这么两个"祖地"，无论是客家人还是广府人，也就都有了与中原、与华夏文明史密切相关的历史渊源，更有了作为汉民族一员的身份。否则，当你已生活在夷蛮之地，并且子子孙孙都得在这繁衍下去，你又能怎么去认同中原、认同汉族、认同一部中国的历史并昭示后人呢？

这个观念，在民族危亡的宋代殊为强烈。

这就不难理解，早已于汉代发祥的广府人，为何仍要在南岭脚下确认自己的祖地，虽说那已经到了宋代。而且，在这之前，自张九龄凿开大庾岭道至产生珠玑巷传说已有600年之久，正是这600年间，大量的中原移民，过梅关古道，进入到南雄、韶关等粤北地区，使那时粤北人口比包括广州在内的南海郡的人口数要多得多，且不说在南雄还设立了广东第一个孔林书院。那么，为何把这600年的大迁徙都浓缩到了宋末元兵南下之际短短的几年间呢？为何广府民系数以千万计的后裔都在族谱上写上"自己来自珠玑巷"——尽管不少学者已对此提出了质疑。

其实，他们也同客家人一样，有着同样的身份认同，即：

都是来自中原，根在中原，后来才在各自的祖地开基创业；

都经历了大迁徙，身上有着迁徙的印记与血液；

都籍借于族谱、传说乃至神话，拥有汉民族的身份。

虽说到今天，仍有人对罗香林提出的关于族谱"事出有因，不见正史；并无实据，不容忽视"[1]的观点提出非议，认为其是非科学的，但是，笼统地否认族谱的记载，恐怕更不科学吧。客家祖地博物馆，再加上上杭拥有数以万计族谱的客家族谱博物馆，我想，只要学者能借助这些数量繁多的客家族谱博物馆的资料，凭此深入下去，真正用功夫，必有不俗的结论。

我这里强调族谱，并不是认同那些牵强附会的内容，也不是把神话传说当成了信史，我要说明的是，当不少人视身份认同、文化认同为子虚乌有之际，族谱所揭示的血缘认同，却是再真实不过的了。

其实，身份认同、文化认同，也绝对不应视为虚的。

因为，祖地，是实实在在在我们的脚下，不，在我们怀抱，在我们的生命当中。

---

[1] 罗香林《大地胜游记》，亚洲出版社，1959年版。

"死亡之门"：人类文明的凤凰涅槃之谜

在人类文明史上，东西方各自不同的文明发展到一定阶段，都会面临其"死亡之门"——如同人类本身，有其童年、青年、壮年与老年，文明也会走到终结。古埃及文明寂灭了，古巴比伦文明也消失了——消失得比古埃及还惨重，如果没有考古学家的重新发现，也许今天的人们仍不知道在这个地球上曾经有过这么个文明的存在，不比古埃及，至少还有金字塔、狮身人面像留存下来，诉说5000年或更久远的大漠雄风、法老神威……

末了，古希腊、古罗马文明也一样万劫不复，也未能穿越得了"死亡之门"。

四大文明古国，其中三大文明都逃脱不了覆灭的命运，"死亡之门"仿佛是无法通过的，它成了文明的宿命！

最后，只余下了华夏文明。在它之前，没有任何一种文明抗拒得了"死亡之门"的宿命。而它，却两度面临"死亡之门"！

第一次，是3世纪至4世纪之间，华夏文明同古希腊、古罗马文明一道，共同面临自欧亚大草原上席卷而来的历史飓风。其中，古希腊、古罗马文明被摧毁，陷入了被后人称之为"千年黑暗王国"的中世纪！

第二次，是18世纪，腐朽的大清帝国尚在做着"天朝"的美梦，殊不知西方列强已不把中国视为一个国家，而视为未开拓的市场及争相瓜分的殖民地，西方列强伸出毛茸茸的魔爪几乎把这已滋育了5000年古老文明的土地瓜分掉，"死亡之门"几乎不可阻遏！

华夏文明该怎么穿越这"死亡之门"呢？

穿越不了，便灰飞烟灭；穿越过去，方可来个凤凰涅槃……

多少文明，都无法穿越得了"死亡之门"！这是文明无法躲开的劫数，这是人类历史上命中注定的生死考验——无论后人怎么阐释这个"死亡之门"的历史哲学意蕴，但至少，没有谁愿意再付出堕入"千年黑暗王国"的代价，接受禁欲主义的中世纪的惩罚。人类今天已能一日千里地飞跃，千年沉沦未免太可怕了。只是，今天谁又能说，人类不又正在穿越一个"死亡之门"呢？核战争威胁、恐怖主义、宗教冲突、毒品泛滥、种族仇杀……一一数列下来，实在是太可怕了。

人类能有什么力量去遏制这一切呢？

既然我们曾经有过穿越"死亡之门"的侥幸，那么，我们为何不借鉴一下历史！

当华夏文明与古希腊、古罗马在3世纪至4世纪之间面临同一命运之际，为何未曾堕入"死亡之门"呢？

让我们作一次历史的俯瞰——

3世纪末至5世纪初，在欧亚大草原，也就是西方称的"鞑靼平原"，发生了千年不遇的大旱灾，几十年、近百年连绵不绝的干旱，把万里地肥水美的草原变成了一片片焦土。为了生存，生活在这辽阔大草原上的游牧部族们必须杀出一条活路来。

往北是不可能的，那里的沼泽、森林消失，唯有砭骨的严寒，冰雪覆盖、冰川林立……他们只有两条路——西进与南下。

南下，他们曾屡经失败，但是，这次却不同一般，不南下，也无活路可走了；西进，已经伸出过无数的触角，有胜有负，但总的来说，不去也是不行的。

首先，他们击溃了里海以东的阿兰人，渡过乌拉尔河、伏尔加河，进入顿河流域占领了那里的领土，并把当地的一部分人并入了自己的联盟；又开始进攻东哥特人。4世纪70年代，向黑海沿岸草原推进的匈奴人大败哥特人，被征服的东哥特人也加入了他们的部落联盟。

在匈奴人的军事压迫下，西哥特人渡过多瑙河，向巴尔干半岛迁徙，置于罗马人的奴役之下。他们旋即起义，经阿得里雅堡之战，赫赫有名的罗马军团被歼大半，连皇帝瓦伦斯也负伤躲在茅屋中，被战火烧死。最后，被视为"蛮族"的西哥物人，攻克了罗马古城，这座被称之为"永恒之城"的古都，被洗劫了三天三夜，罗马从此万劫不复。

当时一位教会作家耶洛尼姆斯极度哀伤地叹息道：

当最灿烂的光芒熄灭了的时候，
当罗马帝国的头被砍掉的时候，
说得更准确一些，也就是当全世界在一座城里灭亡的时候，
我片语全无，张口结舌，感到空前未有的侮辱。

在西方，这可以称得上一次"世界末日"了。古奥古斯丁正是在这时，唤起了他的哲学思考，建立了"上帝之城"与"撒旦之城"对立的哲学系。

法国历史学家A·皮甘尼奥尔在《基督教徒的帝国》中写道："罗马文明不是自然消亡，而是被扼杀。"

蛮族的入侵，是古罗马文明断裂的致命原因，但它也已是一个病入膏肓的垂垂老者。它自身的腐败也已到了无以复加的地步。据记载，在当时，官吏敲诈勒索和营私舞弊，对不及时纳税的人的处罚已不是鞭笞，而是死刑。监狱里挤满了议员、手工业者与农民。居民与

士兵大批逃亡，乃至投奔"蛮族"。为了选举主教，相互残杀，一次就死了3000多人。

恩格斯针对当时罗马的腐败、冷血曾这么说过：

> 罗马国家变成了一架庞大的复仇机器，专用以榨取臣民的膏血了……然而它的秩序，却比最坏的无秩序还更坏，它说是保护公民防御野蛮人的，而公民却把野蛮人奉为救星了。

西方，从此坠入了圣·奥古斯丁所说的"撒旦之城"。

对此，当代著名的历史学家阿诺德·汤因比曾这么追问："那么多一度繁荣过的文明已消逝不见。它们所经过的'死亡之门'是什么呢？"

西方从此进入了中世纪，古希腊、古罗马文明从此列入了世界被消灭的文明系列之中——这被称之为"千年黑暗"，从4世纪到14世纪。

在这个"千年黑暗"中，西方文明向野蛮、蒙昧靠近了。活跃的商品贸易等经济活动，衰退到了物质交换与自给自足的原始阶段。人类的理性被扼杀了，智慧也被剥夺了，堕落到了愚昧主义、禁欲主义的深渊之中；科学的发展中断了、停滞了，古代有价值的典籍、图片，在基督教会的淫威下，全给销毁了；反动的农奴制出现了，在封建专制主义、极权主义统治下，人民生活在水深火热之中。

中世纪的罗马只知道一种意识形态——宗教与神学。

这便是古罗马文明覆灭的历史。

这便是世界文明史上的"死亡之门"！

亚欧大陆西部的民族大迁徙，其最后的结果便是古罗马文明的覆灭；那么，亚欧大陆东部的民族大迁徙，面临最大威胁的，自然是古老的华夏文明。

那么，它也是命中注定在这次浩劫中寿终正寝了吗？

同样是欧亚大草原千年不遇的旱魃逞凶，迫使匈奴人南下——这边，被叫作南匈奴，而且已经渗透到了长城之南了……

同罗马帝国末年一样，经两汉文明，到晋朝，中国的统治者也腐败得相当可以了。尤其是晋武帝灭吴之后，将孙皓的5000多名后宫如数接纳,从而使宫女达逾万之众,腐败得甚至卖官取钱以享乐。上梁不正下梁歪,太尉何曾更是锦衣裘食,一日餐费达万钱,居然还说无可口饭菜,其子亦官至三公,一日餐费更翻了番,达两万钱。侍中和峤竟用人乳养小猪以蒸食;贵戚则以奢华相攀比,为了斗富,石崇与王恺竟不惜毁坏大批财富……

故当时有一《钱神论》,以讥时政:

洛中朱衣,当涂之士,

爱我家兄,皆无已已,

执我之手,抱我终始。

……

谚曰:"钱无耳,可使鬼。"

凡今之人,唯钱而已。

为了宫廷的无度挥霍,皇帝竟卖官鬻爵,中饱私囊。《晋书》卷四五《刘毅传》提到:

(晋武)帝尝南郊,礼毕,喟然问毅曰:"卿以朕方汉何帝也?"对曰:"可方桓灵。"帝曰:"吾虽德不及古人,犹克己为政,又平吴会,混一天下。方之桓、灵,其已甚乎!"对曰:"桓、灵卖官,钱入官库;陛下卖官,钱入私门。以此言之,殆不如也。"帝大笑曰:"桓、灵之世,不闻此言。今有直臣,故不同也。"

皇帝都卖官,上行下效,用钱买卖官位者,更是一时之盛:"高下逐强弱,是非由爱憎。……或以货赂自通,或以计协登进。……是以上品无寒门,下品无势族。……职名中正,实为奸府。……毁风败俗,无益于化。"(同上书)

至于荒淫无虞,恐怕比古罗马晚期贵族可当街淫乱有过之而无不及。贵族子弟们比富、比奢侈不过瘾,为寻欢作乐,他们甚至可散发裸替,一同戏弄女色为欢。连史书上都有记载,《宋书》卷三《五行志》中所:"晋惠帝元康中,贵游子弟,相与为散发,裸体之欢,戏弄婢妾。逆之者伤好,非之者负讥。"可见社会风气败坏到什么程度。

这还不算,他们还以杀美女为乐。王恺请客设宴,是必有歌舞相伴,命女妓吹笛:"吹笛人有小忘,君夫(王恺宇)闻,使黄门阶下打杀之,颜色不变。"另一位石崇,有"水碓三十余区,苍头八百余人,他珍宝货贿田宅称是",富可敌国。偏偏为富不仁,但凡宴请来宾,每每让美女行酒,如果客人的酒没喝尽,便怪罪于美女,"使黄门交斩美人"。有一次请客,闻客人不肯喝酒,石崇居然在席上一口气杀了三位劝酒的美女,眼眨也不眨,照旧饮酒作乐。据说罗马盛宴上也有过此事,但无正史记载。人的生命,在那样荒唐的年代里,又有几何价值,说杀就杀,说斩就斩——这也许亦算是魏晋南北朝时期的另一种"潇洒",也说明这社会风气已经败坏到了无以复加的地步。

彼时,不是在比上进、比正直,而是比堕落、比淫乱,甚至比毒杀性命,整个社会都已处于变态之中。而上面愈奢靡、愈贪婪、愈凶残,老百姓就愈是处于水深火热之中,加上法度严峻,动辄灭门,而且告密成风,毫无良知可言。

如此糜烂与腐败,焉有不受惩罚之理,到晋武帝晚年,诸子幼小,生的太子又是白痴。而晋武帝又只认嫡子传位,他一死,便内乱了。众人纷纷假借这白痴太子以传圣旨,皇后亦想独揽大权。一下子,立废皇太子、废皇后,更招惹起各路兵马勤王。于是,连绵16年的八王之乱,严重地破坏了社会生产,加上惊人的旱灾,逼迫广大老百姓纷纷逃难,形成了"流民潮"……

也就是这个时候,表面归化的匈奴贵族,认为摆脱西晋统治的时机到了,于是共推并州匈奴左部帅刘渊为大单于,迅速组织成一支5万人的大军,呼啸而来,其势力迅速扩大到黄河以北的地区。

这样一来,八王之乱后不久中国历史上著名的"五胡乱华"又接踵而来。占领幽州、并州等地。紧接着,又南取豫州、邺城,整个淮北及整个中原,长安、洛阳等故都尽落他手……在匈奴内乱并衰落后，鲜卑又长驱直入，尽得青、冀、幽、并、荆、徐、司、豫诸州。而氐羌族，则趁机占据关、陇，驱兵东进，复胜鲜卑，西取凉州，南临淮水……

无疑，相对于这个大陆西边的民族大迁徙来说，东方的民族大迁徙则更为浩大、更为悲壮、更为惊天动地！

西边，是北匈奴人、阿兰人、哥特人……

东边，是南匈奴人、鲜卑人、氐人、羌人、羝人……

那边，古罗马文明被扼杀了，断裂了。

这边，华夏文明又怎样了呢？躲得开这历史大劫难么？

在中国古代典籍中，"流民"字眼出现得最多的便是晋代。

还在八王之乱、大规模内战之际，老百姓就不得不背井离乡，奔进流移，连地方豪强与一些官吏也加入了这逃难者的队伍，形成了一股股声势浩大的流民潮。

早在晋惠帝——也就是那个白痴皇帝司马衷的元康年间，秦川一带奇旱，略阳（今天水东北部）、天水等六郡数十万民众在李特等豪族率领下，到梁州、益州逃荒避乱，却为当地刺史先为利用、后加猜忌而掠杀，遂起兵；于是，益州的四五万居民，便又流亡到荆州与湘州，也就是现在长沙周遭，却受到当地官员的压迫、歧视，更与当地居民不断发生冲突。

永嘉五年（311年），流民李骧于乐乡（今湖北松滋东北部）聚众起事，荆州刺史王澄加以袭杀，竟将8000多流民沉杀于长江当中。

湘州也几欲如此……

这一幕幕惨剧，可以说是揭开了客家先民南徙的序幕。因此，它从一开始，便是一部血泪史、流亡史。浩浩荡荡的流民在这巨大的灾荒与巨大的战乱中，一批又一批地不绝南奔——他们，无疑都是当年在中原创造了华夏古代文明的先驱者的后裔。

他们不仅仅是逃亡，他们负载着一个古老民族沉重的文化遗产，这远远超越了任何个体的生命保存的意义。

凭这么一个"开端"，便不难设想，一批又一批南徙的流民，又能有多少逃脱得了被刺杀、被沉江、被消灭的命运……

但这种南徙却日益增加。

历史是这么记载的——

由于中原战局的无望，腐朽的、只尚空谈和清谈的晋朝，对北方蛮族入侵无招架之力，洛阳沦陷，中原士族只好纷纷相率南奔……河北士族大多逃奔至幽、并等晋室遗存州、镇。所以，在"永嘉之乱"中，流亡江东的士族大都来自黄河以南地区——后来，这里被视为客家人的发祥地，这些士族有王氏、刘氏、谢氏、袁氏、钟氏……

历经东晋南朝，这些流亡士族均用谱牒记其祖先地望、家族源流，以示尊贵。

流亡士族的总谱号被称为"百家谱"。后人又称之为"百家士族"。

而这"百家士族"当是与"五马渡江"来到江南的——这是指司马睿出镇建邺后，其司马宗室彭城王司马绎、西阳王司马羕、汝南王司马祐、南顿王司马宗或先或后渡过了长江，自此北方流亡士族在江南政权中占据了主导地位。及至晋愍帝在北方被杀，司马睿便在建邺称帝，这便是历史上所称的"东晋"。

大规模的民族迁徙仍在继续进行。

此期间，则是以汉族为主体的大迁徙了。他们被迫放弃世代祖居的中原腹地，抛弃家园，举室南迁，而且因流亡呈现出依次向南推进的格局。

从山东、江苏北部以及河北、安徽北部南下的部分流民——史称"青徐流人"，辗转迁徙，初循淮水而下，越过大江，大都移居于太湖区域，即南京、镇江、常州一带，其他更远的则分布于浙江、福建沿海。东晋以及宋、齐、梁、陈的支柱人物大都产生于这一部分流民中。

而从河南、河北及黄河沿岸地区南下的，被称为"司豫流人"。他们初沿汝水，而下长江。渡江后，分布于鄱阳湖区域，或再沿长江而下，到达皖苏中部，甚至溯赣江，到达粤、赣、闽交界处。

还有"秦雍流人",是来自陕甘及山西的,他们沿汉水顺流而下,到达洞庭湖水域。更甚者,溯湘水,入漓江,至桂林,沿西江到达广东中西部。

此外,还有更多的层次,不一而足。

一浪高过一浪,流民潮,也是难民潮,几乎覆盖了整个南中国。

东晋政权,也正是凭借流民武装,以少胜多,打赢了著名的"淝水之战",将如狂潮般的北方蛮族大军阻遏在了黄河与淮河之间。

这一来,江南一带有了相对的安定。

汉族传统文化,也就由黄河之滨,移至了江南,得到了保存与卫护……

这才有了客家神话的滋生之地——不然,华夏文明也就没有了退路。如同蛮族攻陷罗马古城,面临灭顶之灾。

在东方,世界不曾在一座城里灭亡!

氐人苻坚,其时可谓踌躇满志,不仅灭了鲜卑人的前燕,大破燕部邺城,而且兼并了另一支氐人仇池杨氏的队伍,兵发前凉,迫使前凉汉人自缚出降。随即,又灭了鲜卑拓跋氏的代国,整个北中国皆在其马蹄之下;于是兵发百万,率浩浩荡荡的27万骑兵,气势汹汹地杀向了逃亡到南方的东晋。

东晋正是名相谢安执政,其时,正处"强敌寇境,边书续至,梁益不守,樊邓陷没"而"疆场多虞"的危亡之刻。但他看中了逃亡到南方的流人民气可用,遂让其侄在京口(今镇江)招募北方流人组织起一支新军,号称"北府兵",从而加强了东晋业已非常羸弱的军事力量。

北方南徙的流人们,无不期盼有一天重返家园,西望长安,尘埃不见洛阳桥——这古诗中的描绘,无时无刻不让他们动容。而此刻,北归无望,连脚下偏安的一隅也难保,能不教他们同仇敌忾吗?

但北方强虏却是志在必得,有60余万戎率、27万骑兵,共90万的大军,从东、西、中三路南下,以中路为主攻,以图会攻东晋于建康——今南京。

而东晋，作为防御重点处，仅有谢玄所率的8万精兵——北府兵。

以8万对百万。

苻坚的队伍，一路势如破竹，一仗便打下了淮水西岸的水陆交通枢纽——寿阳，俘虏东晋守将徐元喜，即派5万强兵进据洛涧，以阻止东晋军西救寿阳。

谢石、谢玄的救兵只得止军不前。

威焰赫赫的苻坚，满以为对方已给吓破了胆，竟想不战而胜，派人去说降。谁知去者反说动谢石趁秦军前后脱节之际，进军消灭其前锋。于是，谢玄仅派5000精兵，强渡洛涧，奋勇冲杀，力斩胡将，又分据要津渡口，断敌归路，使秦军步骑溃乱，争赴淮水，斩俘15 000人，军械辎重尽被晋军缴获——遂以5000之少数力克10倍于己的强敌，洛涧之役为淝水大战打了个漂亮的前哨战。

晋军随即水陆并进，直逼淝水东岸，寿阳城下，纵然投8万兵马，却个个意气风发。

苻坚登寿阳城眺望，见晋军队伍严整。又见八公山上——此离寿阳仅2.5公里，草木摇动，以为皆是晋军，刚刚打了个败仗，心里虚着呐——这便是后来"草木皆兵"典故的由来。

东晋人少，久久在水边对峙，不能渡河，势必不利。于是谢玄心生一计，遣使对苻坚说："君悬军深入，而置阵逼水，此乃持久之计。非欲速战者也，若移阵少却，使晋兵得渡，以决胜负，不亦善乎！"

被谢玄这一激将法一激，苻坚不顾众将劝阻，不使自己居于"不欲速战"地位，甚至想将计就计，称："但引兵少却，使之半渡，我以铁骑蹙而杀之，蔑（无）不胜矣。"竟真的令秦军稍往后退，让出阵来。

谁知，刚吃过败仗的秦军一退，阵势大乱，无法控制，更有人在阵中高喊："秦兵败矣！"一发不可收。东晋趁势渡河，向秦军猛攻。秦军将领想阻止但是坐骑队溃散，已无济于事，反而是坐骑跌倒，为晋军所杀。

秦军就这么不战自溃，自相践踏，以致死者蔽野寒川，淝水为之不流。

逃出战场者，仍惊魂不定，听到风声鹤唳，便以为晋军杀到，昼夜不肯歇息，一路风餐露宿，加上饥寒交迫，死者又十之七八，连苻坚也身中流矢，只得单骑逃回淮北。

晋军乘胜追击，一直掩杀到寿县西北15公里的青岗。

寿阳就此收复，缴获数不胜数，珍宝堆积如山，战骑等获10万有余。号称百万的前秦大军，竟败在人数仅8万的"北府兵"手下。晋军不仅收复了全部失地，而且还攻下了前秦的若干领地。

前秦也就此迅速瓦解。

淝水之战，"民为之用"，是东晋大胜的主要原因，北府兵对北方蛮族烧杀抢掠恨之入骨，始终拥戴东晋为汉族政权的正统，因而士气高昂，作战勇敢，锐不可当。

"北府兵"，当是客家先民——这也是客家民系形成前夕就已产生的"神话"——以8万之众破百万之阵，非神话又是什么呢？

查阅客家人族谱，几乎无不与之有关。

正如犹太人当年需要一位摩西率领他们走出埃及一样，客家民系形成的历史前奏中，五胡乱华，晋室南渡，及至谢安、谢玄、谢石赢得淝水大战，从而守护住了半壁江山，使得汉文化传统不至于因此无所寄托，使得汉文化重新得到滋养，这已充满了神奇的色彩——当然，这却是不争的历史事实。

不妨看看如今客家地区谢氏人家的族谱：

——周宣王封姜太公后裔申伯于谢邑（即河南），后代以封地为姓。谢氏为南阳、陈留望族，因名"陈留堂"。

——有联云：

乌衣望族，凤羽名流。

谢安、谢玄，也是谢邑人，亦是陈留、太康一带的望族。客家先民认这位先祖，自然是有根据的。及至族谱中，有"宋景炎年间，有江西赣州之宁都谢新，随文信国（文天祥）勤王，收复梅州，任梅州令尉，遂定居梅州，为梅县、兴宁谢氏之始祖……"

一直到现代，抗日战争中，在上海坚守四行仓库的八百壮士的领导者，便是来自梅州的名将谢晋元，一时威震天下！

至于其他姓氏族谱中，则有：

——巫氏：五世诚希公，原籍汝南，因五胡云扰，太元九年，复迁江南。

——温氏：……逮东晋五胡乱华，怀愍帝为刘渊所掳……我峤公时为刘琨记室，晋元帝渡江……峤公奉琨命，上表劝进……

——张氏：十五世毣公，晋散骑常侍，随元帝南徙，寓居江左……

——赖氏：晋五胡之乱，中顾望族，相率南奔，粤有卓祎者，为建安刺史，后园隶焉。

——刘氏：五胡乱华，永嘉沦覆，晋祚播迁，衣冠南徙，永公之裔，亦迁居于江南。

——林氏：晋永嘉之乱，林禄随晋元帝南渡，太宁年间授晋安（福州）郡守，遂留居福州。林则徐便是林禄之后。

——胡氏：晋永嘉之乱，胡氏南迁，唐末入闽，定居汀州宁化、长汀。

……

可以说，除开谢氏外，每一姓氏的人当年南渡，自有一番悲壮慷慨之举——怀着守护汉民族正统的决心，不惜赴汤蹈火。

因此也就不难理解，为何晋室南渡，各名门望族，竞相用谱牒记下祖先地望、家族源流了……

百万身家可以不要，一块祖宗牌位可是要随身携带的，至死不可以丢弃。

连辅佐苻坚统一北方的名相王猛临终时，亦劝苻坚不要图晋："晋搔僻陋吴越，乃正朔相承……臣殁之后，愿不以晋为图。"可苻坚呢，这正说中了他的心病，偌大一个中国，虽然自己已占去大半，与他族打交道，足可以自诩正统，可与东晋相比，却总有点名不正言不顺。东晋再弱，南朝再僻，却总是中华正统——这一心态，传至后世，也便是客家人至死抱住的宗族理念。

如果我们简单地把华夏文明或汉民族文明得以保存、不曾与古罗马同时归于覆灭的原因，只归于一个淝水大战，那就大错特错了。因为，假如谢玄所保住的仍是那个腐朽不堪的晋朝，那么再多的胜仗也无济于事。作为王朝总归是要朽毁下去的。他保住的，应是一种更深厚的文明传统，这与王朝的腐朽恰好是格格不入的。

正如人们所知的，在那样一个大分裂、大动乱也是精神上极度痛苦的时代，儒家正统文化也因为大一统的溃散受到了挑战，人的个体生命得到了升华，思想也有了进一步的解放。于是乎，中国文化也正是在这样的一个背景下，涌现了一股清流，使这样一个大黑暗的背景上，有了无数的亮点。平庸的年代是产生不了思想家的，太多的安乐也就没有了精神的飞扬，极度的愤嫉才有了传世的诗篇。混沌的乱世自会出鸿篇巨制——于是乎，鲁迅又称这是一个"文学的自觉时代"。后边，我们还要专门讲到这一切对浇铸客家民性的作用和意义。这里，我们探讨的是华夏文明得以维系更重要的原因是什么？

那是在世风日下、人心不古、官场荒淫无度、孔方兄肆虐之际，我们民族并不曾彻底地如古罗马一般沉落下去，相反，它的脊梁并不曾弯曲，它的召唤依然辽远，它的风神照旧朗朗照人！

仍有无数为追求真理而前仆后继的牺牲者！

是他们，说出了千古不朽的"越名教而任自然"的哲理名言；

是他们，高扬起个性自由的"我与我周旋久，宁作我"的旗帜；

哪怕是走向刑场，他们仍要引奏出无人可继的名曲；

……

他们追求人格平等、返归自然、个性自由、思想放达、精神解放的人生真谛，影响了2000年的历史；他们当日的《无君论》，迄今仍振聋发聩！

这里有个小故事，是笔者在读大诗人阴铿的诗作中得知的。

阴铿在南朝时，曾在今日客家人聚居地始兴（粤北）当过录事参军，那时，不少中原士族，都因战乱南迁到这个地方。后来，他在故章县当过官，没多久便被撤职了，留下一诗：

秩满三秋暮，
舟虚一水滨。
漫漫遵归道，
凄凄对别津。
晨风下散叶，
歧路起飞尘。
长岑旧知远，
莱芜本自贫。
被里恒容吏，
正朝不系民。
惟当有一犊，
留持赠后人。

这位在官场沉浮过一些时日的诗人清醒地意识到，朝廷只顾自己寻欢作乐，是绝不顾民间疾苦的。要为官，唯有用被子把自己紧紧裹起来，什么事也不做。但是，即使在如此浑浊的官场里，却仍有人不肯有违自己的良知，留下了"留犊"的美名。

他就是魏时一位廉吏。

"留犊"，典出《三国志·魏常林传》。这位县令，去淮南就任时，驾一头黄牸牛，只做了一年多的官，便做不下去了。就在这一年多中，他带去的牛，生下了一头小牛。可他辞官而去时，只带走他带去的牛，却把小牛犊留下了，县衙里的主簿——管事，追上去问他是否忘了，他的回答却是："我来当县令时，本来就没有这头牛犊，这小牛犊是这里生的，当归这里所有，并不属于我。"

从此，"留犊"便成了为官清正廉明的比喻。

即便在今天，在不少人看来，这位辞官的县令实在是太迂了，这头小牛为自己带去的母牛所生，怎么能不归自己并可带走，相反只属这个地方呢？

客家人如今讲究清廉的"迂"，大概可以在这个故事中找到"原型"——太重视自身的廉洁以至成癖了。

写诗的阴铿身上，也有着一段动人的小故事——在他身上，亦不乏魏晋以来文人的潇洒与放达。

史书上是这么说的，一年隆冬，阴铿与宾客杯筹相错，饮酒欢宴，他见一位"行觞者"即斟酒的仆人忙上忙下，便"回酒炙以授之"——亲自斟上一杯热酒给这位仆人喝。结果，在座的人均笑话他不分主仆、没有上下之别、有失体统，等等。这很自然，当时时兴的是行酒的美女如不讨客人欢心，还要被砍头，以示主人的"潇洒"，可阴铿却正色道："吾侪终日酣酒，而执爵者不知其味，非人情也。"

显然他是无视当时等级森严的社会陋习，颇有"越名教而任自然"的复归人性的气概，好一个"人情也"！

那位仆人，当然铭记在心——虽说这仅仅是一杯酒的"知遇之恩"。

后来，侯景作乱，阴铿被叛军抓了起来，生死未卜。不料，却绝处逢生，竟有人把他救了出来，一问，那人正是当日的"行觞者"，阴铿却未必记得他了——"及侯景乱，铿尝为贼擒，或救之获免。铿问之，乃前所行觞者"。

当日回报以酒，阴铿未必当作什么了不得的大事，只是尽人情而已。但是，尊重人格、讲究人情，不也正是魏晋之"名士风度"吗？

这也说明，在整个社会的滚滚浊流之下，仍涌动着一股不竭的清流。

也正是这股清流，使华夏文明生机焕发。正是那位县令、阴铿以及嵇康、阮籍等一批作为我们民族脊梁的志士，才使得华夏文明不曾似古罗马从外到里彻底地败灭掉。正是我们这个民族自古以来的正气、清气与骨气，才不至于匍匐在外来入侵者的脚下，失去自身存在的依据最终把已创造的辉煌的文明自毁掉！自毁远甚于他毁。只有自毁，才是彻底的毁灭！魏晋南北朝时期，士族南迁，整个汉民族重心也南移了。

客家先民也是从这时开始了艰难的千年迁徙、万里长旅。

斗转星移，这千年便过去了。

曾有过盛唐文明、宋代科技称雄的华彩乐段的中国人，却又在清王朝统治之下，又一度面临"死亡之门"！

这回，可不是南匈奴的金戈铁马，而是来自西洋的船坚炮利！

只是，这时客家人已经蛰伏很久很久了……

远去的历史烟尘：
"客家大本营"之谜

客家人的迁徙史，自古以来，众说纷纭，扑朔迷离。

在远去的历史烟尘里，南方众多民系的"身世"，很多说不清、道不明。例如，自称为"粤人"的广府民系，他们的一位大学者黄节，就曾把粤人、汉人相分，自外于汉人。可广府人的族谱，却大都声称自己在粤北南雄"珠玑巷开基"。那是南宋时期，并有一个哀艳的"胡妃传说"为证，以此力证广府人是纯粹的汉人，是当年南下借珠玑巷暂栖的中原汉人。

然而，这仅仅是广府人的一部分，主要集中在珠江三角洲上；或者说，也是广府人的一个源头。而最早形成广府民系的，当与"广"字有关。那时西汉元鼎六年（公元前111年）汉武帝的大军南下，统一了岭南，灭了赫赫有名的南越王，旋即下了圣旨："初开粤地，宜广布恩信。"于是，在当时与中原联系最便利的地方，上接秦始皇开通的灵渠，下经桂江、贺江与西江相接之处，设立了岭南的治所广信——故今日广信又有"岭南文化古都"之称，并大规模移民到广信周遭，建立了一个又一个的县城——

而这便是广府民系最早的源头,且广府方言便是从那里形成的,以古汉语为根,融合了若干越语;而南下的汉人,也与越人交融在了一起……这一来,广府民系的源流,多少还是可以说清楚了,即便不是一次性地"完成",但也应算得上是"一次到位"了。

而客家人却很难这么概括。

当赵佗——一位来自河北正定的秦军将领,随军南下,在龙川建立了佗城,迄今遗址尚在,被人称为是"天下客家第一人",因为他是南下汉人中最早的几位中的一个。而今,龙川也属于客家大本营——闽粤赣三界地中的一部分,老百姓讲的也都是客家话。但逐姓寻访,如今讲客家话的人,却大都又是从"客家开基地"石壁迁来的。

而"石壁开基"对客家人而言,则是在唐宋之际了。佗城,建在秦汉之间。那么,佗城南下的汉人,今安在?与今天的客家人又有怎样的渊源关系?或者说,南下的汉人,何时成为客家人而非广府人、军佬人?

千古之谜,谁可破解?

● 连城永隆桥

而从大量的客家人谱牒中，我们所看到的最早的、大规模的南迁，当是在著名的客家学奠基人、大学者罗香林所称的晋代。正如史书上所记载的：

晋五胡之乱，中原望族，相率南奔。

据史学家考证，这次移民达百万之众，占当时中原人口的六分之一，其中，便包括客家先民。客家先民早期散居在江淮一带，太湖、鄱阳湖之间。其时，不仅有"侨置郡县"的制度——即原先中原有个什么县，这边也同样设一个同名的县，如山东有东莞，江南也设个东莞，这是专门为东莞而来的移民而"侨置"的。如今，广东也有东莞，其中不少东莞人为客家人，而且，还有个"给客制度"。

什么叫"给客制度"呢？《南齐书·州郡志》中有这么一段记载：

南兖州，镇广陵，一时百姓遭难，流离此境，流民多庇大姓为客。元帝大兴四年，诏以流民失籍，使条名上有司，为给客制度。

此"客"字之名，为晋元帝诏书所定。它所面对的是大规模移民的现实。流民失籍，托庇大姓，大姓为主，则流民为客了。

但史学家亦有质疑，此"客"非彼"客"也，"给客制度"之"客"，非"客家"之"客"，因为，自晋以降，直至宋元，这么长一段历史进程中，并没有出现过"客"的字样——专门针对一个族群或某个集团。所以，"给客"并没有给出一个客家民系来，只是当时的一个制度。

但不管怎样，晋代的"流人"中，势必包含客家先民。中华民族大迁徙的历史烙印，就是这么给客家人打下的。

根系河洛，情系中原——这永远是一代又一代客家人割不断的历史情结。

在梅岭古道，在汀江水畔，我们常可听到这样的客家山歌：

客家来自黄河边，

水有源来树有根。

……

罗香林把客家南迁一共划分为5次，每次的人数都非常巨大。没一定的规模是很难称得上是移民潮的，他们可以说是"政治难民"，也可以说是"灾荒流人"……客家民系形成的历史序幕，就是这么拉开的，客家人不甘臣服、不愿被奴役，唯有走上遥远的长旅……

就这样，西晋以后，中原汉人有几次大规模的南迁，在隋唐、五代、宋又有几次大规模的南迁，从而数量众多的中原汉人来到了南方，这一部分人可以说是客家人的先祖。其中，唐代的黄巢起义，宋末元兵的杀戮，成为客家人最深刻的永远无法遗忘的记忆……

伴随着灾难与血腥，也伴随着屈辱与自强，客家民系从历史中脱颖而出，轰轰烈烈地降生了，如老树上的新枝，出现在古汉族的行列中，卓然而立。

至此，我们多少可以有个模糊的把握了，什么是客家人呢？用通俗一点的说法，就是说客家话的人群，就是客家人。因为区分不同人群的一个重要标志，就是语言。"客家"这个称谓，它是相对于原住民而言的。而客家这个民系，是在中国漫长的历史变迁的过程中形成的一个独特的民系。这个民系，有自己很显著的文化特征，比如说它吃苦耐劳，崇文重教，尊敬祖先，而且有很强的根的意识，有强烈的民族自尊感。客家民系就是以闽、粤、赣地区为摇篮而孕育出来的一个民系。

在赣闽粤客家人主要聚居地有五条江河，它们和客家人的生存发展息息相关。它们是赣江、汀江、梅江、东江和北江。

赣州境内的赣江长230公里，流域面积达27万平方公里。赣江两岸山清水秀，土地肥沃，自然风光美不胜收，且留有宋代众多古迹。

汀江"汇众山之水于一溪"，全长320余公里，流域面积近12万平方公里。汀江蜿蜒而来，秀丽清澈，令人心醉！

梅江全长340余公里，流域面积近14万平方公里。流经五华、兴宁、梅县、大埔等客家市县，被誉为"文物由来第一流"，是一条文化之江、诗歌之江。

北江流经韶关、曲江、英德、清远等客住市县。北江两岸，几千年的古城，1500年的禅寺，丹霞地貌让人目不暇接。

东江全长560公里，流经河源地区和惠州地区。而今，香港80%的饮水都靠它供给。新丰江、万绿湖，宛若人间仙境。

养育着客家儿女的这五条江河是平凡的，然而，在客家民系的成长历史中，她们都同样具有像母亲那样伟大的情怀！她们同样让客家儿女深深地眷恋！

江河文化是农业文化的温床，因为当时驿道、旱路还很不发达，江河是经济活动最主要的一种交通要道，所以客家文化发育的物资基础，都离不开江河。

石壁村

从赣州、龙岩到梅州、河源，在这个"客家大本营"中，据已有的统计：

赣南有纯客县、区18个，客家人近700万；闽西有纯客县8个，客家人400余万；梅州有纯客县、市、区8个，客家人460万；河源有纯客县、区6个，客家人口近300万；惠州有客家县、区5个，人口200多万。

在深圳、香港和澳门，同样居住着大量的客家人，他们创造的经济奇迹早已让世人瞩目！

石壁民居

"客家大本营"一般被理解为粤东、闽西、赣南，这几块地方是大本营。大本营里面又分为几个片，像粤东片、闽西片、赣南片，各片的情况又有差别，有的先形成，有的后形成。

武夷山的东段山口，历来是江西通福建的要道。大批的客家先民经过这里而到福建宁化县的石壁村。

石壁是块盆地，在客家先民眼里，这里平坦开阔，土肥水美，地处赣闽两省夹缝之中，兵革不侵，实在是令人向往的"世外桃源"。

民俗学家常说"北有大槐树,南有石壁村"。石壁在客家人的迁徙史上有着举足轻重的地位,它是客家先民迁徙闽西、粤东的中转站,以及诸多客家先祖的居留地。从这里繁衍出去的客家后代,遍布海内外。在台湾,目前至少有60多个常见姓氏中的300多万人口源于此。

台湾世界客属总会副理事长黄道宜对我们说:"台湾的客家人目前来讲一般估计有500多万,这500多万人(的祖先),(他们)是从哪里来的呢?是从河南那边到福建、广东这里来的。台湾的客家人,多数都是由中国的南部,就是我们这个广东、福建这样过去的。这样过去恐怕有几百年了。"

赣南——石城;

闽西——石壁;

粤东——梅州;

从石城到石壁,直至梅州,沿着这条线路,我们大致可以找出当年客家人来到这个大本营之后艰苦拓殖的生命之旅,同时,也可以了解到客家这个民系形成的历史。

腥风血雨中透出了黎明之光……

在客家人到达的第一站石城与石壁之间,有这么一个"葛藤坑传说",这个传说被罗香林作为重要的史料辑入他的《客家源流考》之中。

● 石壁张氏家庙

● 罗香林

我在《客家圣典——一个大迁徙民系的文化史》中，把这个传说称作是客家人的"创世纪"神话。

石城的中原汉人南下的历史很悠久，早在秦末，便有刘瑶英随父居石城琉璃山（仙姑岭），自是避战乱而居的。我们不难看到，石城位于闽赣交界处，又在武夷山脉中，山路崎岖，距宁都州治70公里，距赣州府治225公里，颇有"山高皇帝远"之优势。《旧唐书·地理志》上有："自至德后，中原多故，襄邓百姓，两京衣冠，尽投江湘，故荆南井邑，十倍其初。"可知，安史之乱，中原南徙湘、鄂及赣各地的汉人不少。尤其是唐末黄巢起义，一部分受命追剿黄巢的唐朝军队，南下转战闽赣，而后则在这留了下来。如河南陈留籍的孙誋，追剿南进，封东平侯，遂定居赣南虔化（今江西省宁都县），成为南迁的孙氏家族的始祖，据考证为孙中山的先人。黄巢两渡江西时，遍布赣南的客家人，往东则经石城越武夷山，入闽西石壁、长汀；或沿梅江而下，至粤东各县，最后大都汇合在梅州。

从石城至石壁，有不少史、谱记载：

《温氏族谱》："五胡乱华之际，温氏族人随中原士族南迁，部分后裔迁居江西石城。唐僖宗时，温钢宝避黄巢乱，自石城移居福建省宁化县石壁乡。"

《李氏史记》："淳熙九年（1182年），因金兵入侵，宋官府逼民先预交三年田租。而金兵侵占后金官府又设置其他征租，民闻者皆惧之。孟佑公带珍、珠二子到宁化石壁开基，并改名奇兴。"

《魏氏族谱》："宋末乱世，由江西石城入宁化，后经长汀、上杭至广东平远、兴宁、五华、龙川。"

《廖氏族谱》："宋末，由江西宁都，经石城入宁化、长汀、上杭至永定，入广东大埔、梅县、兴宁、五华。"

《徐氏族谱》："元初，由江西吉水随宋帝经石城至宁化、长汀、上杭至连城，至平远、五华，由福建入广东。"

在罗香林的《客家源流考》中，大量引用的各姓氏在不同朝代由石城至石壁的这一迁徙路线无不证明：石城，是早期客家的发祥地……

石城在地理及自然环境上，也是堪当此任的。赣江的源头之一琴江贯穿南北，支流遍及。走水路，可至梅江，入赣江，上赣州、吉安、南昌、九江；走陆路，则有众多的古道与闽西宁化、长汀及本省的广昌、宁都、瑞金相通，可谓水陆两利。况且山高林密，是拓殖的好去处。

所有的族谱，其内容多关于唐宋两朝客家人从石城向石壁迁徙……这数百年的口耳相传，这数百年的艰难跋涉，这数百年的期冀与梦想，也就渐渐积淀、幻化为一个个脍炙人口的神话。

这便是客家人"创世纪"式的神话——葛藤坑的传说。

虽说，文字记载中提及"葛藤坑"所在地有不少说法，很难确认其在何处。但根据历史与传说所相印证的，当在石城与石壁之间，即武夷山脉当中。

不妨重述一下这个传说。

从石城出发，走祭头岭古道，越过武夷山脉，便可以进入福建境内。历代战乱，赣人都是依这条线路出走避难的，这也成为客家民系的一条生命线。

翻过大山，便是著名的"客家祖地"——宁化石壁。

如今，那里立起了一个巨大的牌坊作为"客家祖地"的重要标志，并且还专门修了一所"客家公祠"，吸引了来自全世界的客家游子来此祭祖。无疑，它的意义较之广府民系的"珠玑巷"，更为重要也更加实在。

葛藤坑是客家"创世纪"神话所系，这里是客家民系名副其实的"开基"祖地了。

大量的谱牒记有：

《罗氏族谱》："罗氏，历代相承，繁殖中土，自东晋南渡，罗之族人，遂有南来。唐末有铁史公子景新，因避黄巢之乱，与父分散于虔州，乃迁于闽省汀州府宁化县石壁洞葛藤村紫源里家焉。"

《李氏族谱》："唐之末年，有宗室李孟，因避黄巢之乱，由长安迁于汴梁，继迁福建宁化石壁村。"

《廖氏族谱》："唐时我祖由江西雩都避乱，迁汀州府守化县石壁寨，后子孙因乱，又迁顺昌，廖氏居于闽者遂众。"

《薛氏族谱》："而南方薛族，则由唐代黄巢之乱，其族有避乱而南徙于福建宁化石壁乡者，及元代薛信，由宁化转徙粤之平远。"

太平天国领袖洪秀全的《洪氏族谱》："始祖贵生公，字怀远，与妣许氏，始迁潮州丰顺布心。父老又云：'移至宁化石壁。'"

……

这类谱牒可引数百上千，却无一不提到石壁。

石壁，真可谓物华天宝，人杰地灵——唐初，这里被称为"玉屏"，是山中一块盆地，约20平方公里，3万多亩，周围有20多个小山村。因为地肥水美，分外富庶，故常遭外人觊觎。于是客家人奋起自卫，保护家园，所以又得名为"石壁"，意思是吃不下、摧不垮的地方。自古以来，这里便是自赣入闽的主要通衢，山势险要，乃兵家必争之地……所以，动乱年间，客家人南迁，皆在此栖息，再图谋发展。所以，古嘉应州（今梅州）的各姓族谱，都有关于石壁村的记载。

新加坡开国元勋、首任总理、客籍名人李光耀的族谱，即《李氏族谱》中，也有这样一段记载。那是1411年重修《李氏族谱》时的序言，是这么写的："……永乐九年秋，余以大限终制，恩慕祖宗之在白象枇杷，肃拜丘茔，别宗亲，道经永明库，与明善会，交谈旬日，连床继夜，道同气合，犹兄弟然。其间捧家谱求文以识之。余辞弗获，于是捧谱而观，则知李氏乃陇西人也，因祖翁宦游至汀，遂家以汀之宁化属地李家坊，宋季鼎沸。火德翁徙于上杭之胜运里丰朗乡，宅柱石而居焉。"

以后的族谱则记有：火德公派下第七世孙李德明，于明朝时又从上行县稔田乡移居广东程乡县（今梅县）溪南浚头开基，传至第13世孙李衍白，因明清兵乱，再随母迁至海阳县，继而至丰顺县潘田乡，及至顺治八年辛卯岁（1651年），在大埔县古野乡唐溪楼下村开基，至今300多年。同治三年（1864年），李光耀的曾祖父李沐公，按照祖上的意志，裔孙外迁，才能发迹昌盛，于是出海远徙，航行了两三个月，上了单马锡（新加坡）。沐文之子为云龙，云龙之子为进坤，而进坤的长子，便是日后赫赫有名的李光耀了。

李家一部迁徙史，几乎就是几百年间客家民系迁徙史的缩影。

广义的石壁，当然包括整个闽南的客属地，即前所提到的汀江流域。

长汀，这个美丽的小城，有着相当古老的历史。

长汀建县，还在"五胡乱华"之前30多年呢。不过，那时一个县城，有个500户人家就已经很可观了。及至唐朝开元年间，客家先民大量涌入，于是便有如下诗句：

十万人家溪两岸，

绿杨烟锁济川桥。

那逶迤的古城墙，曾卷起过多少历史的烟云？而用麻石铺就的小巷，"的的笃笃"地响彻过多少个朝代的战马蹄声？如此精致的手工艺品——木雕，刻进了怎样的沧桑、怎样的风霜……这一切，都如此深深地扣动游人的心。

石城—石壁—松口；

赣州—汀州—梅州……

于是，学者中不少人这么认为：

客家民系，孕育于赣州，发展于汀州，壮大于梅州。

当我们沿着前辈大迁徙的足迹，风雨兼程，便从闽粤交界的丛山中，进入到了梅州的地界——这里，当是比石壁更为开阔的一个山中盆地。

梅州，张开双臂，欢迎客家人的到来，它等待得太久了。这闻名遐迩的生死树，不正在诉说苦等的艰辛么？生也等，死也等，终于等到了这么一批伟大的拓荒者。因为，唯有他们，才是知音，才识这里的风水，知道这里日后可以大展鸿图！

明末以后，客家人迁徙的集散中心转移到了梅州。

梅州古称程乡，北宋开宝年间始称梅州，清代升为嘉应州。客家人的第四次、第五次大迁徙，主要是从梅州辖地内出发，向外迁徙。

梅州向海内外迁移的客家人数最多，因保留较多客家传统习俗和客家文化，所以被海内外客家人视为现代客家文化的中心。

梅州，如今被誉为"客都"。

但它已不具备如葛藤坑、石壁那般神圣的意味了——它作为一个粤东重镇、人文胜地，更多带有世俗的、现代化的色彩，更为当代客家人，尤其是远涉重洋的客侨所认同。

梅州，人杰地灵。

清澈、秀美的梅江，蜿蜒流经五华、兴宁、梅县与大埔，在三河坝与汀江、梅潭河汇合为韩江，方浩荡南下由汕头入海。三河坝在现代史上可谓声名在外，南昌起义部队曾在这里血战过，著名客籍作家白危更有新时期客家文学的开山之作——长篇巨制《沙河坝风情》。三河汇聚，便可知梅州是一个"三省通衢"，联系赣、闽、粤三地的要冲。

但梅州并非客家之旅的"终点"。

尽管这块山中盆地，较之石壁、长汀更辽阔，更易垦殖开荒，算得上一块宝地；而人文风光，更于斯为盛，出了一大批伟人、名人。但是，永恒的客家之旅，是不会有终止符的。

众多的客家人，从这里走到了宝安、深圳，到了港澳；或者，经汕头、广州与香港，走向了世界——东南亚各国、澳洲，并通过马六甲海峡，到达毛里求斯、马达加斯加，一直上了南非；或者，横渡太平洋，到达美洲……当年400人的梅州，如今在海外竟有250万侨胞，成了著名的侨乡。

"耕读传家""书香门第"照样传承下来。梅州人文之风蔚起，始于两宋，盛在明清。北宋哲宗年间，谏官刘元城被贬谪梅州，遂于宋元符元年，即1098年，于梅城创立了"梅州书院"，聚集一批饱学之士于此开读；后人则在梅城建了"铁汉楼"与"元城书院"来纪念他，可见客家人对兴学重教的热忱。清代乾隆年间的《嘉应州志》更有："士喜读书，多舌耕，虽穷困至老，不肯辍业，近年童子试者万余人……文风极盛。"该州当时的主考官吴鸿亦写道："嘉应之为州也，人文为岭南冠。"科第中试名额居全省之首，以至"五科五解"，即五科的五个解元全是嘉应州人。

好学尚文之风，可谓历几百年不衰。至清朝与民国之交，更出了一批教育家，从黄遵宪、温仲和、丘逢甲，一直到古直、邹鲁等，他们为梅州这一"人文秀区"更添上绚丽的光彩，使得梅州名重一时。

而曾出了如叶剑英等一批历史名人的东山中学，以及由侨胞大力捐助兴办的嘉应学院……更让梅州在现当代声誉鹊起。

在梅州城区特意拐了个弯的梅江，见证了客家民系近千年来的蛰伏与崛起。如今，梅江两岸，楼台亭榭，风光如画；江畔连绵数里的碑堤，更镌刻了历代客籍名人的诗文；而跨江而过的大桥，已是一座连着一座……

有此厚实的文化教育底气，更有上千年人文秀区的历史底气，梅州当在经济发展中后来居上！

从赣州的宝福院塔，到三河坝古塔；

从闽粤通衢，到梅岭古驿道；

从莽莽大山武夷、南岭，到客属地的大鹏所城；

壁立千仞的高山，容纳百川的大海，既是客家之旅的无限风光，又何尝不是客家人的坚韧意志与开阔胸怀的写照呢？

客家人，用自己的一双大脚，把这三个字写在中国的大地上，写在世界的蓝天下！

从人类文化学的角度来说，客家民系是个移民性的群体。时间上的过程性，地域上的多元性，位置上的兼容性，注定了客家民系形成的过程，是一个动态的发展过程。在这样一个过程中，客家民系大体上经历了900余年。

经过艰苦的磨难，经过无数客家先民的努力，在漫长的岁月里，在闽赣粤大本营里，客家民系终于形成了。

客家民系的形成，肇自西晋末年，基本形成于两宋间。它的主体是这段历史时期里，由江淮一带迁入鄱阳湖流域以及毗邻于赣闽粤边区的中原汉民。

从中原一步一步往南迁徙的客家人"处处为客处处为家"，用双手拓荒创业，建设家园。然而，他们永远不会止步不前，他们翻山越岭、开渠通路，由深山大谷走出去，走向更广阔的天地，走向海洋，走向理想的明天！

据不完全统计，今天海内外客家人有近8000万，其中国内的客家人就有6000余万。

中国南方十余个省份，其中粤、赣、桂、台、闽均是有400~2000多万客家人的客籍大省，湖南、四川也有100万以上的客家人。

而在全世界，如前所述，甚至连遥远的南非及南太平洋，你都可以听得到客家乡音，更不消说欧美等国了。

有太阳的地方就有中国人，有中国人的地方就有客家人。

目前海外的客家人有1000万人，主要分布在泰国、新加坡、马来西亚、印度尼西亚、美国等五大洲80多个国家和地区。

客家文化源自中原文化，而中原文化对客家聚居地文化的影响，又是多么久远啊！

赣南的通天岩石窟告诉我们：通天岩石窟的开创和客家移民的关系十分紧密。唐朝末年，中原动乱的时候，大量的北方移民溯赣江而上，移民到了赣南地区。他们不仅带来了先进的生产力，带来了先进的生产技术，同时也把北方黄河流域的石窟艺术带到了赣南。

河源博物馆的墓砖的图案告诉我们：这块墓砖就是客家的东江文化跟中原文化结合在一起的产物。这块砖分为牛与车两部分，因岭南没有马，只有牛，所以牛代表了岭南文化，而拖车则代表了中原文化。

客家文化的主流是汉文化，是中原文化，但确实吸收了当地的一些少数民族的文化。

江西的"亦吾庐"更别有意味："亦吾庐"三个字的意思就是"我的家"。这说明了客家人从北方、中原迁到这里来以后，随地而居，把这当成自己的家，在这里发展、开发、生活。

忘不了围屋、土楼群；看不尽走马灯、堂号；读不完谱牒、墓碑、门楣……

"处处为客处处家""日久他乡即故乡"，但是客家人永远也忘不了他们是中原的后裔。因此，无论远离故土千里万里，由原乡到沿海，到五大洋四大湖，他们的根仍深深扎在中原，扎在中国。不仅仅因为谱牒记载，也不仅仅因为他们的中州古音，更是因为那是一种文化的深深的积淀……

"根系中原"，这是四海为家的客家人最深沉的情感！

看客家人的姓氏，哪一个和中原不是一脉相承的呢？

我们在新加坡采访，问华侨张生："你还回老屋么？"

答："回去，我一定要回去的。"

问："为什么一定要回去？"

答："拜拜我的爷爷。"

问："为什么要去拜呢？"

答："根呐，那条根呐！"

香港知名实业家、全国政协委员余国春这么说过："我们走过千年的历史，走出千里万里，可再久再远，我们炎黄子孙的根都是在这里起的。"

马来西亚财政部副部长黄思华则这么说："文化的根是非常重要的，很多民族能够向前发展是因为根的意识非常强，而且能够支持着一个民族的自尊。"

广东省政协委员、香港青年实业家林国文在家乡更有人们意想不到的义举：这个在海涛声中成长的客家后裔，从小就立志到大海的另一边去实现他的梦想。事业成功以后，他并没有忘记养育他的故乡。无论在世界的哪一个地方，每年春节，他都会携家人回故乡与乡亲叙旧，慰问孤寡老人，解决办学困难。不仅如此，他更多的是想为自己的祖国的强大尽心尽力。他主动同国家有关部门联系，出巨资选送几百名干部去美国培训学习，只为实现中华民族的强国梦！

年年月月，月月年年，华侨回中原祭祖、回原乡祭祖从没有中断过，祭祖表现了离乡的人们对"根"的强烈感受。

年年岁岁，岁岁年年，无论是重返中原还是在迁徙之地，他们都有着一次又一次的隆重的祭祖仪式；无论怎样漂洋过海，怎么跋山涉水，再苦再累，他们也都要重返故土，去寻找自己的生命之根、文明之根。

对于客家人来说，"根"的意识成为精神的支柱，不管走到哪里，爱国爱乡的炽热情怀依然不变；不论迁徙到祖国的哪一方土地上，是主人而不是客人的意识也依然不变。

以天下为己任，从"国家兴亡、匹夫有责"的民族意识到爱国主义精神，早就深深地渗透进整个客家民系的精神世界中了。

一个民系拥有共同的精神财富，这是何等巨大的力量。它能排山倒海，能战胜一切困难；它能形成强大的凝聚力，共同拥抱未来！

客家人终于在漫长的流离与迁徙中，在经受无数的挫折和失败后，一步步把握住自己的命运，在中华文明的圣殿上，点燃起文化的千年圣火！

客家人，一个响亮的名字，拥有独特的迁徙历史，深厚的文化积淀，坚韧的进取精神，执着的寻根意识，这一切，无不令人感动。

客家人，根系中原，情怀天下，他们千年自强不息的奋斗史，大写着客家魂，大写着中华民族的魂！

末了,我们且录下在客家人当中流传已久的一首几乎人人都能背出的古诗,以作这一节的收笔——

骏马登程往异乡,
任从胜地立纲常。
年深外境犹吾境,
日久他乡即故乡。
旦夕莫忘亲命语,
晨昏需荐祖宗香。
但愿苍天垂庇佑,
三七男儿总炽昌。

这是客家人黄姓祖先留给子孙的一首诗。不仅仅黄姓从未停止走向五湖四海的脚步,一代一代的客家人又何曾停止过走向五湖四海的脚步?

最后期的古汉语：
客家方言之谜

客家方言，自20世纪20年代罗霭其著《客方言》一书，且章炳麟为之作序以来，各种研究著作已经不少了。正如章太炎先生在序中所说：

> 以言语异，广东诸县常分主、客，褊心者或鄙夷之，以为"蛮僺"，播之书史。自清末以来，二三十年之中，其争益剧。余独知言蛮僺者为诬……最后，得兴宁罗翙云《客方言》十卷……上列客语，下以小学故训通之，条理比顺，无所假借，自是客语大明，而客籍之民亦可介以自重矣。

这是对《客方言》历史贡献的评价，该书以丰富的语言材料，不仅证明了"客音存古"即客家方言保留了中原古音，还有力地证明了客家人的祖先是中原汉族这一事实。客家人辗转迁徙到了南方，因地处偏僻，山川阻隔，客家人较好地保留了中原古音，这一事实让那些攻击客家人为"蛮僺"的说法不攻自破。

如今，对客方言是否遗存中原古音这一问题，当无疑义了。只是，客方言究竟保存了中原什么时期的语音，仍旧有不少争议，这也成为客家文化之中一个相当突出的谜团。

我们不妨以广东为例。

一般来说，广府人所持的广府方言被认为是最早形成的，形成时间是汉代。当时，汉武帝发兵南下，攻下了南越国，把岭南的府治往西北方向移到南北通衢——灵渠往下的桂、贺、西三江交汇处，并依其"初开粤地宜广布恩信"的旨意，定其首府为"广信"，在广信周遭大量设县，从而产生大批移民。正是这批移民，带来秦汉时期的古汉语，而这个时期的古汉语，以强势压倒了尚未形成多少文字的古越语，从而形成了西江流域最早的官话——这便是广府方言的产生。语言学家叶国泉、罗康宁有专门关于广府方言发生、形成于西江流域、递次向广州推进的论文，当是非常雄辩的。

由此，南方方言的第一个断层当是广府方言，承继的是秦汉时期的古汉语。而第二个断层，当是闽方言，也就是广东潮汕方言。

福建，"永嘉二年（308年），中州板荡，衣冠始入闽者八族，林、陈、黄、郑、詹、邱、何、胡是也"。之后，方由"空地"转为有人烟的地方。其带来的魏晋官话，亦为强势的中原汉语。所以，作为闽方言或潮汕方言，也是古老而重要的古汉语遗存。

明代王士性在《广志绎》一书中这么说：

> 潮为闽越地。自秦始皇属南海郡，遂隶广至今。以形胜风俗所宜，则隶闽者为是……潮在南交之外，又水宣入海，不流广，且郡在广界山之外，而与汀、津平壤相接，又无山川之限，其俗之繁华既与谭同，而其语言又与漳、泉二郡通。盖惠作广音而潮作闽音，故曰潮隶闽为是。

可见，潮汕方言与闽南方言是属于同一个系属的，"南人至今能晋语"当与这一方言有关。或许我们当认为这一语言断层，是承继魏晋时期的古汉语。

那么，客家方言呢？

客家人每每自称其方言为"唐音"，这大概与"葛藤坑传说"相关，至少，这个时期，客家人是以相当大的规模移居到闽赣交界，这比晋代时的规模还会大一些。这一说法有一定的道理，但一般人却认为应把客家人大规模迁移的时间定在宋代更合理一些，所以，客家方言被定位为唐、宋古韵。

也就是说，客家方言就成为南方的第三个断层，也就是唐、宋时期的古汉语了。

客家人"后到"，语音自然也"后"一些，不过，对客家人语音的成分却应当作出分析，因为不大一样了。这里固然不可能作专门的语言学研究，但从方言研究的"语言树"中，我们多少可以探寻到某些信息：

七大现代汉语方言之间的关系，与古越语的关系，通过两幅"树景"大致可以看清楚了，吴、湘方言"貌离"而"神合"；客、赣方言则有渊源关系；吴、闽、粤方言都与古越语有关，但客家方言则与古越语关系不大（不排除边缘有吸收粤、闽语，纳入古越语个别语汇的情况），却与赣语、北方话接近得多。

其实，任何一个北方人，到了闽、粤二省，他们听别人讲粤语、闽语，可以说是几乎无法听懂的，但听客家话就不一样了，多少还能听明白一大半，甚至语言能力强的人，可能全部都可以听懂，同时会对客家人产生亲切感。

客家话遍及中国南方数个省份，除个别地方外，只要是客属地，语音基本上是一致的。不似广府方言，西江流域至广州的白话与五邑的白话就相去甚远，双方甚至都不能听懂对方。这里仅就珠江流域内客方言的大致情况作一陈述。

在珠江流域内，除粤方言作为主体外，第二大方言当是客方言，客方言又称"客家话"。在广府地区，广东则是第一大客方言省，也就是说，流传最广、使用人数最多的当推广东，有2000多万人；第二则是广西，有400多万人，合计约3000余万人。广东境内的客方言，主要分布在粤东、粤北与粤西较为偏僻的山区；而在广西境内，讲客方言的地区则主要是桂东,并延及中、西北部。此外,贵州省东南部属珠江流域内的部分县区亦如是。可以说,70%的客方言区在珠江流域范围内。

港澳台及国外华人中,其"母语"是客家话的有不少人——他们大抵是由海上丝绸之路出去的。

众所周知,客家人主要是来自中原的"移民集团",历经战乱,在不同历史时期南迁而来。由于客家人坚守其文化边界,语言发展也就相对稳定,从而形成与中原或北方方言有别又与南方原有方言不同的一种新的方言。

著名客籍学者、大诗人黄遵宪有如下论断:

> 此客人者,来自河、洛,由闽入粤,传世三十,历年七百,而守其语言不少变。有《方言》《尔雅》之字,训诂家失其意义,而客人犹识古义者;有沈约、刘渊之韵,词章家误其音,而客人犹存古音者。

可见,客方言中较多保存了古代词义与读音。著名语言学家罗常培也说过,如果能弄清其来龙去脉,一部中华民族的迁徙史也就能基本上搞明白了。

由于梅州位于客家民系"赣闽粤"大本营的中心,且人口聚居之多,而外出移民不少也是从这里出去的,所以,客方言基本上就以梅州(梅县)话为标准。

广东学者陈澧说:"客音多合周德清《中原音韵》。"不过,还是有一些差异的,不少地方也吸收了南方方言,包括粤方言及若干土语。人称"它是一种语音面貌处于南方方言和北方方言之间的'中间型'方言,也是一种处于古代汉语和现代汉语之间的'过渡型'方言"。

一般来说,客方言有自己的语汇特点。

首先,是单音词多,从简,这与粤方言相近,如"明",即明白、明了等;"皮",即皮肤;"毛",含头发;"翼",即翅膀;

"索",即绳子;"惊",即害怕;"企",即站立;"话",即说话;"食",即吃……

其次,则是保存有较多的古汉语词,例如:"挼",即两手相搓;"拗",即折断;"系",即是;"颈",即脖子;"衰",即倒霉;"樵",即柴火;"遮",即雨伞;"拭",即擦、抹;"扭",即拧(毛巾);"刮",即划(火柴)……

还有,与粤方言相一致,"雪""冰"不分。"车大炮",即为吹牛;"番枧",即肥皂;"大褛",即大衣;"行街",即逛街;"打理",即料理;"抵",即划算、便宜……也有与潮汕话相混的。

另外,则有自己特有的词语,如"牯"为雄,"嬷"为雌,"赖"为儿子,"番豆"则是花生,"斋嬷"称尼姑,"报生"却是报丧,"还山"是出殡,二次葬则叫"捡金"……同样,外来语不少,如"番薯"、"红毛泥"(水泥)、"荷兰薯"(土豆)等。

以上概述,是以梅县语音为代表——这几乎可以涵盖90%以上的

● 食擂茶

客方言区。我在湖南的湘东山区、在四川的客属县、在广西的玉林等地,听到的客方言基本上是与梅县音相一致的。

客方言保留了中原古汉语的"唐音",是这个民系作为中原汉民族一个支系的印证,是他们流徙中一个精神的故乡,也是他们文化的根系。

"宁卖祖宗田,不忘祖宗言。"这是客家人的千年嘱托,这一"祖宗言"被一代一代相传下来。

正是"祖宗言",使得这个民系在漂泊迁徙中永远是风雨不动的精神共同体。

广东省梅州客家研究会副秘书长谢永昌是这么认为的:客家话是属于汉语言的一个支系,但与现代汉语又有所区别,原因在哪里呢?他们(客家人)在定居以后,由于较少受到外语系的混化,因此他们的客家方言基本保留下来很古的音韵,所以语言学家说,客家方言是古汉语的活化石。

闽西小吃摊

厦门大学博士生导师李如龙教授认为：从语言的角度，可以更好地考察客家民系形成的历史，因为语言是文化的一种最重要的表现特征。在粤东地区所保留、保存下来的客家话，就是两宋时期在闽西、赣南所形成的那一套客家话。

我在《客家圣典——一个大迁徙民系的文化史》中，对"宁卖祖宗田，不忘祖宗言"的客家遗训，是这么诠释的：

> 语言本身，也凝聚着这个民系的历史、气性、品格，或者说，凝聚着整个民系的精神。因为语言本身，保持了这个民系珍贵的文化遗产，使得他们在千年迁徙、万里长旅中，使这个民系形成一个永远风雨不动的精神共同体。

是的，当土地已无以退守、无法保住的时候，唯有语言——作为一块精神的领地，是不可以被剥夺的。客家人正是凭借这最后的领地，维系了这个民系的生命！可以说，还在刚刚拉开大迁徙的序幕之际，他们便已有了作为自我防卫的道德戒律以及矢志不移的理想方向。

语言，保证了一种精神的永不坠落！

在我们破译客家方言之谜的时候，我们不应只着眼于不同历史时期的语言断层现象以及不同古语之间的交汇融合现象。更应看到，语言作为精神的一个载体，是如何承载起这个民系千年不灭、直至近代崛起的精神力量的事实——只有看到这一点，我们才能真正地理解客家的语言，以及它与各种方言的内在区别！

物质与非物质：
祠堂与谱牒之谜

在闽西上杭县，有一个闻名天下的客家族谱博物馆，在经历"文革"的十年浩劫之后，在不少地方的族谱都付诸一炬、荡然无存的时候，这个曾是客家大迁徙的著名节点——瓦子街所在的山区县城，在历尽劫难之后，却一下子"冒"出了这么个令人惊叹的谱牒博物馆，而且，规模、存量都如此浩大，几乎让人不可思议。

● 客家人的家庙

凭这些也不难得知，客家人对谱牒的重视。

在我编剧的长篇电视剧《客家女》中，主人公在战火中逃难，双手紧紧抱住的则是祖先的牌位。牌位，在祠堂里是按辈份一代一代排列下来的，如同谱牒一样。

客家人的"祖宗言"，有着广泛的含义，包括文化、教育、祖训、家教，其中一项，当是谱牒。而祠堂、家塾、义田、族谱，更可谓是具像化的"祖宗言"。

在所有族谱中，都有这么几句话：

> 立家庙以荐蒸尝，设家塾以课子弟，置义田以赡贫乏，修族谱以联疏远。

立家庙即建祠堂，这是宗姓圣地，慎终追远与光宗耀祖。

修族谱则是立一个宗族的宪章，更在于教育后人建功立业。

祠堂，是物质的文化遗产；族谱，则是非物质的文化遗产。二者两相辉映，相得益彰。

为庆祝上杭的客家族谱博物馆进入中国档案文献遗产这件事，我专门写下过评价意见：

> "客家族谱档案"评价意见：
>
> 史资治世，谱以齐家，这是中国自古以来之所以顽强地守护其历史记忆的根本原因。古老的中国，以较之他国要完整、系统记录下历史的优势而著称，族谱可以以史为镜，晓知兴替，治理今天。同样，几乎是中国独有、且最为完备的族谱记载，不仅起到齐家的作用，同样也发挥着巨大的用途。对于客家族群而言，族谱同样也是"祖宗言"，包含先祖给后世的垂范、遗训。更何况大量族谱中亦包含有众多的治家格言、治世要言。

同样，族谱也起到了充实、补充历史的作用，我们不仅可以从族谱中姓氏的流动中，证实历史的大移民、历史的大事变。同样，也可以读出思想史的变化与影响。所以，族谱托起的更是一部民间的大历史。

族谱本身，综文献，溯源流，知根本，辨主支，明世系，秩昭穆；述宗风，敦亲情，扬先德，志现状，可以钩沉掘深，去伪存真……在人类学、社会学、历史学、民俗学、地理学乃至经济学、人口学、文化学、民族学研究诸方面，族谱都是不可或缺的素材。而且被誉为客家祖地的闽西，积数十年努力，终于在上杭建立了一家客家族谱馆。这家客家族谱馆的出现不是偶然的，因为上杭瓦子街，正是客家迁徙中的一个重要节点，有着天然的血缘、地缘的优势。至今，馆藏文献，尤其是客家族谱（近20 000册）、客家契约（达18 000多份）及众多的抄本、著作、方志类的数量，堪称全国第一，且这家客家族谱馆是海内外唯一的客家族谱文化专题馆。其馆长严雅英凭此出版了多部相关的研究著作，从而为"客家族谱档案工程"打下了坚实的基础。严雅英为推动该馆曾在海峡两岸举办了多次反响颇大、深受欢迎的客家族谱文物展出，通过这些展出，严雅英的学术水平更受推崇。

邓氏宗祠

无疑，上杭客家族谱博物馆的馆藏是人类历史记忆工程的重要组成部分，其被列入《中国档案文献遗产名录》的条件已经成熟，其对弘扬中华文化、促进祖国和平统一有着重大意义。

在客家山乡，哪怕在一间间不起眼的农家屋里，我们都能寻出一部部的谱牒。在客家人所到之处，无论是印尼万隆"百氏宗祠"、宁化石壁"客家宗祠"，还是长汀"河田宗祠"，以及在土楼、围龙屋中，我们也都能看到不同姓氏的先祖牌位……

温氏宗祠

客家人的谱牒，除了记录家系排序外，更重要的是记载着祖先的丰功伟绩和道德准则，用祖宗的丰功伟绩和道德准则激励和教育后人不可以辱没祖先，要代代相传，光耀门楣。

谱牒也是一个流浪民系的印记，因为土地是无法带走的，而祖宗的牌位却能随身而带。仿佛带上了祖宗牌位，也就带上了祖上的荣耀，背负起了古老文明的嘱托！

世界上还没有发现有哪一个民族民系，能够像"百氏宗祠"这样，将100多个不同姓氏的祖先牌位供奉在一起。

在好几个偏僻的古镇，一条长不过两三华里的小街上，数十家不同姓氏的祠堂和睦相邻，共存共荣。

它们昭示的不正是客家人携手并肩、团结奋斗的历史吗？增强凝聚力，不正是华夏古老文化的一个重要内容吗？

在广东梅县松源镇蔡蒙吉故居、江西石城小松镇井头村郑氏祠堂、福建连城朋口镇文坊村项氏家庙，三处山村祠堂壁上都同样刻有文天祥的手迹"忠孝廉节"。

这几个大写的字，镌刻着传统的儒家文化对客家人深深的影响。

在赣、闽、粤地区，你都可以看到文天祥塑像、文天祥纪念馆、《正气歌》铭文纪念壁。

文天祥，正是这位一生轰轰烈烈、满身正气的民族英雄，在南宋王朝即将覆灭的危难时刻毅然挺身而出，率领义军在赣闽粤山区直至海边殊死抵抗蒙古大军。赣闽粤山区无数的客家儿女随之前仆后继，奋起抵抗，仅梅县松口乡卓姓一族就有800人参加了义军。"男执干戈女甲裳，八千子弟走勤王"，这是多么惨烈悲壮的抵抗！它用鲜血写下了汉民族的浩然正气和凛然不屈的忠贞气节！

"人生自古谁无死，留取丹心照汗青！"文天祥留给历史和后人的，就是这样一首惊天动地的正气歌！

当土地无以退守之际，唯一可以不被攻克的，便只有作为一个民族及民系的文化精神了。虽然说堂号堂联的直接目的在于溯源、光宗耀祖、启裕后昆，不过，正本清源的意识作为儒家文化的一个重要内容，它所形成的社会心理的意义更大。春秋时代的大贤者曾子很精辟地说过："慎终追远，民德归厚矣。"

"把根留住"的情结和炎黄子孙的意识，是客家人血脉传承的重要内容。因为历史一次又一次地告诉客家人，只有把自身命运和整个民族的悠久历史和前途命运紧紧联系起来，客家民系才能保持永远的凝聚力，爆发出强大的生命力。一代又一代的客家人总是通过各种朴素的形式来宣传这种认识。因此，即使是穷乡僻壤，也出现了许多共同的又是奇特的文化景观。

客属地众多的堂号与祠联，都含有深厚的文化意蕴，并且有一定可以考证的典故。

如钟、陈、赖、冯、韩，用的是"颍川堂"，有"颍川长流""颍川世地"题匾。颍川，正是这么多姓的郡望地，是缅怀祖地的表述。李、董、彭等，则为陇西堂；吴、甘、高、童、欧阳等，则为渤海堂。

而祠联，则更为明白——

李氏的祠联，大都为：

> 陇西世泽，柱史家声。

柱史，源出老子李耳，他是河南鹿邑人，曾任周室守藏室之下史，通晓上下古今之变。

杨氏祠联，则为：

> 四知世泽，三相家声。

"四知"者，典出东汉杨震拒贿的典故；"三相"，则是指明代正统年间三位杨姓内阁大臣：杨溥、杨士奇、杨荣。

陈氏祠联，为：

> 颍川世泽，太史家声。

太史者，东汉名士，曾为太丘（今河南永城县西）长史的陈定。

董氏祠联，为：

> 千秋良史，万代儒臣。

良史者，春秋时晋国史官董狐，直书"赵盾弑其君"事件；儒

● 曾氏宗祠永成堂

廖氏宗祠世采堂

臣,当是董仲舒了。

谢氏祠联,为:

乌衣望族,凤羽名流。

邓氏祠联,为:

南阳望族,新野芳踪。

曾氏则有"三省传家",其意自明。

"三省传家",是为了缅怀古代的曾子,曾子有句名言:"吾日三省吾身",他们教育后代做人要像他们的祖先曾子一样。

甚至在一个香篮上,也不忘加上堂号。在江西安源博物馆中,就有这么个香篮。这个香篮是姑娘出嫁的时候,娘家给姑娘的陪嫁品,篮子上面两面写着字,一边写着堂名,也就是她的姓氏和堂名:"晋昌堂"是唐姓的堂名,一边的字是"福清",这是女孩子的名字。

从香篮我们可得知客籍各地敬老院尊老敬贤的习俗,挂各式花灯，舞龙，贴门联，酿豆腐，客家民居里合家吃团圆饭，长者给晚辈封红包。

客家文化是中原传统文化的继承和发展。传统文化的影响深深地渗透进客家人的起居劳作、饮食娱乐之中，经年累月一代又一代地影响和规范着客家民系的价值观、道德标准和思想核心，决定了客家人的文化选择。这就像游子对家园的怀念、孺子对母亲的依恋一样深厚无比。

酿豆腐可算是典型了，在以米食为主的南方山区，客家人把他们对北方饺子的感情寄托在酿豆腐上。而这细小的生活内容，却充分体现了客家人在文化传承上的良苦用心。

正是从点点滴滴做起，春风化雨，客家民系才能民德归厚、民风淳朴，客家文化才能充满感召力，教化和滋润着后人。

后人总是要超过先人的，否则历史便不会进步。神化了的"祖先崇拜"当然已经不再，可在道德范畴上，敬老尊贤却是不可移易的，这是文化传承所必需的。

崇亲敬祖，无论在任何时代都是一种美德。

这种美德，在客家人当中尤为显著，而且深深地影响到国外。

美国、印尼《国际日报》总裁熊德龙先生是自称为"客家人"的一位洋人——见他的一张洋面孔便得知了。可他为什么自称为客家人呢？

原来，他是一个弃婴，是一对印度尼西亚华侨、善良的客家夫妇养育了他。而今，他总是年年依照中国的习俗，为他的父亲熊如淡祝寿，情真意切，感人至深。听一听他发自肺腑的话，客家文化的魅力，怎能不让人感到自豪！

熊德龙先生是这么说的："当我（第一次）看到中华人民共和国的五星红旗的时候，我的眼泪就往下掉，我的太太她没有感觉，她莫名其妙，觉得怪怪的，怎么会掉起眼泪来了？这就证明出我由那个时候开始，我就深深体会到我虽然没有中国血统，不过我有百分之百的中国心。"

长了洋面孔的客家人熊德龙尚且如此，而远离客家腹地又返迁北方的客家人又如何呢？

陕西南部的商州市北宽坪镇广东坪村，山峡深处便传来熟悉的客家山歌。

……送郎送到五里亭，

再送五里难舍情……

在陕南的商州市和丹凤县，今天仍有客家人居住的村落。"广东坪村"其实就是客家村，村里人至今还保留着客家人的生活习俗，老人们还会讲客家话，遇到从梅县来的客人会用乡音激动地交谈。是啊，没有什么比同是"客家人"更让他们感到亲切的了。

村里，不少人家的门联写的都是"敬祖宗不忘根本，教后代爱国恳亲"。

客家人崇本报先、启裕后昆的文化印记，仍长留未衰！

从龙的文化传承，到敬老尊贤的传统，这何止只是一个作为汉民族一员的证明，它更是一个未来的证明！证明这么一个崇本报先、启裕后昆的民系，当有一个更辉煌的、龙腾虎跃的未来！

黄与蓝的交互：
客家民性之谜

在华夏文化的大版图上，客家文化当摆在一个怎样的位置——它显然不同于其他类型的文化，人家都是以地域命名的，诸如三秦文化、齐鲁文化、巴蜀文化、湖湘文化、吴越文化等，但"客家"不是以地域命名的，它的分布基本上是"散离子结构"式的，除闽粤赣三角地有较大一点的地方外，其余，只能是一块块的——"飞地"、一个个的"方言岛"，似乎很难确定它是一种地域文化——这是中国地域文化中唯一的例外。甚至用方位来称它也不准确，它究竟属北方文化还是南方文化呢？

这便又带来了客家文化的归属问题。

也许，只有在比较之中，我们才可能破译这样一个客家文化之谜——包括北方与南方的方位。客家人现居于南方十来个省份当中，可他们又宣称自己来自北方、来自中原，那么，其文化到底是哪里的呢？

我们还是从华夏文化或中国文化的大格局上着手吧。

一般来说，华夏文化，当分为绿、黄、蓝三大板块。

长城之外，当是绿色的板块，那是游牧文化的衍生地。"风吹草低见牛羊",茫茫大草原,养育了剽悍、勇猛、疾风般来去的游牧民族,他们几度成为整个中国的主宰。北朝不算,但唐代宫廷已"大有胡气",元、清二朝则毋庸置疑了。所以,不可轻视这个绿色的板块,虽说如今不少草原已被沙漠化了。

当然,华夏文化的主体仍是黄土地上的农耕文化,其作为主流的儒家文化,如大山般厚重,讲究义气当先、仁厚为怀,能够拔剑击柱、气吞山河,具有父执的形象。两千年来,其地位几乎是无可动摇的,其主流意识文化在中国文化中深深地积淀下来,具有"稳态"效应,带有威严、矜持、大气凛然等特征,始终在中国文化史中显示其作为父执的无可争辩的权威。

而东南沿海,当是与蔚蓝色的大海相关联的另一种文化,当然,亦可以称之为海洋文化。东南沿海与2 000多年的海上丝绸之路血肉相连,自古以来商贸兴旺,商品意识发达,兼容并包,接受八面来风;又因"山高皇帝远",从而获得相当大的自由度。也正因此,东南沿海每每有叛逆的色彩;有开放、进取、豁达、威猛,又充满世俗的精神;有敢于冒险的精神和无惧大海的惊涛骇浪的气魄……

我们大致可以用以下的图式来表示:

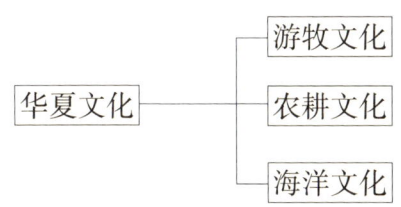

由此,显示出了文化质态的巨大落差。

当然,以上三种文化是相互衔接的,并呈现出边缘模糊的状况。

上边两种文化就不多说了,我们仅就东南沿海文化,无论是称滨海文化还是海洋文化来作一一分析。

同样,它也分为颜色深浅不一的三大板块。

首先,当是吴越文化,它恐怕更多带有一点农业文化色彩,连研究季子的学者都称它为"海洋农业文化"或"海洋渔业文化"。它毕竟与中原文化接壤，江南又更是鱼米之乡，纵然少了一点中原的慷慨悲歌，但多了几分低吟浅唱，对大海亦有了割弃不去的恋情。"智者乐水"正与中原的"仁者乐山"相比较与对照。不管怎样，它还是蓝色文化的一部分。

第二，是八闽文化，它居中，"八"者，当因"八姓入闽"而来。自从汉武帝在福建实行"三光政策"后，到晋代才有八姓入闽。由于崇山阻隔，"福佬"们当然有几分悖逆，有几分自强，不以远在中原的帝王为尊，自得一方天地，自我经营便已满足。自然，大海亦不乏馈赠。

一搏到位的赌博心理亦由此形成，所以，敢冒险、孤注一掷在所难免。

第三，便是岭南文化了，它当是三大板块中蓝色最深的。广州是3000年不衰的古港，世界上只有亚历山大港方可与之媲美。更何况明清之际，只余广州"一口通商"，所以岭南人的海洋文化意识在全中国是最强的。作为"天子南库"，其通过"海上丝绸之路"，对中国自古以来经济的贡献最大，更不用说今日改革开放、经济腾飞、特区崛起的贡献，也正因此这里更加成为一块风水宝地了。

我们同样可以列出图式：

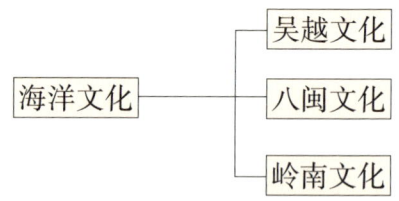

这同样显示出了文化质态的落差。

现在，我们便可以谈到客家文化了。

在这三个板块中，都有客家文化的"散离子"存在。当然，自上而下，以岭南客家人最多，当为前两种的六七倍吧。所以，我们先选取岭南文化作代表。

众所周知,岭南有三大民系,除客家民系外,人口最多且作为岭南主体的是广府文化;另外,则是潮汕文化,也称"福佬文化",潮汕文化是从福建"位移"过来的,因为潮汕在历史上一度归属福建。

我们可以先列出图式:

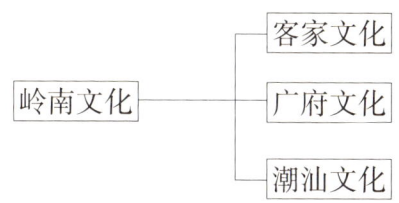

广府文化是岭南文化的代表,更是海洋文化的主流,所以,我们首先把广府文化拿出来阐释一下。

从区域文化的视角来看,恐怕很难有比南岭造成的阻隔造成更大的文化质态的差异,使得中国文化呈示出更为五彩缤纷的格局的地方吧。中原文化,是可以涵盖齐鲁、三晋、燕赵、陕秦等区域文化的,甚至近代的江南文化——虽然已有了一定的距离,但是,南岭以南,由于濒临大海,自古以来又是海上丝绸之路的连接之处,商品发达,则形成了与内陆文化几乎迥然不同的海洋文化,有人甚至以农耕文化与商业文化加以区分。

将近二百年前,由于洋商加官商的双重压迫,广州有名的商埠——十三行,几乎是在一夜之间消失了。他们跑到哪去了?没多久,华东长江入海口处竟出现了一个上海。随着广东商人的开埠,宁波等地商人也接踵而至,于是便有了这么一颗璀璨的东方明珠。同东南亚各著名商港一样,这些商埠均是广东人最早开创的。香港也是如此。某种意义上,广府文化对北方、对东南亚都产生了不容忽视的辐射作用,这也是海洋文化或商业文化在中国近代历史中的进程。它给北方带来了"南气",给稻菽麦粱拂来了海风的腥味。

但长期以来，人们对这股"南风北渐"产生了一种误读，总认为是"洋风"，对本属于中国文化的一部分——海洋文明视为异己。尤其是近年来，有人甚至把中国文化划为三大形态——京派、海派与港派。这一划分是否科学，暂且存而不论，如果说电影业上有"港派"之分，这应当说是对的。香港电影不仅在中国，甚至在世界也是自成一派，有相当影响并占有一席之地。但如果就此扩大并加以推论，认为文化上亦有"港派"，则大有商榷的余地。正如前边所说过的，香港文化是广府文化的一部分，哪怕是一个"异数"，也仍是其中的一个部分，部分是不可以取代整体或另成一体的，这是很明白的道理。而且我们从前边的论述中可以看到，香港毕竟位于广府区域内，无论从方言、习俗、行为方式还是从心理积淀等方面来看，香港文化仍是广府文化的成分，香港文化无以取代源远流长亦不失博大精深的广府文化。所谓"西方的天，东方的地"，只是指当时英国政府相当一段时间内的统治，而今，这统治的"天"已不存在。至于西方文化的影响，虽然其比内地甚至比广州还要大一些、深一些，但这仍不足以改变它作为广府文化的底色或根基。事实上，不仅广府文化、珠江文化，中华整体文化一样也在接受西方现代文化的影响。如果以偏概全，以"港派"取消"广派"，只能说是对中国历史文化演变的无知或带有偏见罢了。同时，京派、海派在电影上是否已自成一派，尚还难说，文化上倒已有这种约定俗成，所以，如称之为京派、海派、广派，应更加客观一些、准确一些、科学一些。

只是，一定的提法，不是无缘无故地出现的，哪怕它只是一种"误读"。因为，这种"误读"毕竟是有其历史背景的。

这就是全球业已泛滥了的后殖民文化——自从一位印度学者提出这一概念后，这一概念迅速为东西方学者所认同。人们不难发现，即使在经过血与火、同殖民者搏斗过的中国，过去，精英文化的代表人物的前卫性，表现在他们对西方文化相当透彻的认识与有机联系上，而老百姓则仍沉滞于传统文化中；而现在，西风日渐却表现在流行文化上面，时装、节日、消费、广告，种种都向西方看齐，洋名的商标有着奇异的促销效果——这自然是基于老百姓的文化心理变化上。他们的价值观、人生观也由此发生了嬗变，进而言之，不少小说、影视、流行音乐也被他们予以认可，而这又是从南方开始的。

所以，把这当作"港派"文化不是没有一定依据的。但是，毕竟不可以以偏概全，把全球的后殖民文化现象在中国归于"港派"文化。

这需要审慎。

而在南方的精英文化，则呈现出了逆向走势，以致有人感到奇怪，愈是"港化"之处的文学、学术，反而向传统与本土化逆转，呈现非西方化或非"港派"的走势，鲜明体现出了广府文化或岭南文化的特征。

无疑，精英文化才是南方文化的真正代表，而广府文化的精粹便在此了。如果说什么"京派""海派"的话，那么，也该有个"广派"而不是混淆视听的"港派"。

如同岭南画派，以及粤剧在中国文化中所具有的不可替代、鲜明的地域特点一样，南方的文学、学术方面新的崛起也带有鲜明色彩，如上世纪末本世纪初岭南出了若干文化、思想的大家——如黄遵宪、梁启超、孙中山等。

这是毋庸置疑的。

一个得风气之先、经济上已"先行一步"的区域，不可能不带来文化上的奋进，况且广东作为中国最早对外通商口岸已有几百上千年的历史沉淀。如果我们拨开浮在表面上的泡沫以及被搅起的沉渣，亦应对"广派"有一个清醒的、全面的与公正的认识——在内地生活了几十年的笔者，是由衷地这么说的。

"广派"只是暂时由于其不同的质态难以为中原或内陆文化所认同，同时也一时不能与江南——由中原南移而与南方地域文化相结合的"海派"等量齐观。

其实，在岭南文化中，也有与中原文化的"结合部"——这就是其中的客家文化。如前所述，人们把南方文化归结为三大派系，一是以珠江三角洲为中心的广府文化，二是以粤东北延绵至闽赣湘桂等地的客家文化，三是以潮汕为代表的福佬文化——亦称潮汕文化。

客家人是中原人经千年大迁徙、万里长旅至南方的士冠贵族，这在历史上已有了定论。所以，我曾说过，正是客家南徙，给南方带来了"北气"，他们重伦理、重教化，称得上是南方的文人——广东作家群与学者群中，客家人数的比例之大，远远超过其人口比例。当年第一届学部委员中，其人数几乎与上海的相等，客家人数占全省近一半；中科院内学部委员几乎全是客家人。同中原人一样，他们重义轻利，重学轻商。当然，随着历史变迁，客家人中的巨商亦已出现。人们不难发现，其商业上奇迹般的崛起，得益于他们所重的信义。所以，客家商业崛起才与现代商业精神迅速"焊接"而越过了小商小贩的"无商不奸"阶段。但他们享有"人文秀区"之美誉，至今仍不失去光彩。客家人到岭南的开拓精神，不仅体现在其延伸至东南亚"开埠"上，而且体现在人文科学、科学技术上的佼佼者上。他们自信、自强、自立，具有自我奋斗意识，尽管他们是最后一批来到南方的中原汉人，由于"无山不住客"，唯有在偏僻、荒芜的山野中重新创业，不可能到海边或水网交错的珠江三角洲等相对开发较好的地区创业，这就磨练了他们的自立、自强的精神。同时，我们也应看到，客家先民中有不少是中原来的"衣冠士族""诗书世家"，传统的封建时代知识阶层的自信、自强——所谓"君子自强不息"也一并被带来了，尤其是靠饱读诗书、自我奋斗而跻身仕途的"寒士"意识，更在他们当中根深蒂固。诸如"学田""学谷"的设置便是由此而来的，崇文重教也是这么来的。由此，他们有着显而易见的深厚的历史底气。

但是，由于山区贫瘠，逼使他们不得不向外拓展，加上长期的大迁徙，使得他们的血液中有了不安分的基因——宋末、明末，作为

"政治难民"，他们又较早地到了海外，在东南亚"开埠"，把中华文明带了出去，同时，他们也受到了海洋文明的浸染。

尤其是清朝后期，客家人更是大量拓殖海外，到了夏威夷、旧金山，也到了毛里求斯、约翰内斯堡……这也使客家人相对浓厚的儒家意识掺进了新的思想、新的观念，从而使客家人的形象得以重塑。

最典型莫过于客家人在新加坡的"儒家管理模式"。当然，如果是纯粹的儒家的"家国同构"，也不可能有这一种管理模式了。至少，它是在儒家文化的基础上，加以现代的改造，却又同西方"金本位"划清了界线。所以，在其现代化进程中，既没有出现如马科斯（菲律宾前总统）那样搜刮了几十个亿美元，让国家债台高筑的人物，也没有似某些国家政教合一。过去新加坡的领导人对儒家经典，可以说是烂熟于心，却并没搞教条主义，而是对儒家经典进行创造性的发展。新加坡之所以成为"亚洲四小龙"之一，这应是一个主要的原因。按理，位于茫茫大海中这么一个蕞尔小国，与中国广袤大陆上形成的儒家文化，很难找到契合之处。而作为新加坡的开国元勋客家人李光耀，却不仅找到了，而且运作得相当出色。当然，我们这一分析未必全面，也未必如李光耀所实践的完全一致，但大致当是如此。

不管怎样，传统中原儒家文化，在客家人当中应是其主流——当然也不排斥道家、墨家文化。所以，相对而言，把客家文化定位为中原文化与海洋文化之间的边缘文化，要更准确一些。正是在这个意义上，它也就不可能作为岭南文化的主流文化。事实上，客家话也非广东的官话，由此可见一斑。同时，我们也可以看到，中原文化的某些负面意识，在客家文化中相对表现得集中一些，例如"窝里斗""内耗"种种，"熟鬼打熟人""愈熟愈见鬼""鱼食鱼，唔嫌腥"等等。他们对外显示出比广府人有更大的凝聚力，能抱成团，彼此间热情、豪爽，但是，一转到内部，却"鹅卵石也要擦破皮"，甚至闹"红眼病"。同时，也过分强调汉民族的血统，以正统自居——这其实也是自卑心理的一种扭曲的反映。他们还着眼于自身的人文渊源、历史上的功业，尤好炫耀祖先的功名与业绩，以至被人称之为"客家人有过去"，言下之意是沉湎在过去的荣耀中而不注重现在的发展。所以，改革开放以来，客家地区在经济上的发展相对滞后，这固然有地理上的因素，但传统心理、重义轻利、重义轻商的观念也不能不说是一种惰性。在过去，再有钱的人，如果没有功名、地位与品格，同样不为人所看重。所以，长期以来，他们曾相当顽强地排斥商品意识，在经商上比广府人、潮汕人都略输一筹。当然现在已有所改变，但历史包袱还是相当沉重的。

我们承认客家文化有深厚的文化根基，而这个根基不是海洋，而是中原，我们只能说，以"山海经"而言，由"山"至"海"的第一个"落差"，正是客家文化，经过客家文化作为边缘与过渡，才可能与海洋文明相接。

从中原文化到客家文化，再到广府文化，当中还有一个落差，那便是潮汕文化。

潮汕人也是吴越（东越）土著与汉族交融的民系，有人把他们归于闽南民系，或叫"福佬"，也有人不同意这一观点，认为潮汕人也是一个独立的民系。他们的人文渊源，同客家人一样，也相当深厚。潮汕人每每以韩愈曾在那里主政为傲，韩愈"文起八代之衰"，是后儒的先声，是儒家文化的主要代表人物之一。为了纪念韩愈，连那里的河流也被命名为韩江。为了显示他们的文化修养，潮汕人饮茶也相当讲究。清人翁辉东在《潮州茶经·工夫茶》云："产茶区，如龙井、武夷、祁门、六安，视其风俗，远不及潮人之风雅；仅饮茶，潮人习俗风雅，举止高超，无论嘉会盛宴，闲处家居，商店工场，下至街边路侧，豆棚瓜下，每于百忙之中，抑或闲情逸致，无不借此泥炉砂铫，擎杯提壶，长斟短酌，以度此快乐之人生。"由此可见潮汕人的艺术之美、形式之美。

潮汕区域自古以来人文荟萃，故有"到广不到潮，枉走此一遭"的说法。由此，可见传统文化在潮汕区域的深远影响。

潮汕正处于海滨，所以又有"海滨邹鲁"之称。传统文化之"义"由此发端。但又因为处于海滨，商业文化也早早起步，自唐宋以来，"潮汕帮商人"均以做大生意出名，潮州城一度以"商贾辐辏，海船云集"而著称。所以，在传统文化的"义"之外，海洋文化的"利"也可以在此寻到源头。据人类学家考证，日本、韩国，至闽南、潮州，其人种上有某种近缘可考。所以，有人说潮汕人有日本人的味道，有拼命精神，敢于"下克上"。潮汕人特别认老乡，很抱团，一遇到外来欺压，便同仇敌忾，有股"拼命三郎"的劲头。无论是军事，还是经商，潮汕人都不好惹。因此，无论在政界、商界，潮汕人的能量决不可低估。他们很有开拓意识与创新精神，更有较强的商业精神，善于经营；办事也很有韧性，精益求精。

他们既有客家人团结凝聚——甚至比客家人更强以及崇文重教的传统，又有广府人崇利重商、注重现世的观念。可以说，他们正是介乎客家人与广府人之间，吸收了二者不同的特性。客家人重义轻利，广府人重利轻义，潮汕人则义利并举；客家人重学轻商，广府人重商轻学，潮汕人则学商并重。对东南亚那三句话，我们还可以深入理解：

客人开埠

广人旺埠

潮人占埠

客家人能吃苦，能在荆天棘地开拓出港口，但缺乏商品意识，还需广府人来搞兴旺；但广府人重利轻义，缺乏凝聚力，在一个地方难以长久立足，搞旺了商埠，却只能由潮人来控制——当然，这种说法未免有点太绝对了，但也说明了一般历史演变的事实。

"英雄不问来路"，潮汕人同广府人一样，不那么注重历史渊源，他们同样着眼现实，把握现在，注目于将来。由于潮汕人这些特性，使他们在广东人当中占的比例虽然不大，但他们的能量却远远大于这一比例。

由于潮汕人的中原人文色彩较之客家人弱，又较之广府人强，所以，他们也只能是二者边缘上的一个民系，其文化亦非"广派"主流。正因为占尽两种文化的"义"与"利"、"学"与"商"，潮汕人的厉害，在广东是出了名的，有人说他们是"什么都要"，名分与利益不可或缺。

如果说客家文化与广府文化各主要呈示出的是大陆性与海洋性的特征的话，潮汕文化则是大陆文化与海洋文化的有机结合，是二者之间的一个过渡，同样呈现出作为文化质态的落差。

上面，我们只是在岭南或珠江流域范围内，去探讨作为文化质态的差异或落差，其间呈示出很有意味的区别，这么一比较，我们便清晰地看出一部文化发展史上，纵的与横的，各自的万千气象。

而通过这一比较，客家文化的优势与不足也比较清晰地看出来了。人们不难看到，在南方，或者具体到广东，在政界、文化界、学术界，客家人的比重显然超出了人口的比重，而在经济界、商界，则是广府人、潮汕人占了优势，而且历代如此。

所以，面临今日中国经济机制的转换，如何适应市场经济，对于客家人来说，则是一个相当紧迫也相当严峻的问题。不过，我们也相信在千年大迁徙中，客家人对环境的适应能力也是不难设想的，我们有理由期盼他们后来居上。

毕竟，在这之前，客家人中已出现了胡文虎、胡仙两父女，也出现了曾宪梓、田家炳等一批实业家，他们已经在商品经济大潮中如鱼得水，并走出了一条路来。而且，依客家人"无信不立"的理念，当在现代商业贸易中更容易衔接起来，对大商业、大实业的建立更为有利！

南岭的阻隔造成的文化质态的落差，带有中原观念在东南沿海立足的客家人的到来，使得广东这个中国最大的移民省份异彩纷呈。说到底，这是中国文化的一大幸事，这对接受先进文化、取长补短更是提供了历史的契机。

什么是"移民优势""杂交优势"？我想，这在中国南部已经充分地体现出来了，而且还会体现得更加辉煌！必须强调的是，我们在前面所讲的客家文化呈示的"大陆性"，是在整个南方海洋文化的底色上讲的"大陆性"，它的整个属性，也仍然要放在这个底色上，只是作为边缘文化来说，不如广府文化"蓝"得那么深。

在此，我们有必要对客家文化形成的民性加以表述，同时，也有必要证明海洋主流文化对其的影响。

无疑，客家文化是中原文化的延伸，也是中原文化与海洋文化的结合。客家人来自中原，又大都居住在山区——无客不住山，无山不住客。山，赋予人仁厚与大器，但也带来其保守与封闭。而客家民性，虽有这方面因素，但并不尽然如此。毕竟，来到南方沿海地区，其文化也发生了很多的变化，由此，也带来了民性的改变。

我们已讲过，客家人大都是中原南迁的衣冠士族，尤其是魏晋南北朝的遗风，以郡望自矜，在客家民性上是表现得相当突出的。他们总是历数族谱中的历史名人，有很强的使命感，有着无法割弃的贵族意识，哪怕到了南方沦为布衣、山民也一样。当然，后天的平民生存状况，使他们更识民间疾苦，所以，贵族意识与平民思想便成了客家民性中最突出的矛盾集合体，时而表现出这方面，时而又表现出那方面。而这种"以郡望自矜"的观念，与南方的价值取向无疑是会发生冲突的，这便有平民思想来调和了。因此，客家人的好"自大"、好"出风头"同南方人的敢于冒险犯难，也每每能结合在一起。

于是，产生了客家民性的一个重要特征，那便是特立独行。客家人兼有北方汉人的豪侠、热情、敢作敢为、路见不平拔刀相助的特点，这在广府人身上却是相对较弱的。这一来，客家人在艰苦的环境下，总是能在一片不毛之地上兴建起全新的家园乃至城市、港口。而如果没有这种特立独行的自信，他们在千年迁徙、万里长旅中，经受颠沛流离及种种的生死考验，则是难以设想的。换句话说，也正是这种磨练，才使这种自信更加牢固。纵观历史，客家人中出了那么多的历史名人，其身上都有着这种自信与自强。

传统文化中的团结互助、克勤克俭，在客家人身上也表现得很突出。这同宗族观念是有密切关系的。围屋、土楼的"聚族而居"也证明了这一点。客家人有团队精神，危难当前能同仇敌忾，故抗日战争中，日本侵略者一听说对手是客家人，便退避三舍，不敢贸然进犯。由于后来的贫困，他们也显得有些小气、不容人、刚愎自用……这些也都是与中原文化有关联的。

如笔者在《客家圣典》里所说的，对于这个迁徙到南方海洋文化区域的民系而言，带来了一系列"客家式的命题"——

> 宿命与使命——对于这么一个使命感很强的民系，面临的却是一个无可奈何的宿命安排；
>
> 主客意识与边缘地位——中原的主人南来为客，又始终与土著格格不入，处于边缘地带，势必有临危之感；
>
> 义利之辨与自我本质的实现——中原传统的重义轻利，与东南沿海身桴商旅的唯利是图，使得对自我本质的认识也模糊；
>
> 特立独行与融合认同——客家人自视高傲，鹤立鸡群却又不为新的"当地"所认同，反讥以"犵"、"獠"；
>
> 贵族观念与平民思想——祖上显赫，以郡望自矜；沦落他乡，一贫如洗，社会地位决定新的平民思想；
>
> 守成与开拓；
>
> 返朴归真与异化；
>
> 挣扎与沉沦；
>
> 归化与孤独……

这里提出的"客家式命题"，说到底，是客家精神与其民性的重构——而这迄今仍在进行之中。好在今日的客家人，不仅在政治、军事、文化上已大显身手，也已涉足于经济，为海洋文化所熏陶。他们有了更多的开放精神，与开拓进取的潜质相结合在一起。可以说，海洋文化同样把他们纳入了自己广阔的胸怀。

"客家式命题"，是一个人类学的、文化学的尤其是哲学上的具有普遍意义的重大命题，这一命题对不少移民族群的研究都有着启发、借鉴的作用。

这样一个命题深化下去，当是个全球性的话题。

龙的传人：
汉民族渊源之谜

龙，作为华夏文明的象征，出现在公元前7000～5500年的新石器时代，在今陕西渭河流域便出现了它早期的形象，该形象出现在仰韶文化北首岭遗址出土的水鸟啄鱼纹蒜头壶上，以鱼纹与鸟纹组合成了长身状的图腾。后来，在河南濮阳漳水流域，又出现了蚌塑的龙、虎造型……在《帝王世纪》中则有神农氏母女登"游于华阳，有神龙首，感女登于常羊，生炎帝"。所以，神农氏便是神龙氏。龙，还是十二生肖之一。龙姓，在中国也是大姓之一。无疑，龙，是中国文化的产物。

在古朴、稚拙而又遒劲的新石器时代，龙的雏形从"鸟衔鱼纹"，延伸到墓葬中龙的蚌塑；从陶器中的蟠龙纹，延伸到红山文化的"玉龙""玉猪龙"。尤其是青铜器上，龙的千姿百态、奇诡壮观，无不令人心醉。中国大诗人、大学者闻一多很早就指出，龙是我们这个民族的"发祥和文化肇端的象征"。

龙，成了至高无上的文化符号，它包含有对祖先的崇拜、对权威的臣服、对血缘的认同，对一部中华文明史的执着。

于是，中华民族，当然，首先说的是汉民族，都被视为龙的传人。

同样，客家人对龙也有着一份不同寻常的敬畏与崇拜。

在客属地，你无处不看到一队队舞龙的队伍。

这一支支队伍，舞得地动山摇，舞得月落星飞，舞得风风火火，舞得狂野忘我……

● 舞龙

● 埔寨火龙

● 赣南竹篙龙

● 上杭官田村李氏大宗祠

● 添丁啦

看，这是宁化的灯龙，光龙；

这是连城姑田的大龙，巨龙；

这是长汀的蟠龙，卷起，飞旋再舒展；

噢，这可是名声在外的丰顺火龙，竟在龙身上扎起了一个个火把，舞得满天火星——我编剧的电视连续剧《客家女》中，曾反复用过这些烈焰冲腾、火光四射的火龙；

江西兴国，用板凳舞起的"板凳龙"，却也别具一格；

而石城的"草龙"，则是用草把扎成的。

这一个又一个的镜头，这一幕又一幕的红火场面，似乎在为客家人诉说什么。

龙，在这龙的文化上面，当又破译出怎样的客家文化之谜？

也许，这只是一个证明，证明客家人同样是龙的传人。而龙的传人，不就是汉民族的后裔么？

他们，对龙的文化如此执着，当还说明很多很多——

龙是汉民族的图腾，是中华民族的象征。炎黄子孙无论走到世界上哪一个地方，都要把龙带到那里！

客家人，这支不停地向南方迁徙了1000年的汉族民系，这支颠沛流离中成长壮大起来的民系，同样用独特的方式表达他们对龙的崇拜。

还有什么比通过龙，能够更好地记录下客家人和华夏古老文明的渊源，表达出客家人对中原文化深深的依恋的方式呢？

远离战乱的客家人最终选择在人迹罕至的崇山峻岭安顿下来。重建家园，耕读传家的传统文化思想在万里辗转的客家人那里，仍然顽强地体现出来。

远离了庙堂和中原，靠什么才能让子孙后代永远不忘历史和祖先？靠什么才能在蛮荒边陲开基创业，生存繁衍，发展壮大呢？

没有什么比一棵大树更富有哲理：根深才能叶茂，枝壮才能荫庇后人！

龙幡招引，祭祖队伍行走在乡间路上；祭祖的圣坛上烟火缭绕。

我们处处可见"华夏同源"的牌匾。更在客家腹地，寻到了"客家魂"石碑。

中华文化滋养着民族精神这棵大树，"崇本报先"延续着客家人的理想。

在北京客家人当中，流传着这样一个凄楚动人的故事——

明末卫国英雄袁崇焕因受诬陷被害，其谋士余氏家族，世代为其守墓，368个春秋，17代人代代延续，只为"忠""义"……为此，我们曾采访袁崇焕墓现在的守墓人余幼芝女士。她对我们说，因为当

● 始兴满堂围

初要把袁崇焕的爱国精神传下去，传给后代，我们先祖就冒着灭门九族、满门抄斩的危险，把他的头给盗了回来，埋在我们家。这里以前就是我们家（北京余家营）。从那以后我先祖就告老还乡，闭门不做官了，因此我们成为了平民百姓。我先祖（袁崇焕的谋士）临死之前就告诉我们："我死以后把我埋在袁大将军旁边，我们要代代守墓，一代传一代。"

余家这么做，不就是为了把袁崇焕的民族气节和民族精神传给后人么？

整整17代、368个春秋，守护的不正是这样的精神财富吗？

为此，美联社一记者感叹说："美国的历史不过200来年，而余家却为袁崇焕守墓守了17代人、360多个春秋，这是怎样的一种精神啊！"

一代又一代的客家人，作为龙的传人，正是用这种"祖宗崇拜"的共同行为，努力维系着一个民系的精神特质，守护着中华古老文化的共同心理。

客家人的"祖宗崇拜"，蕴藏着深厚的历史内涵。

族群尊严：
麒麟、獬豸舞之谜

龙，是华夏古国的图腾。

我们都是龙的传人。

客家人之所以把舞龙演绎得那么多姿多彩，那么血脉贲张，那么惊天动地，正因为这展示了他们自身龙文化传人的身份。客家人不仅仅是守护、捍卫了一种文化，更坚守了汉民族的尊严。

广府人也有赛龙夺锦的民俗节庆。龙，是龙舟，因为他们是一个海洋的族群，而龙本身就是出没于海天之间的，这也是他们对汉民族身份的一种认定，我也是龙的传人，我更早来自中原。所以，赛龙舟一年比一年兴旺、豪迈、激烈……不过，广府人也显示了海纳百川的胸怀，如今火遍整个广府地域的醒狮舞，不仅被列入了非物质文化遗产名录，更成了广府人喜闻乐见的节庆仪式。狮子是中国所没有的，是舶来品，可广府人一样舞得风生水起，欢声雷动。

客家人除舞龙舞出了上百种方式外，还有更彰显他们自身中原血统的传统节目。

那便是麒麟、龟，麒麟、龟乃中国的四大神兽中的两大神兽，大家都耳熟能详。古籍有"鸿前麟后"，亦即凤与麒麟。凤不用说了，麒麟拥有兆瑞、通灵、显贵的神性，寄托有仁政、德治、贤明、重教的愿景。老百姓熟悉的"麒麟吐玉书"，与客家人崇文重教很是一致，这本也是中华文化的优秀传统；而"麒麟送子"，则是寓意生育崇拜，多子多福，后继有人——在计划生育年代，麒麟这一"神功"已经很久不能提了。但是，民间的麒麟舞，依旧风风火火。东莞、深圳好几个镇的麒麟舞，也都被列入了国家的非物质文化遗产名录中。

历史传说，关于獬豸的传说，古文中有"獬豸，神羊，能辨曲直"。传说中尧时的法官皋陶审案，蹲在一旁叫这名字的独角神兽，能辨曲直、断疑案，若谁有罪，它就会用角去触他。于是，獬豸则成了公正的象征。在这个意义上，獬豸当是监督执法的，是为公正而生的。

如今，当广大人民掌握了法律的知识，有了制度的保证，那么，公道自在人心，公正亦在每个人的心秤上，百姓便是獬豸了——这自古以来的优秀传统，也当在今日得以弘扬，中国法制的希望便在

● 獬豸舞

这里。

在客家地区，客家人为证明自己来自中原，是中土贵胄，所以将古代的舞龙、舞麒麟的习俗代代延续，使舞龙、舞麒麟的形式遍及客家山乡。除舞龙与舞麒麟之外，还有舞獬豸，这在其他地方几乎见不到。舞獬豸，仿佛被赋予一种神圣的权利，可以用独角去拱地方上的官员，当然是不公正的官员。

人说这是天意，我认为是民心。

所以，追求法律的公正，在这个族群里深入人心。

有意思的是，当客家人越过武夷山后，不仅确立了石壁的客家祖地，而且把连城的一座名山，也是武夷山的余脉，命名为冠豸山。冠豸，也就是獬豸。后人把冠豸山称之为"客家神山"。把山命名为一种兽，那么，沿山出现的獬豸舞，也就不足为怪了。山与冠豸，从此难解难分。

冠豸精神体现了执法如山的理念精神。

人们每每以"山"为比喻，追求公正、公平、公道，弘扬正气，崇尚正义。

20世纪20年代初，为给客家人正名，最早成立的客家人的社会团体，就叫作"崇正总会"。近一个世纪了，只要一说到"崇正"，谁都知道这便是客家人自己的组织。创会会长是作为"文化遗民"的赖际熙教授，他从北京避灾到香港，坚决主张把会名定为"崇正"，以表明客家人是中原"崇正黜邪""崇尚正义"之义民，这集中体现客家人的精神气质。他的主张自然得到一致的拥护，就这么一百年承传下来了。这么一个"山"的族群，不仅"无客不住山"，而且以"正义"这一巍峨字眼，冠之正名，而"崇"字，本身就是山在

● 獬豸

● 麒麟舞

● 冠豸山

上部。

在闽西的客家神山,叫"冠豸山",与粤北的客家圣山——霍山遥相呼应。

霍山是自古得名的,人们因避乱隐居该山,潜心读书而得以称"圣"。圣者,孔圣人也,是中国乃至世界的大教育家。劝学乃治国之大事,圣则与文化传承、教书育人分不开。圣人,每每是教书之人。客家人同样视孔先生为圣人。

而冠豸山不同,它是在元代之后才得名的。在元代之前,它只有一个简单的名字,即东田石,仅有方位的意思,也就是说,是客家人来到了连城,这才给这一座山峰奇峻、山石奇秀的大山起名为"冠豸"。

冠豸是中国古代的神兽,在秦、唐的御史的头冠上,缀的正是这一"好斗"的独角兽。因为它"能辨曲直,见人争斗,即以角触不直者",能主持公道、申张正义,这才为客家人所崇尚,并从中原带到客地。

这座山之所以得名"冠豸",不是一时之兴致。

在这里有林则徐题写的"江左风流"四个大字。这四个字,道出了该山的全部文化密码:明代,有"冠豸四愚",即林赤章、童日鼎、李森和董若水,他们在这片奇丽的山野中,结庐倡学,辟洞卜

● 霍山

居，潜心研究心性学，留下传诵至今的佳话。而他们前后在冠豸山中，创建书院，即当时的二丘书院，元代的"樵唱山房"，及至明朝的"东山草堂""修竹书院"，及清代的"五贤书院"……构成了此山另外一道与自然风光相辉映的人文风光。

而人文中，对正义的追义，当是重中之重，文天祥的《正气歌》，自是冠豸山中传唱的最强音。在"江左风流"大字下并题的，还有"不愧为乌衣之族"一语。

没有这些，何来冠豸之名？不仅仅是山头似冠豸，壁立端正，更在于一种高扬的公正不阿、除邪扶正的精神。

也只有客家人，才会把这么一座山冠名为冠豸，进而又命名为客家神山。冠豸本就是神兽，那么，山的神性则在什么地方？执法如山，法与神性是怎么相通的？其实法与神性的关系如同书与圣人之间的关系一样。

在传统社会中，我们谈不上法治的传统，也无法追寻法律的科学性、公正与不公正，唯有神性方可作出判断。冠豸就是承担了这一神的旨意，谁不公正，就用独角去拱他、顶他，让他原形毕露，罪恶昭彰。

贪官污吏，每每遇到獬豸舞，就生怕避之不及，这自是做贼心虚的表现；而老百姓，也每每通过这种"神赋"的仪式，在特定、特许的日子里，向不公平发泄自己的不满。

这不是"上层的设计"，而是神的设计、先人的设计，这一种几近宗教仪式，被赋予了神圣的使命。

客家人在千年的迁徙中，每每遇到老天的不公，如狂风暴雨、电闪雷鸣；遇到土地的不公，如崇山峻岭、悬崖峭壁；当然，更有沿途上人的不公，如贪官酷吏、土匪强盗，他们总有一句口头禅，动不动就向天长叹：冤枉！

而獬豸舞，正是他们遇到一切冤屈时的自我救赎、自我宽慰，同时，也是向一切不公正、不公平、不公道的有力宣战！

"穷山恶水"：
客地大自然造化之谜

"逢山必有客，无客不住山。"这是南方关于客家人的一句谚语，可见客家人居住在山区已经成了怎样一种不争的事实，而且已有相当长久的历史了。

"后到为客"已经不那么妙了，又只能上山，就更可怕了。无疑，没人去过的地方，都只可能是穷山恶水了。著名地理学家司徒尚纪在其《岭南历史人文地理》一书中，在"客家系地区山区生态环境与变迁"一节中，就是这么介绍的：

  客家系地区深处岭南内，盆地面积狭小，适宜大田作业的土地不多。在岭南自北向南、自西往东推进的区域开发格局中，客家系地区开发最迟，古代生态环境能维持良好状态，绝大部分地区为森林覆盖。直到唐代粤东地区仍是鳄鱼、野象的渊薮。刘恂《岭表录异》云："广之属郡潮、循多野象，潮、循人捕得象，争食其鼻，云肥脆，尤堪作炙。"后世梅州留下许多以"象"为起首的地名，反映野象栖息的生态环境。光绪《嘉应州志·沿革》载，梅县石扇有象村，白渡有象湖，西厢堡有象湖塘，蕉岭县新铺镇有象岭、象坪。梅江支流松源溪，上源在福建武平县象洞，亦因有野象得名。宋代叶廷珪《海录琐事》说："象洞在潮、梅之间，今属武平县，昔未开拓时群象止于其中，乃谓之象洞。其地膏腴，稼穑滋茂，有美酿，邑人重之，曰象洞酒。"

而今，别说粤东，连粤西、广西、贵州都不见大象的踪影了，大象退守到了云南西双版纳一带，再这么下去，中国只怕不会有大象了。

客家腹地如此，粤北山区也一样，纵然客家人去得更晚，但过去也是穷出了名。古诗中就有"英州穷到骨中空"一语，不过，那里的原始生态环境在文人墨客笔下倒是跌宕生姿的。唐代名相张九龄，便有过一首题为《浈阳峡》的五律诗：

行舟傍越岑，窈窕越溪深。
水暗先秋冷，山晴当昼阴。
重林间五色，对壁耸千寻。
惜此生遐远，谁知造化心？

● 客地丹霞

而唐代遭贬至连州的刘禹锡笔下，也有"岭树重遮千里目"的诗句，这一句与"重林间五色"相呼应，可见那时大片森林连绵不绝，自然生态环境并没遭到什么破坏。

说穷，没错，过去的确是"穷山恶水"，可今天，换一种目光，这"穷山恶水"恐怕当换另一种说法了：

客家地区，尤其是粤闽赣三角地区，崇山峻岭。东边，是武夷山、玳瑁山；南边，是莲花山、罗浮山；北面，有罗霄山脉，连接起南岭山脉，几乎就是华南的一道屏障。过去，人迹罕至，客家人是逼得没办法才深入进去的。也许大山的屏障无形中成了一道文化边界，使得这儿得到完好的保护，成为中国古文化的"活化石"。

客地幽深，凶险莫测，但那里，却也有奇绝天下的风光。

像龙岩周围，便是格氏栲自然保护区、狐狸洞风景区、冠豸山风景区、梅花山自然保护区；在梅州一带，有阴那山、汤坑温泉，再过去，有佗城、新丰江、万绿湖；赣南粤北，则有龙潭瀑布、九连山自然保护区、苏仙岭风景区、丹霞山风景区……这只是随意拈来，便是一大串了。

"穷山恶水"，摇身一变便是风景名胜，便是国家自然文化遗产——最近，英德长湖等处，便被批准为"国家森林公园"了。

不怨天，不尤人，客属地区，过去未被发现的自然瑰宝，如今居然在现代化的大潮冲击下，显现出特异的光彩来！人们这才发现它的可贵、可爱与可亲！

这种历史性转换，当也是客属地的自然文化之谜！

来自"天放时代"：客家女之谜

客家女的美名，不仅在中国，而且在世界早已传扬开来。在曾经男尊女卑的传统中国，她们似乎是例外又不是例外的存在——其是例外，是她们既没古代束胸缠足的陋习，更无"无才便是德"的偏见。在一个家庭中，她们承担了比男子更为繁重的生活重任，包括农耕在内；而不是例外，则是所谓"男主外，女主内"的传统男性中心主义，以更强化的方式表现出来，男人无论有出息没出息，几乎全不顾家，终年在外寻求发展或东游西荡，天塌下来都只得由女的顶住……

或许，正因为男人这种"不负责任"，才换取了客家女有限的自由解放。若是缠足，粗重的农活由谁担当？若深锁闺中，里里外外又靠什么人来掌管？一如客家学者、清代的温仲和所写的：

> 凡州人之所以能远游谋生，亲故相因依，近年益倚南洋为外府，而出门不作悁悁之状者，皆赖有妇人为之内助也。向使吾州妇女亦如他处缠足，则寸步难移，诸事倚任婢媪，而男子转多内顾之忧，必不能皆怀远志矣。其近山诸乡，妇女上山樵采负薪入市求售，以谋升斗者，尤为勤苦。然皆习之而安，无若朱翁子之妻以是为耻而求去者。

有人以为，这是古代母系社会的遗传，显然是大谬特谬也——因为客家男子的"不顾家"，是为了向外发展，建功立业，扬名显声。这与母系社会中的男子了无权力是截然不同的。而且，客家女子的文化素质也人所共知，她们知书识礼，比"女子无才便是德"的传统社会要开放、要进步……

英国人欧德里在《客家人种志略》中有：

> 客家妇女是中国最优秀的劳动妇女的典型……客家民族，是牛奶上的奶酪，这光辉至少有百分之七十，是应该属于客家妇女的。

日本人山口县造在《客家与中国革命》中称：

> 日本妇女以温柔顺从著称于世，而客家妇女亦毫无逊色。而我们可以说，日本妇女之所以温柔顺从，是病态。因为她们的生活，需要依靠男子，不能不藉此求怜固宠；而客家妇女的温柔顺从是健康的，因为她们这样做，纯然是真挚的爱和传统地对于丈夫的尊敬。

古今中外，无论是文学作品，还是学术经典，对客家女性的描述都是一色溢美之词。我们不拟再引录下去了。总而言之，客家女性几乎就成了一个神话——从"葛藤坑传说"开始，一直到刘三妹或刘三姐作为歌仙的故事，以及在我们身边众多客家女性自立、自信、自强的范例，这些足以体现客家女性的传奇色彩。

在汉民族民系中，客家女更是独一无二的存在。

那么，在其他民系的女性由于封建专制及大男子主义而萎缩、卑微之际，客家女为何在如此残酷的背景前凸现了出来，令世人为之瞩目与惊叹呢？

这又是怎样一个难解的文化之谜？

也许，这个谜，仍得追溯到那个"天放的时代"——至少，诗歌中留下了若干可以作为证明的"遗存"。

汉魏六朝的乐府中便有：

> 健妇持门户，亦胜一丈夫。

及至唐代杜甫《兵车行》中，也有：

纵有健妇把锄犁……

可见，在唐代及之前，断无女人缠足之陋习，女子都是健壮、聪明的。及至五代南唐，宫廷里百无聊赖、淫逸变态的君主们，将把玩小脚作为一种性的满足，遂将缠足陋习推广，贻患于整个社会，到宋代缠足陋习则成为民族病态！

而客家人最早的两次大迁徙之际，即晋、唐二朝，中原汉族并无此病态。处于上升时期的汉民族，其心理是健全的、放达的，所以，他们来到南方，也就保持有那时健全、放达的心态，拒绝接受后来的变化。所以，把客家女性无这些陋习反说成是落后的母系社会的遗传，只能说明其太无知了。

而客家女子"放"丈夫外出谋生、下南洋"过番"，其心态也同样是豁达、开朗的。

烟雨漾漾的梅江，风霜紧锁的风雨桥，以及江边的元魁塔，都见证过她们送别男人过番的经历。

男女对唱的自是《过番谣》。

男方当是先唱了起来——离别之情大丈夫也是有的：

男：贤妻送我到凉亭，
　　山有情来水有情，
　　灯草拿来两头点，
　　虽然隔乡同条心。

女：我送我郎上火船，
　　机头一响我揪心肝，
　　他日若有水客转，
　　你写封书信报平安。

沧桑的风雨桥、无言的古塔和呜咽的江水，不知记录了多少生离死别的故事，不知听过了多少凄婉、哀怨的"过番歌"。

当你走进客家山乡，你总是能看到一组组客家妇女劳动的镜头：背小孩、采摘、煮食、挑担、洗衣、打铁等。

● 客家女服饰与天足

客家地区人多地少的经济环境，决定了客家人必须走出门谋生的道路。男人出远门了，留下的农活、家务活、教育子女、侍奉老人等生活的重担都担在客家妇女的肩上。对此，黄遵宪曾这样深情地说："吾行天下者久矣，五洲游其四，廿二行省历其九，未见有妇女劳动如此者。"

承受如此生活重担的客家妇女却从无怨言，也从不被生活压倒。她们依然乐观爽朗、敢说敢唱；她们对生活充满着热情，她们对明天充满了憧憬。

因为对生活的豁达态度和牺牲精神，客家妇女赢得了自尊与解放；客家男人们更因此赢得了一个广阔的世界，去滋养冲天的自由精神！

一位长者这么告诉我们：客家妇女总的说来可用四句话来概括：家头教尾，田头地尾，针头线尾，锅头灶尾。这四句话可以概括为我们客家妇女是勤劳、勇敢、能够相夫教子的。

原全国妇联副主席黄甘英深情地回忆道：我妈妈那个脚，跟我们还有点不一样，就是那脚底板甚至都是平的，就是这个平的，那个弓好像都没有似的，所以在我脑子里，当时小时候就有这么一点印象，我妈妈太累了，脚板都给磨平了……

在封建社会里，绝大多数的客家妇女是从不缠足的，以至当太平天国的军队里出现了一支主要由客家妇女组成的娘子军时，她们被清军惊呼为"大脚蛮婆"。让妇女天足，从这一点上，也可以看出客家人不墨守成规、懂得通权达变的特点。

辛苦的劳动培养了客家妇女勤劳、刻苦、俭朴的美德；艰辛的生活教会客家妇女懂得刚毅和仁慈，敢爱和敢恨，勇于献身。正因为如此，客家妇女才格外惹人注目，从何香凝到康克清，从李贞、李坚真到胡仙，在不同的领域，客家妇女都能充分展现她们的骄人业绩！

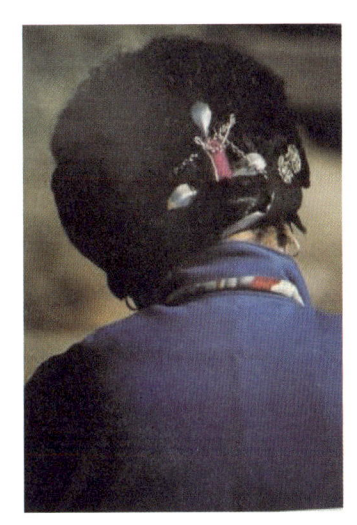

客家女头饰

朱德委员长在《回忆我的母亲》这篇文章里，这样说："我应该感谢母亲，她教给我与困难作斗争的经验……我应该感谢母亲，她教给我生产的知识和革命的意志，鼓励我以后走上革命的道路。"

这种评价，又何尝不是对所有客家母亲的共同评价！

上面，只讲了客家女所承担的重任，她们是"母仪天下"的典范，以及有着顾全大局、勇于牺牲的一面。但更重要的是，客家女之伟大，还在于她们对真正爱情的追求，对自由的向往，她们热情直往，敢爱敢为，绝无半点虚伪与矫饰。

在客家山歌中，情歌可以说占去了一大半，而这些情歌，更多是女性兴往情来，脱口而出的。电影《刘三姐》中，不仅音乐用的是客家山歌的曲调，歌词也几乎全来自客家情歌。最令人难忘的是我们已引用过的"树藤缠"，以及刘三姐对阿牛哥所唱的：

生爱连来死爱连，

两人相好一百年。

曼人九十七岁死，

奈何桥上等三年。

而刘三姐，则是从粤东的刘三妹演变过去的，而刘三姐的演员黄婉秋，就是梅州的客家人。

又如黄遵宪所搜集的山歌：

> 送郎送到牛角山，
> 望郎不见侬自还。
> 今朝重头山头望，
> 恨它牛角弯复弯。
> 催人出门鸡乱啼，
> 送人离别水东西。
> 挽水西流不容易，
> 从今不养五更鸡。

对爱情的执着，由此产生的微妙心理，在这类情歌中表现得何等细致，纵然是诗人、大师，当也叹为观止，并为之动容落泪。

> 生爱缠来死爱缠，
> 生死都在郎身边，
> 哥系死了变大树，
> 妹变葛藤又来缠。
> 郎系葛藤妹系花，
> 葛藤种在花树下，
> 葛藤缠花花缠树，
> 缠身缠死任两侪。

打开一部客家情歌，以"缠"来表述终生不渝的，至少有几十上百首。一个"缠"字，何等形象，何等真切，又何等勇敢，怎不叫人心动、心碎呢？

她们，才真真正正是情种！

关于客家女，我们还可以说很多很多动人的故事。

还是大诗人黄遵宪所说的：

> 无论为人女，为人妇，为人母，当人太母，操作亦与少幼等。举史籍所称纯德懿行，人人优为之而习安之。

那么，到当代，客家女子，亦当是女性解放、崛起与独立的先声——客家女性今日的就业率，无论白领、蓝领，也在亚洲乃至全球名列前茅。如果说,她们为人女、人妇、人母,当可喻为"可靠的港湾",那么,今天,她们更是扬帆远航的巨轮了!

她们不仅承载、卫护着这个世界,也同样在创造着这个世界!

"盛世"中的蛰伏：
反客为主之谜

宛若一阵晨钟的轰鸣，冲开了漫天沉重的阴霾；又如兀起的群峰，托起了正要塌陷的苍穹；不，当如撕裂长空的闪电，驱开了近现代中国历史上几乎化不开的黑暗……也许，这些比喻都不足以描述客家人骤然以难以置信的亮度，闪耀在中国近200年的一部灾难史、奋斗史上。

在这之前，他们蛰伏得太久、太久了，只是在若干县志上，偶尔出现"客家"这样的字样，人们无非只是表述这么一个简单的意念：先到为主，后到为客而已。

可几乎在一瞬间，这批"后到为客"的族群，却来了个反客为主，一下子显示出他们竟是当之无愧的中华民族的主人，足以扭转乾坤的华夏历史的主人，一个有着5000年文明史的版图上的主人！

在短短的一两百年间，在这个民系中，竟然一下子涌现出了那么多的历史名人，不是数以十计、百计，而是千计、万计，遍及各个领域——领袖、大师、大家、英才、俊杰，数不胜数，在政治界、军事界，在文化界、思想界，在经济界、科学界，没有一处没有黄钟大吕式的人物，他们一啸冲天，别说欧美、日本为之瞠目，甚至在神州本土上，他们自己也为之惊诧。这些神话般的人物，是从哪里冒出来的？

从洪秀全、杨秀清到孙中山、廖仲恺，一直到王首道、胡耀邦，一个又一个革命运动的领袖、政治家，他们都是客家人！

从石达开、邓仲元、姚雨萍到邓演达、吴奇伟，一直到朱德、叶剑英、叶挺、杨勇，数以千百计的军事家、将军，一查其"出身"，竟又都是客家人！

从丁日昌、刘永福到黄遵宪、丘逢甲，一直到谢晋元、黄梅兴，一批又一批的著名爱国志士、外交家，他们也同样是客家人！

且不说郭沫若、陈寅恪、李金发、王力、林风眠、韩素音等一批扬名海内外的文化艺术大师、学者；

也不说李国平、卢嘉锡、李国豪、王佛松、吴恒兴、杨简、钟惠澜等一批声震寰宇的大科学家；

还有叶亚莱、张弼士、张榕轩、姚德胜、谢枢泗、胡文虎等一大批侨领、实业家、商界巨头。

他们犹如灿烂的星辰，闪耀在中国近现代历史的天空上！

在思维科学上，有个"群体感应效应"，但这仅仅是针对某个领域而言的。而在所有领域中，一下子崛起如此宏大的群体，这无论在历史上，还是在地域上，都是无法用"群体感应效应"来解释的，这只能说是奇迹！

于是，客家名人辈出，便成了又一个不解的历史之谜！

他们为什么如此集中在一个民系，几乎是同一个历史时期一下子冒了出来？这似乎在过去，在某一个民族或某一个民系中都不曾有过？

更何况，此时的华夏古国，又如1000多年前一样，再度面临"死亡之门"，而这次民族危亡的紧急性、严重性，更远远超过上一次，来自西方的列强们，已不再把中国视为一个国家，而是把中国当作他们新的殖民地，一个市场而已。他们一个个磨刀霍霍，杀气腾腾……

在论及上一个文明的"死亡之门"时，华夏文明为何能幸存而古罗马文明却无法再生,当代著名的中国问题专家费正清,在其《中国:传统与变迁》的专著中"帝国的再生"一章里,是这么认为的:

> ……中华帝国最终得到了重建,而罗马帝国却成了历史的陈迹……成为了亚欧两大民族发展历史上的分水岭。
>
> 为何中华帝国得到重建而罗马帝国却一蹶不振,这个问题目前尚无定论。部分原因可能是因为中国南朝与希腊拜占庭帝国相比保存了更多的帝制传统,而由于地理上的原因,南朝对北朝的影响也超过拜占庭对意大利、法兰西诸邦的影响。另外一个原因也可能是由于汉朝的帝制模式要优于罗马帝国。上承"天命"的中国皇帝受到民众的支持,他通过选拔贤人担任政府职务来实行公正、有道德的统治,这比罗马帝国的法制理念更易为当时的人所接受。汉字可能也起到了希腊拉丁字、母文字所不能比拟的文化凝聚作用。"蛮夷"们如果想能掌握读写就必须学习汉文,因为汉字很难与胡语混用。此外,尽管中国各地方言各异而且相互之间很难听懂,但中国人却都使用汉字。最后一点是,汉人人口众多,这就使中国比欧洲更快、更彻底地把蛮族吸纳、同化了过来。由于中国农业属于精耕细作型,它生养了更多的人口,而入侵的异族也就越来越快地消失在周围人海般的汉族人口中了。

这不能确认、似是而非、几近隔靴搔痒的几大原因,今天恐怕很难为中国人所接受。所谓"帝制模式"选拔贤人统治,当是在隋唐方兴起的科举制度,而非汉魏六朝在前;而地理与人口原因,则更说不过去了;甚至归结于汉字的文化凝聚作用、农业的精耕细作等,就更是玄乎了……自然,我们也不可太苛求这位"中国问题专家",我们的目光不应集中在他怎么解答问题,而应集中在他已经提出了问题,这些问题已足以发人深省就行。

真正回答问题的,当还在中国人自己。

客家名人辈出,当是回答上述问题中的一部分原因——是的,正是在国家兴亡、民族危难的紧急关头,涌现出了这么一大批有卓越才能的一代英才，他们力挽狂澜，再造中华文明……

客家人令举世震惊的第一刻，当是第一次鸦片战争之后不久即爆发的太平天国革命运动。无疑，第一次鸦片战争成为了中华民族二度陷入"死亡之门"的序幕。

众所周知，太平天国被视为"客家人的革命"，也是客家人第一次在中国历史上以群体方式掀起的一场翻天覆地的大革命！

而在这之前，他们寂寂无闻，几乎不为人所知。尤其是在被众口一词称之为"康乾盛世"的年代里。

那果然是"盛世"么？为何乾隆之后不到40年，"盛世"便在片刻间成了末世，"忽喇喇似大厦倾"，盛世不再？

也许，正是客家人，及时洞察了这个"盛世"究竟是怎么一回事！

谁都知道，而且当今大多数的中国人大都也经历过"盛世"，我们曾有过的"形势大好，而且不是小好"的类似"盛世"又是怎么一回事。康乾盛世也正是这么一回事，它只是众口一词的"盛世"，炒作出来的"盛世"。

万马齐喑，防民之口甚于防川的年代，当然是谁也不敢不认的"盛世"了！这个"盛世"是为"末世"准备了所有的火药的"盛世"！

本身，满洲贵族入主中原，是以一种更落后的生产方式，取代一种业已落后了的生产方式，这极大地破坏了内地的社会经济发展：清兵入关的"圈地运动"，与几乎同时在英国发生的圈地运动的性质截然相反，后者表现为资本主义的原始积累，而前者则是一种武力的掠夺与征服，对既存所有权的肆意践踏，甚至在此期间实行农奴制式的经营，是现有生产关系的大反动，为此统治者制订了法西斯式的"逃人法"！尽管康熙后来不得不采取让老百姓"安居乐业"的政策，但他恢复的仍是以农耕为本的旧制度，以至于最后采取禁海的措施，扼绝了东南沿海的工商业及海上贸易，把海商逼成了海盗，从而又去剿盗。这与西方政府在革命后的重商主义政策对比实在是太强烈了。

我们不妨先看看,在"康乾盛世"这100多年间,世界究竟发生了什么。

1640年,英国革命以处死查理国王、建立共和国走向高潮,虽然其后发生了王朝复辟,几经曲折,但最后英国以1689年的"光荣革命"告一段落,确立了君主立宪制,成为西方资产阶级革命的领头羊,在外争夺殖民地。18世纪中叶,英国开始了有名的工业革命,其中,1765年的珍妮纺纱机、1782年的瓦特蒸汽机成为这次工业革命的标志,著名的物理学家牛顿,哲学家洛克、贝克莱,经济学家亚当·斯密、马尔萨斯等都开始出现。在这100多年间,英国一举成为海上强国!

而法国则出现了著名的启蒙思想家孟德斯鸠、伏尔泰、卢梭,空想社会主义者圣西门、傅立叶等伟大人物,并于1789年爆发了法国大革命,攻占巴士底狱,通过了《人权宣言》,处死了法王路易十六,虽说这个过程也几经曲折,但法国最终仍建立了法兰西共和国,并制定了有名的资产阶级的《拿破仑法典》。

1775年,美国爆发了独立战争,翌年,发表了《独立宣言》并成立了美利坚合众国。1789年,通过了《人权法案》。《独立宣言》的起草者富兰克林身兼政治家、科学家、文学家三个身份。与此同时,莫尔斯则发明了电报……

当然,这一百多年间,世界可圈可点的大事件、大人物还有很多,由于其革命大大地解放了生产力,英、法、美的国力以十倍计大大增长,他们当时的经济实力与清帝国旗鼓相当,甚至被清帝国远远地抛在了后边——请注意,这一切,均发生在号称"康乾盛世"的18世纪!

专制主义政权的所谓稳定、昌盛,则完全建立在思想扼杀、言论钳制、血腥镇压的残酷统治之上,而这只会带来更大的不稳定与动荡,直至最后崩溃。所谓"康乾盛世"的真相,则是一幕幕血淋淋的历史惨剧。

雍、乾廓清边域，所谓"武功盖世"，实则是大屠杀——在西北，厄鲁特人几乎被杀光；在西南，苗族人一村一村地被斩尽杀绝，更不用说当年在东南沿海的"三光政策"了，而经过大迁徙来到这里的客家人更是首当其冲。

也就是在英、法、美等国陆续制定《人民公约》《人身保护法》（英）、《人权宣言》（法）、《人权法案》（美）之际，清王朝却制定的是一部《大清律例》。自顺治元年，历康熙、雍正，至乾隆五年完成的《大清律例》，"刊布中外，永远遵行"。显而易见，前者的法律讲的是人权、法治，发展商品经济，而后者则纯然是君权、人治，打击商品经济。东西方的历史就这么背道而驰了。

《大清律例》全面确认了君权神授而至高无上的地位，确立了森严的等级秩序，并以严刑峻法来维护其黑暗统治。尤其是所谓的谋逆罪，不分首从，全部凌迟处死，且株连九族，乃至异姓，年十六岁以上，不分笃疾废疾，杀无赦，年十一岁以上的，也得被阉割发往新疆

● 戊戌变法先驱、湖南巡抚陈宝箴

● 黄遵宪

为奴，以断子绝孙。

而作为"盛世"的登峰造极之举，便是"文字狱"了。近年被推崇备至的康乾之间短命的雍正皇帝，就这么说过："有治人，无治法，若不得其人，即使尧舜之仁，皆苛政也。"强调的是人治，纵然有"律例"也等于无。于是乎，以心治罪，网罗构陷，深文周纳，强人就案——最虚无缥缈或无中生有的大罪，莫过于思想罪了，这便是前文说的所谓"大逆""大不敬"的条例，"文字狱"便是这么来的。据不完全统计，在"康乾盛世"的100多年间，便发生了上百起文字冤狱，目标是打击反满者及怀旧者。其中，发生在康熙二年（1622年）浙江的"明书案"，把组织修订明史的庄廷钱一家15岁以上男人全部杀光，已死的庄廷钱也被挖棺鞭尸，连无关被诬告的朱佑明及其五子也统统被杀，参与修订的茅元铭等全被凌迟处死，至于刻字、印刷、卖书、买书者一律格杀勿论，连查办不严的一批地方官员也悉数处以绞刑……仅一案被杀者就达70多人，被抓捕者更数以百计，不少人是糊里糊涂掉了脑袋。康熙五十年（1711年）的《南山集》案亦如此，株连者达300多人。及至雍正亲自上阵，刊成的《大义觉迷录》一书的背后，则是无数后裔、学生被戮尸、杀头、流放……到了乾隆，"文字狱"更是可怕了，仅乾隆三十九年（1774年）至四十八年（1783年）十年间，便有文字狱近50起。谁的诗文中不慎有"清"或"明"字，就被怀疑为"大逆"，诸如"桥畔月来清见底""清风不识字，何故乱翻书"之类，已经家喻户晓了。连拍马屁给皇太后做的寿联，也被指责为"借名献颂，妄肆狂言，大于法纪"，使这位作者表白"我何敢有一字诽谤，实系我一腔忠心，要求皇上用我"，却仍逃不了"立毙杖下"的命运。

而在同一时代，法国启蒙思想家卢梭便已说了："……凡是属于专制政治所统治的地方，谁也不能希望从忠诚中得到什么。"

多少"献忠心"的知识分子就这么言出祸随，动辄得咎，死于非命……

西方的这个历史时期，个人价值及民主、自由、平等的人权思想已经成为了政治准则，深入人心，社会经济突飞猛进。而在康乾盛世，却是历史的大倒退，专制独裁到了极点，何止是杀人，而且要戮心，思想罪、言论罪大于一切刑事罪行。这样的"盛世"不要思想、不要学问、不要智慧，更毋论什么人权、独立思考、个性自由。这分明是一个死气沉沉的社会，无以创新与更生。

而《大清律例》更进一步维护其经济基础，扼绝任何近代经济的萌芽，清初便有海禁，"寸板不得下海"，又下达"迁海令"，沿海50里不得有人居住，越界立斩。海禁后一度弛禁，但没多久又再下禁海令，停止与南洋贸易，违者施以严刑峻法。严厉限制、无情打击尚处于萌芽状态的工商业，直至不允许自由采矿……

这从上层建筑至经济基础实施的残酷的封建极权统治，所能造成的是怎样的"盛世"，岂不一目了然么？

是这样的"盛世"——人人只许说好，不许说坏，从此说坏的声音没有了，当然便是歌舞升平的盛世了！

是这样的"盛世"——人人只许眼盯住皇上，只许称"圣上圣明"，却不可放眼看世界，更不可与海外通商，这更会是"自以为是""唯我独尊"的盛世了！

是这样的"盛世"——思想沉默了，

● 廖仲恺

● 李金发

● 林风眠

言论钳制了，才华灭绝了，发展停止了，关心现实则罪莫大焉。专制集权的"盛世"，便是血迹斑斑、人头落地、万马齐喑的"海晏河清"！

其实，这"盛世"又何曾安宁。康熙削"三藩"，乾隆更是征战不已，在做"太上皇"之际，白莲教大起义，乾隆在"心焦"与惊惶之中，遥指西南而咽下了最后一口气……而在白莲教起义后，又是北方的天理教起义、南方的瑶民起义，前者，一直打进清朝皇宫，在里面树起了"大明天顺"与"顺天保明"的大旗——可见"盛世"是何等的虚弱不堪。

而后，便是惊天动地的"客家人的革命"——太平天国起义！

那位疾呼"我劝天公重抖擞，不拘一格降人才"的著名思想家龚自珍，就在乾隆死了仅10年之后，呼吁"与其赠来者以励改革，孰若自改革？"可他马上又作出了否定的回答，太晚了，这么个"盛世"已无可救药了！

就在整个中国陷入绝望之中，西方列强已举起了血淋淋的屠刀，不把中国当一个国家而当作殖民地瓜分之际，客家人在骤然间冲天而起，以冲破中国又一次面临的"死亡之门"的局面！

于是，近现代短短的几十上百年间，客家名人辈出！

他们总是在面临国家兴亡、民族危难之际挺身而出，义不旋踵！

历史的重任，又一次落到了这一批"流亡者"的身上！他们责无旁贷，义不容辞！

近代崛起：
名人辈出之谜

客家名人辈出之谜，当首先从这个民系的汉民族意识上破译。

无论是太平天国革命初期的口号"斩尽清妖"，还是辛亥革命中最早的民主革命团体兴中会的誓词"驱除鞑虏，恢复中华"，这些口号誓词无疑都反映出客家人强烈的汉民族意识，这是不可以苛求于历史的。事实上，孙中山等一批有远见的革命领袖，也在后来逐步摒弃了"种姓革命"的口号，强调"中国境内各民族一律平等"。尤其是革命成功后，更不见有对前朝政府的统治民族有什么歧视或打击。

但是，客家人的脱颖而出，无论如何，还是与汉民族意识分不开的。

远的，元兵南下，文天祥在客家地区组织顽强的抵抗，其惨烈程度远远超过中原一带；近的，明亡之际，清兵入关，可谓长驱直入，一直扫荡江南，可以说，在中原遭遇的抵抗远远不及东南沿海。著名的民族英雄、客家人郭维经，在清军大举入赣之际，率领南明军同清军大战于赣州—南安一线，八千部属，血战赣州城下。最后城破，无一投降，郭维经也在嵯峨寺自焚身亡。

清兵入广东，其遭遇的反抗也是空前的。及至今日，粤东仍有"拜太阳"的习俗，"拜太阳"日期为农历三月十九，是明朝最后一个皇帝崇祯死亡的日子——这显然是为汉王朝而祈祷。这个习俗一直延续下来，成为了一种无声的感召！

为何元兵、清军均在客属地遭到殊死的反抗呢？

客家人，从来以中原古汉族的身份自矜，中土乃是他们古老的家园，纵然千年迁徙、万里长旅，到了东南沿海，独在异乡为异客，却不忘自己是整个华夏古国的主人。虽名为客，可身与心却永远以主人自居。他们始终有着中原汉人的忧国伤时之叹、慷慨悲歌之勇，以天下为己任，每每北望中原，拔剑击柱，龙吟虎啸不已。

而古老的汉民族文化，更强化了他们的忧患意识。毕竟，中原是孔子所称的"杀伐之地"。由于地理自然环境的严酷，这个民族与生俱来与忧患相伴，危机感无时无刻不在提醒着其精英之士。而几千年灿烂的文明、厚重的文化，本就是一笔巨大的历史财富，值得一代又一代人去捍卫它、保存它并丰富它，怎可以毁灭在异族手下——清军入关，南方人口锐减3000多万，作为汉民族的一支民系，客家人能不为光复昔日的伟业而奋起么？

他们背负的历史太光荣也太沉重了！

汉民族文化到了宋明二朝，已经老气横秋，甚至自我虐杀，遭到汉民族中有识之士如戴震、李贽、黄遵宪等尖锐的批判。但正是这种批判，更意味着汉文化所具有的更新、再创。而这比落后、蒙昧的游牧部族的文化，毕竟要有底蕴、有生气也厚重得多。一个古老的文明当穿越"死亡之门"，来个凤凰涅槃——重任在肩呀！

这便是客家名人辈出之谜的第一个谜底。作为汉民族历史文化自觉的负载者，在这民族危亡之际，焉能不揭竿而起、一举冲天？

而千年迁徙、万里长旅，客家人自身的一部流亡史，本身也在滋养着忧患意识以及更大的危机感。

对流亡者而言，失败，是最好的学校。客家人被迫远别中原，几乎亡国亡种的遗恨，教他们从中得到无尽的教益。

因为迁徙、流离，无时无刻不在提醒客家人蒙受失败的耻辱，所以，作为这个群体的领袖人物，其危机感与忧患意识就比一般人更为强烈。有危机感，方会敏锐，独具慧眼；有忧患意识，方能时刻警醒，引前车为鉴——而这些，则是客家名人能够脱颖而出的根本要素，同时也形成了他们巨大的人格力量，并由此产生号召力，以便在危难关头把握住历史之舵，穿越"死亡之门"！这正是流亡者成功的秘诀，也是他们智慧与力量的宝库。试想一下，犹太人之所以成功，不也是因为这个么？是无时无刻不在的危机感，"沉船意识"激活了他们的生存智慧，他们才如此及时地抓住一个又一个成功的机会，无论是经商，还是科学研究，抑或政治角斗。

流亡者，不在沉沦中奋起，便在沉沦中寂灭，多少流亡的民族，在漫长的历史长河中沉没，销声匿迹，有的只能在考古中才被重新发现，可大多数就永远不为人所知，堕入冥冥深处，可独余下犹太人，在东方，更余下了客家人，注定要为人类的辉煌而燃起更旺的文明圣火！

我一直纳闷，广府人称，太阳在粤人社会上永远不落，用的是"太阳"，显示的是广府人的阳光心态，可客家人为什么非用"咸水"二字，哪怕用海水也好呀！

恐怕这与客家人经受的磨难是分不开的。当年，士族南迁，正是战乱、灾荒之际，经万里长旅后，恐是百口余一。所以，他们一方面以郡望自矜，精神上不坠贵族之志，另一方面，生活上却彻底平民化了，勤劳、节俭、筚路蓝缕，以启山林，毕竟，南方的平原、三角洲早已给先到者占了。为此，南洋也有一句谚语，那便是"客人开埠"，四个字固然显示出客家人一往无前的开拓精神，可仔细想想，处处都得让他们去"开埠"，他们面对的又是怎样的一片荆天棘地呀？这海水，对他们而言，能不又涩又咸么？

正是南北文化的交汇，中外文化的碰撞，令文化上的"杂交优势"立时便显现出来了。太平天国的拜上帝会,尤其是后期洪仁玕的《资政新编》,孙中山的同盟会以及他的建国方略乃至五权分立说,不都显示出客家人统揽南北、纵横中外的文化气势么?包括胡耀邦同志当年勇于平反冤假错案,也同样是这样一种文化品格的体现。

胡耀邦同志出生在一个贫苦的客家家庭,如果在别处,恐怕很难读到中学,成为村中的"秀才",从而为他参加革命、博览群书、吸收丰富的思想营养打下基础。原来,在客家人当中,无论是闽粤赣,还是湘川桂,都有一种祖制,那便是"公尝"或"学田",凡是有好读书者,无论家中如何贫困,祠堂都会拨出一笔相应的费用供其上学深造。而族中有得功名者,更要给他立两支似华表一样的石笔,予以表彰。这样,家境贫寒的胡耀邦就有了学费,与他同是浏阳客家人的王首道,少年时代,同样得到学田的资助。由此可见,客家人重教兴学,已形成千年不易的优良传统,从而确保族群中一批又一批人才的涌现,从文天祥到袁崇焕,从洪秀全到孙中山,从朱德、叶剑英、郭沫若到胡耀邦……"夫善国者莫大于劝教",这是汉民族自古以来的优秀传统,客家人自然未忘这一祖训。

客家人才辈出,还可从这个民系遵奉的格言中找到原因,"宁卖祖宗田,不卖祖宗言","祖宗言"是什么?是先辈的历史遗训,是几千年的华夏文明,田可以卖,言却不可丢!而让这祖宗言薪火相传、生生不息,又只能靠教育。唯有教育,方可将这人类文明的圣火代代传下去。

客家话被视为"最后期的汉语",客家人自视为汉民族文化沉重的负载者,在千年迁徙、万里回旋的历史长旅中,他们能不时时刻刻感受到危机、能不具备一种忧患意识么?这是客家名人辈出的又一个谜底,作为流亡者特有的历史身份而激发出的潜质。

我以为,这当是破译客家名人辈出之谜的第二个谜底:作为流亡者特有的历史身份而激发出的潜力。

鲁迅先生在《北人与南人》中的一段话,他是这么说的:"相书上有一条说，北人南相、南人北相者贵。我看这并不是妄语。北人南相者，是厚重而又机灵，南人北相者，不消说是机灵而又能厚重。"在这段话之前，他还有一句："优点可以相师。"

我想，这当是南北文化的交汇，方有这南人北相、北人南相。鲁迅先生讲的也是一种文化品格。众所周知，客家人遍布南方十多个省份，是唯一不以地域得名的民系，不是湘人，不是粤人，也不是赣人或闽南人，客家人就是客家人，客而家焉。既然是生活在南方，是南人无疑了。可是，又如数百年来学者所研究得出的结论，客家人的主体，正是公元三四世纪，世界民族大迁徙中，作为其东方部分，因五胡之乱，从中原陆续迁徙到东南沿海一带的"中县人"，这么说，他们的先人，却又是地地道道的北人了。所以，在广东，人们一眼就可以看出，客家人与粤人不同，客家人大都没有深陷的眼窝、凸出的眉骨，而恰恰像北人，豪爽、热情、讲义气，正所谓典型的"南人北相"，"优点可以相师"，其"主贵"则是毋庸置疑的。他们兼有南北文化的长处，自然出类拔萃。这里还须补充一条，他们同样也善于吸收外来文化，拥有开放的胸怀，客家人到了南方，自宋元始，便漂洋过海，到了东南亚、印度洋乃至美洲大陆，因而有一句话：凡是有咸水的地方，就有客家人。

有危机感，方会敏锐机智，独具慧眼；有忧患意识，他们方少了一点广府人的达观，时刻警醒，在危难之际，把住历史之舵——流亡者就是这么成功的，"永被放逐的犹太人"如此，"处处无家处处家"的客家人也是如此。这当是客家名人辈出的又一个谜底，作为流亡者特有的历史身份而激发出的潜质。

也正是大迁徙，使客家人成为中国南北文化一座至刚至伟的桥梁；也正是漂洋过海，使客家文化在中外文化交流中凸现出其开放与坚守的英姿。其间，重教兴学，正是这个民系得以维系其高素质、高品位的秘诀之一。我们当然还可以找到更多的原因，诸如人才的"群体感应效应"——如中央苏区与客家大本营（赣闽粤三角地）的重叠，使那里一下子涌现出数以百计的将军；梅州作为"人文秀区"，第一届学部委员一下子便出了上十位；一个小小的浏阳，客家人中，除胡耀邦、王首道外，还有杨勇上将、第一位女将军李贞、《永不消逝的电波》中的主人公李白烈士等。漂洋过海的客家人后裔，出了李光耀、阿基诺夫人、他信、阿瑟钟、韩素音等杰出人物。

在破译第三个谜底之前，我想插入一段历史的回顾。

太平天国决不是过去周期性的农民起义的重复，它已注入了反封建反帝国主义的革命因素——这也是客家人的敏锐之处！

不说《天朝田亩制度》中"耕者有其田"的先进因素，只说太平天国对西方列强所表现出的民族自尊——这与当时的清朝官员卑躬屈膝成了鲜明的对照：

就在太平天国定都南京、取得初期胜利之际，英、法、美三国公使自然嗅到了什么，赶紧在咸丰三年（1853年）与四年（1854年）先后造访天京。当时，英国公使文翰想讨好太平军，声称英国"绝对保守中立，不助满人"。可其得到的却是"充满自信心之冷静态度"的回答："尔等如帮助满人真是大错。但即令助之，也是无用的。"

文翰将《南京条约》中文本"赠送一份"给太平军，以使太平军各首领明了英政府与现时中国政府订有条约及该成约之详约条款，妄想让太平天国承认这些不平等条约，还附信加以威胁，说如不承认，"英国必采取与10年前抵拒各种侵害之同样手段，施以抵拒"。

但太平天国表现出高度的民族气节，对此不予理睬，以至美国公使麦莲向其国务院打的报告中，肯定地说，若要"天王兄弟及其臣下"承认这些不平等条约，"是极不可能的"。

1860年，太平军占领苏州，太平天国后期的主帅洪仁玕，写信给在上海的英、法、美等国公使与领事，敦促他们恪守曾经宣布过的"中立"，切勿食言"助妖"，他们便立即撕下了中立伪装，扬言"武装保卫上海"，组织洋枪队顽抗，终被打个落花流水。1861年冬，几艘美国军舰驶到天京，司令何伯、参赞巴夏礼一同去见洪秀全，称只要接受同英国平分中国土地的条件，太平天国就能得到他们的援助，否则，他们便"另行举动"。结果遭到洪秀全痛斥："我起义兵，欲救全国，决不干一引鬼入邦的卖国勾当。"其凛然不可侵犯的民族尊严及爱国主义立场何等鲜明！

这段插入正是证明上边所揭开的两大"谜底"——强烈的汉民族的自尊意识以及作为流亡者深重的危机感，及时敏锐地察觉了帝国主义列强的狼子野心。

现在，我们来谈第三个谜底。这个谜底，可以从洪仁玕的《资政新篇》中找到。

洪仁玕是天王洪秀全的族弟，在初期聚义失败时逃往香港。四年之后，历尽艰辛，他最后终于到达了天京，临危受命，主持几经内讧已面临败灭的太平天国大政。为了力挽狂澜，他发表了在中国近代思想史上占有重要地位的历史巨著《资政新篇》。

时至今日，仍有人叹息他"太超前"了。

因为在这部巨著中，他提出，要"以资为政"，把这作为"立国之本"。一打开书便有"治国必先立政，而为政必有取资"，这比同时甚至稍后于他的启蒙思想家们的主张——"变器不变道"走出更远！

他明确地提出了一系列建立现代社会的构想——兴车马、舟楫之利，兴银行、兴器皿技艺、兴宝藏，开发各类矿产，兴邮产、兴各省新闻官、兴省郡县钱国谷库、兴市镇公司、施行工商水陆关税之法、兴士民公会……这均是切实可行的政治、经济、文化等建设的具体措施，同时又颇具战略意义。这一切，都是他精心研究当时西方的先进政制后所制定的。

在总旨上，他提出了"工商皆本"的命题，允许"富民"从事工商业经营与矿业开发，从事近代的金融业，从而达到"与番人并雄""奋为中地倡"的目的。

他坚决反对外国侵略，维护民族尊严，同时，也不赞同中国传统的夷夏观——"凡外国人技艺精巧，国法宏深，宜先许其通商"。

他的卓见远远超出后来提出"中学为体，西学为用"的洋务派，他力主学习西方的立法制度，认为仅仅依靠器具不足以改造一个积弱落后的中国。他认识到："用人不当，适足以坏法；设法不当，适足以害人。"对几千年君权神授的"人治"、对封建集权专制，对礼法名教、旧仪习俗，也统统予以挑战，他要建立全新的人文观念。

中国第一位留学生、启蒙主义者容闳，当年亦寄希望于太平天国，并亲自上天京考察，他是这么说的："天假此役（即太平天国），使全国人民皆从梦中警觉。"

关于洪仁玕的政纲，我们还可以作更多的研究分析，洪仁玕自己也早已说了："此皆为邦大略。小弟于此类，凡涉'时势'二字，极深思索。"

《资政新篇》绝非凭空而来。洪仁玕没有在香港白过几年——正是在这几年中，他在已被英国强行割走的香港，对当时钻研先进的西方政制下了很大的功夫，颇有心得。

及至以"洪秀全第二"自称的孙中山也毫不讳言，宣称他的革命思想是来自香港的。

对《资政新篇》的进步意义，怎么高度评价也不为过。可惜，洪仁玕抵达天京时，已经太晚了，无法实施他的宏图大略，尤其是清王朝与帝国主义侵略者联手，把太平天国置于血泊之中。

千古遗恨！

否则，中国的近现代化进程，当提早很多——当年，清兵入关，仅在江南一带便杀了3000万人，比英国殖民者在北美屠杀2000万印第安人还甚。而更令人扼腕的是，中断了中国东南沿海的资本主义萌芽的发生，尤其是启蒙主义思想的传扬——本来，如黄宗羲等一批思想家们早在明末便在《明夷待访录》中，有力地批判了君主制，指出"君主为天下之大害"，提出"工商皆本"的先进经济思想，以及设"学校"——即议会议政等一系列措施。

直到200年后，维新派起而反对封建专制，作为主帅之一的梁启超还说：

"我们在学生时代，《明夷待访录》实为刺激青年最有力之兴奋剂。我自己的政治活动，可以说是受这部书的影响最早且最深。"

明亡，一个落后的游牧民族入主中原，使中国正常的历史进程发生断裂；太平天国被扼杀，这再度踏上现代进程的历史又一次发生了断裂——中国几百年积弱、落后、挨打，这不能不说是重要原因！

而客家人抵达南方，较早与西方的先进文化发生接触，力求尽快摆脱中国落后积弱的状况——这在洪仁玕、孙中山身上都得到了充分的表现。

应该说，这便是第三个谜底：客家人较早接受西方的先进文化，有敏锐的历史眼光以及再创辉煌的宏图大略。

当然，东南沿海的其他民系，也较早接受了启蒙思想及西方的先进文化。可他们当中，虽然不乏锐意创新者，包括飞行之父冯如、铁路之父詹天佑，以及众多的大商人、大实业家，可是，从名人构成的成分以及名人数量上看，却怎么也不如客家人，这又是什么原因呢？

应该说，在这一点上，客家人仍带有北方士族的忧患意识，尤其是慷慨悲歌的义气起到了重要的作用。所以，他们当中，大军事家、大政治家、大文学家比大商人、大实业家要多。而后者，由于缺少"北人"的忧患意识与重义轻利的观念，所以涉足的领域便大相迥异了。

谜底到此，也许已可知十之八九了。

首先，是汉民族意识；

而后，是流亡中激发的自强不息；

此外，是来到东南沿海之后对于西方先进文化的敏锐吸收。

如果光有汉民族忧患意识、慷慨悲歌的义气，而没有与先进文化的接触，那么，也许会仅仅局限于改朝换代或狭隘的民族主义，出不了改造中国与世界的历史人物，而在这样一个大背景下，更成不了叱咤风云的领袖或名人的，不可能顺应时代的大潮——关于这一点，近代史上已有了不少悲剧的证明，包括义和团等震动一时的反抗。

同样，如果只有对来自西方先进文化的敏感，而没有一种以天下为己任、慷慨悲歌的胸怀，那么，也很难在中国这样一个历史背景下形成气候。毕竟中国的民族工商业不可能似西方那样迅速崛起，并且主动地去争取到说话的权利，所以即便在广东，不少商人到头来也不得不"捐官"，而即使戴上了红顶花翎，还是官低一等。东南沿海的其他民系，之所以在其他领域也有若干领先的人物，但在整体上，尤其是团结、组织革命力量上，却远不如客家人那么有凝聚力。究其原因，光有敏感而无义的凝聚力，同样是难以成气候的。

所以，二者不可或缺；缺一，则难以成就近代中国的伟业！

客家人在近代中国的成功，客家名人的辈出效应，应该说，都是东方这片土地上才独有的，具有东方或中国的特色！

清王朝的短视，恰恰在于它只看到汉民族文化优于他们的游牧文化，从而不愿再洞开国门，去看到正在上升并后来居上的西方先进文化，由此造成了中国在那100多年的"盛世"中固步自封，大大落后于西方与世界，这才造成了本可以与世界同步的泱泱大国大倒退的历史悲剧。

而作为汉民族文化的负载者——客家人，一方面，他们不愿接受

● 韩素音

● 茶阳"父子进士"牌坊

一种更落后的文化的奴役;另一方面,出于自强与挣脱奴役的本能,他们期盼找到更有力的武器去求得再生与崛起。本身较高的文化素质也决定了他们易于吸收先进文化,并从失败中汲取教训,在蛰伏中崛起。

很难设想,一种低层次的、落后的文化,能够迅速吸收高层次的、先进的文化——差异太大,则难以找到共同点,并且难以交融、整合。

虽说清初的大屠杀,康乾盛世对思想的大扼杀,导致中国思想发展史上这近200年的停滞与空白,但在汉民族文化区,尤其是东南沿海,人们多少对西方文化的后来居上是有所耳闻的。

当清王朝再度把中国带进了"死亡之门"的时候,客家人冲出来了,他们已积蓄有几百年的历史能量了!

这不仅仅是忧患意识、危机感的问题,也不仅仅是"春江水暖鸭先知"的敏感,更包涵这个民系在文化上自古以来积蓄的巨大能量!这是一个文化的民系、一个高文化素质的民系在历史紧要关头上的必然表现——如果没有深厚的文化底蕴,是不可能有这么卓越的表现与反应的!而高文化素质,则来源于这个民系自古以来须臾未曾懈怠过的神圣的事业——教育!

于是,客家名人辈出之谜,便又带出了又一个重大的谜团——客家教育之谜。

他们为何如此钟情于教育事业呢?

● 卢嘉锡

学田与学谷：
客家教育之谜

一个流亡的民族与民系最看重的是什么呢？

犹太人的回答是：教育！

犹太人在历史磨难中，除了祈祷之外，便把教育放在第一位，把办学当作一种仅次于敬神的美德。他们甚至有这样的格言：

宁可变卖一切，也要把女儿嫁给学者；

为了娶到学者之女，就是丧失一切也在所不惜。

更有——"假若父亲与老师同时坐牢而只能保释一个的话，当孩子的应先保释老师。"这比中国人"天地君亲师"的排列更进了一步。

而中国古代哲人早已有了如下格言：

夫善国者莫大于劝教。

一日为师，终身为父。

两者有异曲同工之妙。

历史上，犹太人为能送小孩上学，是不惜倾家荡产的。所以，犹太人中，不会有文盲。早在公元前70年，当占领犹太的罗马人肆无忌惮地毁坏犹太教堂，妄图灭绝其种族之际，犹太人的首领只对即将攻破耶路撒冷的将军、日后的罗马皇帝提出一个小小的要求，那就是："给我一个能容纳大约10个拉比的学校，永远不要破坏它。"

当然，这么小的要求，未尝不可答应下来。

不久，耶路撒冷城被攻破了，犹太人仅存一所小小的学校。

但是，只要学校保住了，犹太人的历史也就保住了，传统也可以继续，知识更可以流传，犹太人也就不会最后被消灭——留下一所小小学校的真谛便在此！

所以，世界上称犹太人为"书本的民族""博士先生"——正因为他们如此重视教育、重视凭借教育对文化传承的伟大作用与深远意义！

教育，表现了一个民族的远见卓识与气度！

同样，被称作"人文秀区"的客家属地，对教育的执着，当不让于犹太人。客家人，也同样在创造着教育奇迹！

显而易见，如果没有教育的传承、高文化的素质，是无从接受世界发达的科学文化及思想文化的。

同样，不难设想，如果没有教育的传承，过去曾有过的值得引以为骄傲的历史、光辉的传统以及祖训、夙愿等，是无法发扬光大并流播久远的。

尤其是面对千年迁徙、万里长旅中种种的自然与人为的灾难：战乱、仇杀、种族灭绝、洪荒与旱穴种种，如何去确认人生的价值、历史的意义，如何去激扬人类的文明精神，如何去重振或再造民族的辉煌，如何去捍卫自己的文化边界以及精神家园——这一切，不通过教育，又能依靠什么呢？

● 蕉岭桂岭书院

与犹太人相比，对教育的推崇与重视在客家人中只有过之而无不及。

教育，也唯有教育，方可以超越时空，方可以越过权力、地位、金钱及种种世俗的东西，方可以在人类文明史上焊接出一条生生不息的生命线，高擎起照亮未来的熊熊圣火。

教育，永远是一个民族的理想之亮色！

正因为教育，方可教一个民族一次又一次地穿越历史上的"死亡之门"！

一个民族、民系的生存密码，其最后的破译，唯有教育而无别的什么。

薪尽火传，绵绵不绝——这火，便是教育，使华夏文明不至于像古埃及文明、印加文明等出现断裂，陷入灭顶之灾。

教育，千年不绝的文明圣火！

也正是教育，使得我们这个民族，如同当日只留下10个拉比的学校教犹太民族死而复生一样，终于穿越了"死亡之门"。

客家人，之所以在这次穿越"死亡之门"之际，一下子涌现出那么多惊天动地、扭转乾坤的历史名人，也正因为他们较之其他人，更重视教育！

我们这里说的教育，不仅仅是"万般皆下品，唯有读书高"，不仅仅只拘于学问、读书上的教育，更重要的是，是一种民族的气节的传承教育。

著名外交家、诗人、爱国志士黄遵宪，小时候不仅熟读诗书，学问见长——如塾师以进士蔡蒙吉"一路春鸠啼落花"的诗句为题，指导他写诗，他便脱口而出："春从何处去，鸠亦尽情啼。"令塾师"大跌眼镜"，而且志趣高远，才思敏锐——当塾师以杜甫诗句"一览众山小"命题，他提笔便是：

> 天下犹为小，
> 何论眼底山。

年纪小小，便壮志凌云。

正是这种教育的承传，他出任日、美、英、新加坡等国的外交官时，得以开阔眼界、广大胸怀，学习他人的长处，从而参与国内的变法，后来变法虽然失败，但黄遵宪并不后悔，他解职放归，又在家乡热心主持教育事业，并提出普及教育、开启民智为"救中国之不二法门"，他"披肝沥胆"，全身心投入到地方教育上。

而在出任外交官时，他更能为维护国家主权、捍卫华侨利益，以不卑不亢的姿态同西方的排华政策作抗争。

与黄遵宪同时代的另一位客籍爱国志士、诗人、教育家丘逢甲，4岁就塾，6岁能诗，13岁则有《西江月·穷经致用》：

兴起八叉手健，吟成七步才雄。

更兼经史满怀中，只觉大才适用。

欲布知时甘雨，愿乘破浪长风。

他年若位至王公，定有甘棠雅颂。

丘逢甲会试中进士，不愿留京就任，仍回台湾从事教育，先后主讲于衡文书院、罗山书院、崇文书院等。甲午战争后，清廷与日本签订《马关条约》，割让台湾，他即率台湾人民奋起抗击日寇入侵，血战新竹等地，终因寡不敌众，又孤悬海外，被迫内渡。回到家乡，他

● 曾宪梓与夫人

● 创办于1912年的梅州中学

仍念念不忘台湾故土,将自己的书房命名为"念台精舍",给次子琮改名为"念台"。他坚信"能强国则可复土雪耻",全力投入提高国民素质的教育事业,他反复向乡亲们说:

国何以强?其民之智强之也;
国何以弱?其民之愚弱之也。
欲强中国,必以兴人才为先,欲兴起人才,必以广开学堂为本。

决心要走一条"教育兴国"的道路。

后来,他"劝办学校以百数",声誉日著,被推举为广东省教育总会会长。后来,他见到了孙中山,积极支持革命事业。为响应武昌首义,他更积极策动广东独立,并出任广东军政府教育部长。中华民国成立后,他被选为参议院议员。因积劳成疾,英年早逝,仅48岁。

● 创办于1906年的松口公学

客家人所重的教育,决不比犹太人逊色。

教育,是我们这个古老民族的生命线,更是一个民族再造未来的先声!

而客家人,正是牢牢抓住了这条生命线,才穿越了风雨交加、颠沛流离的岁月,战胜了灭绝人性的野蛮暴力,才在穿越"死亡之门"后,一下子推出一大批有着深厚文化根基而又目光远大、能力挽狂澜、声震寰宇的历史名人!

● 永定胡氏家庙的石笔

教育,可以创造神话般的奇迹,但又是最实在、最来不得一点虚假的。

当如苏轼《上神宗皇帝书》所云:

人之寿夭在元气,国之长短在风俗。

风俗,乃教化所成。"教化之移人也如置邮焉"(刘禹锡语)"服民以道德,渐民以教化",古之遗训,客家人可是深知其要的。

而且,对于教育的重视,并不仅限于少数上层人物,而是从上至下,无不如此。

不少客属地,都由祠堂专门管理"学田"或"学谷",任何人不分贵贱,只要肯学,就由公用的"学田"或"学谷"负责其求学费用。

1000多年就这么传下来了。

"学谷"历史悠久,历史不下千载,是客家人自给自救的产物。客家先民历经五次大迁徙,但"耕读传承"的意识始终未变,以"读"求"仕"依然是他们选择的上策。偏僻山区与聚族而居的环境,使他们只能走家族式的办学管理模式。本来大凡办学、读书、延师都以金钱交换,而昔日客家百姓只能以谷物为价;在社会贤达、名流富豪的解囊相助下,客家各宗族一般都置有相当数目的田地、店铺等资产(俗称"学田"),这些资产的租赁收入被用于专项补助所辖学校的办学,或资助、奖励所属子弟的求学费用。"学谷"由此逐渐约定俗成地成为客家教育领域的"流通货币"了。

"学谷"大多来源于社会募捐,积聚后作为集体财产来使用,这一机制不仅能解学校经济捉襟见肘时的燃眉之急,对那些热爱读书却家境贫寒的弱势群体更如雪中送炭,切实使他们走上人生进步的阶梯。"学谷"机制直接地体现了教育的平等、社会的公平。

"学田"与"学谷"的传统,对于客家人来说,具有不同寻常的意义。这也是自古以来汉民族为拔擢人才、奖掖后进,维系整个民族的生机与活力而形成的一种打破门第、等级、贫富的

● 田家炳先生

自我调节、更新的机制，更是客家人在千年流亡、危难之中形成的一种"自救"之举——一个民系，如果没有文化的滋养，优良的传统得不到传承，那么，无论曾一度多么强盛，都逃脱不了衰亡、老化的命运，这已经为众多寂灭了的文明所证明。

我们不难看到，多少客家名人的脱颖而出，就是凭借这似乎是不起眼的"学田"或"学谷"——而这，成了他们人生步向辉煌的最原初的给养。

客家"大本营"——闽粤赣交界地且不说了，客家若干腹地也不说了，我们只找一个边缘地带，即湖南的东部——湘东地区，沿罗霄山脉一线，从平江、浏阳至茶陵、炎陵（原名酃县）的山区，分布有上百万之众的客家人。据县志及各姓族谱记载，他们大都是元末、明初时自江西迁移过来的，当时，当地百姓都支持陈友谅的起义军，打败元军后，却不愿向朱元璋俯首称臣，结果，朱元璋称帝后，竟向一同抗元的兄弟义军下手。陈友谅败走，朱元璋便血洗了湘东、粤北，十室九空。若干年后，客家人便来填补了这片地区。

如今，浏阳有三大方言区，一是湘方言，二是客方言，三是赣方言。

在客方言区，便出了好几位国家领导人与将军、烈士，他们是胡耀邦、宋任穷、王首道、杨勇、李贞、李白等。

胡耀邦出身贫寒，祖父胡成瀚、父亲胡祖仑都以农耕为业，同所有客家人一样，也粗通文墨，并参加过辛亥革命前后的萍浏醴起义及长沙暴动。大革命时全家加入了农会。胡耀邦兄弟姐妹10人，其中五位早夭。胡耀邦3岁时，便跟着父兄上山拾柴，下地除草。每天一大早，他就跟着哥哥用树枝在门前的地坪上划来划去。原来是在练字、画画，口中还念念有词："赵钱孙李、周吴郑王……"胡耀邦的好学，得到乡中学堂教师胡祖仪的赏识，于是便破格让他进乡中办的学堂"种桃书屋"启蒙了。胡耀邦入学时才5岁，毕业时成绩却是全班第一。

族里有一笔"学田"的收入，不分贫富，只要姓胡，就可以入"胡氏小学"读书。此外族里也专门有一笔钱，供成绩好的学生升入当地最高学府——文家市立人高小部（今里仁学校）——成绩优异的胡耀邦就是在那里，与堂表兄弟杨勇一道参加了少年先锋队，在已经是秘密党员的陈世乔校长的引导下，走向了革命。

胡文虎

如果没有族里的学田，胡耀邦说不定只能终老偏僻的乡下。他哥哥胡耀福，后来只是一位老实厚道的农民——因顾家留下了。

至于王首道，他在自己的回忆录中写道：

> 为了母亲，为了博得母亲的欣慰，我在上初小的整个四年里，几乎是年年考第一。……当时，浏阳乡下有一种不成文的规矩，族里祠堂有一笔资金可以资助族里的穷困子弟升学读书。但真正要获得这种优待，却是十分不易。因为，在那种年月，每个村中掌实权的都是些豪富人家，我由于年年考第一，好心的老师又极力推荐，正好族里一位绅士名叫王德吾的，他从前家里也很穷困，本人也有些学问，懂得爱惜人才，加上父亲多方求告，总算取得了资助我上高级小学的优待。这就使我同时得到了读完高小、凭自己努力考取省城中学的机会。

无论是胡氏宗祠的胡祖仪，还是这位绅士王德吾，都能"唯才是举"，不讲究门第、贫富，这正是客家人的优秀传统。正是客家人这一尊师重教的传统，决定了这个民系对历史的选择——那便是进步、发展与自由！

物换星移。

我在南方一所部属的重点大学任教，自然，客家学子几乎占了三

● 上海南浦大桥专家组组长李国豪

分之一——与这个省的客家人的比例相当，平时上课，问及他们上大学的经济来源——显然，相当一部分还是贫困生，可他们并不为这个发愁。他们告诉我："我们乡里有个规矩，谁家有人考上大学，是全乡的光荣，他的大学学费就归乡里负责了。"

如今，当然没有了"学田""学谷"，也许，祠堂还在，但也没了旧时的宗法权力。于是，这一切就归乡、村一级承担起来了，这也是传统的一种承传。另一位学生告诉我："我们同姓中，出了几位实业家，他们一同商定，只要谁考上大学，毕业后回家乡创业，造福桑梓……就能得到一套房子。"

"那你还回去么？譬如，又考上了研究生，读硕士、博士，又得好多年。"

"总归是要回去的，不过我想，这么多年过去，家乡也一定能与今天的珠江三角洲差不多了。"

"如果有更需要、更适合你的地方呢？"

"反正，奖励给了我，他们也不会收回去，客家人在外边干了大事，成了气候，他们高兴还来不及呢。"

原来这样，并不一定要他们学成归去，"鼓励回去"，当然有一套房子在那里，的确是一种诱惑力。但这并不是一种约束，更非契约，只是作为激励。

另一个学生告诉我："我们那里不一样。上大学，自家筹钱，上银行贷款也行。只要学成毕业，我们村里就负责偿还全部学费加利息。""要不要学成归去？""没有说，只要毕业就行。"

……

一问下去，各种扶助深造的方式，可谓五花八门。不过，全都万变不离其宗，由"学田""学谷"的方法演变过来的，目的始终如一——造就人才！古老的方式，却包含有现代教育中最具活力的激励机制。客家人视教育若生命，须臾不敢懈怠。虽然由于历史的原因，这一传统也发生过断裂——但这已不仅仅是客家人了，而是整个民族。不过，客家人在教育上的再生，却又是最快的！

我曾在20世纪90年代初，专程上客属腹地走了一圈，为当日的断裂扼腕痛惜，却也为今日的奇迹振奋不已。于是，便有了上面的一段文字。

文化秀区：
石笔之谜

我不止一次到过福建永定下洋镇的胡文虎故居。严格说，那是胡氏家庙，因为胡文虎名声卓著，所以人们大都用他的故居之名，统称胡氏家庙。

因为起得早，山野间还飘着袅袅的雾气。气压低，雾气与早炊的烟云正融汇在一起，平平地覆盖在这条中川古街上。如同一条条飞毯。然而，这白色的飞毯上，时隐时现一支支酷似毛笔的笔尖，它们有的高，有的低，有的粗，有的细，却全都努力向上，傲指云天。终于，飘散的烟云，不仅被这上指的笔尖划开，而且被扫荡一空，于是十多根高达近十米的石笔——对，在这里它们都统称石笔，全在眼底，气势非凡。

如此一个浩大的笔阵，当往云天写上什么呢？

为何在客家山乡，会出现这样的建筑历史奇观？

在闽粤客家山乡，这样的奇观比比皆是。

让我们来破解这石笔之迷、笔阵之迷吧。

笔象征什么，这是不言而喻的。

人们不难发现，客家山区，标榜"一门三进士"

（著名客家学开山鼻祖徐旭曾家族便是）"父子四进士""九子七成才""一腹三翰院""兄弟翰林"之类的佳话，流传之广，无处可比。当然比起江浙一带，这并不算什么。可这里毕竟不是发达地区。为了彰显客家才俊获得功名不易，凡家族中出仕者，务必立一对石笔。这也是客家人崇尚文化的表现。今天，科举制度已成为历史，高考扩招，也就使之失去可比性，但是，对文化的坚守、崇尚，仍一如既往地体现在这如林的石笔上，老人常常向学子讲述这一对对石笔的来历……

凭此，我们不难理解石笔在客家文化中的意义。

而立一对冲天的石笔，更强调的是客家人继续中原传统，作为汉人即中原主人的身份，延续汉文化的正统！

亡秦者谁三户楚，
何况闽粤百万户。

中国近代大诗人、著名爱国志士黄遵宪，在甲午海战中受巨创之后，愤然命笔，写下了一首又一首掷地作金玉之声的诗篇。这首诗中的"三户楚"，当可与犹太人的"小小的学校"类比。

● 石笔

下引"闽粤百万户"句，当是指经过千年大迁徙，由中原来到闽粤一带的客家人及其他移民族群。黄遵宪本人，也正是闽粤交界处的嘉应州人。客家人名为客，只因是从中原迁至沿海山区，相对为"客"，却实为中土最早的主人。所以，客家人每每"以郡望自矜"，表现出来的恰巧是比其他民系更为强烈的主人翁意识。因此，爱国主义精神、重传统重教化的观念，比任何人都来得浓烈。

然而，他们也与犹太人一样，在全世界浪迹，尤其是近代，客家人可谓遍布五大洲。笔者无论是到东南亚，还是到南、北美洲，无论是欧洲还是非洲，处处都能听到熟悉的客家乡音。无论怎么背井离乡，远隔祖国千山万水，客家人一颗炽热的爱国爱乡之心，却始终维系在故土上。多少老人在临终之日，都叮嘱将自己的骨殖迁回老家。"九葬九迁，十葬万年"，哪怕辞世，也要亲知国家的兴盛繁荣，也要献出他们的赤子情怀。而这，同样是一辈辈人言传身教所致。所以，海外客子对兴学一事，更为热心。

据史料记载，远在20世纪初，寄居海外的客籍人士，很早便来到嘉应即今梅州，捐资办学、兴办社会福利事业，渐渐蔚然成风，成为当时海外客家人的一项引以为荣的业绩。血浓于水，客家人是极重视自己的血统之"根"的。

如我们在前边提过，历来有"岭南客属皆侨乡"一说。这指的主要仍是梅州一带。拥有人口440万的梅州，在海外的华侨便有230万之多，超过当地人口的一半，遍布全世界70多个国家和地区。

客家人重教育，很早便惊动了世界。

在美国《国际百科全书》中，就在辑录十多种外国人关于客家记述的著作上，加有这么一综合评语：

客家是中华民族中优秀民系之一，教育普及，在全国为最。

法国人出版的《客法辞典》中，称客家人办教育，是一桩惊世骇俗的事实。按照人口比例来说，不但全国没有一个地方可以和它相比较，就是较之欧美各国也毫不逊色。

世界著名的人类学家、俄罗斯教授史禄国在其著作中亦称：

客家地区教育最为发达，客家人有刻苦勤劳种种优点……中国最卫生、勤劳和进化的民族，就是客家人。

客家人重教育，创造了中国20世纪教育史上最大的奇迹。

且不说丁日昌、黄遵宪、丘逢甲等历史名人办教育，在现代，叶剑英任广州市长时抓教育有口皆碑，邹鲁办中山大学，黄药眠作为大学者等等，都是彪炳史册的。这里，只说一件事，中国的第一届学部委员中，广东籍即有21人，占全国总数近十分之一，而其中一半以上集中于梅州地区。而属中国科学院的5位学部委员，则全部都是梅州人。他们是桥梁力学专家李国豪，化学家黄子卿，医学家杨简、钟惠澜、梁伯强。

至于政界，则更不用说了。

一位到过梅州的人文地理学者，凭此便断定：

梅州盆地环境优美，山川秀丽。莲花山横亘东南，既无台风席卷之患，又不乏雨露润泽……因而学风浓厚，人才密集。

于是，有人论证，由于自魏晋以来客家人五次大迁徙，中原文化轴心时代渐告结束，至宋之后，东南沿海则开创了中国人文渊薮的时代。到了清代，李鸿章更惊呼"三千年来未有之变局"，如元代诗人周裴所预言：

万古东南多壮观，

百年豪杰几登临。

这两句诗，几乎与东海沿海遍布的石笔相呼应，证明客家人来到东南以汉民族之正统而"几登临"。陆续出现的石笔阵或石笔群，正是一种文化的张扬！

客家人以及广东人，领导了中国近代史上的三次大革命——这便是客家人洪秀全领导的太平天国革命、南海人康有为领导的戊戌变法以及孙中山领导的推翻几千年帝制的伟大的民主主义革命！如前所述，这表明了客家人深厚的教化传统并由此催生的对变革的渴求！

正是得益于近代的三次革命，客家人的教育事业更加蓬勃地发展起来了。

真可谓物华天宝，人杰地灵。海外华人纷纷捐助家乡的教育事业，盼早出人才，出大人才，振兴中华，走向世界！

然而，由于历史不应有的谬误，20世纪中叶，中国教育史上熠熠闪光的这一颗稀世明珠竟被蒙上了厚厚的尘埃，差点为时代所遗忘。在第二届学部委员评定中，广东差点吃了零蛋，梅州地区就更不用说了。全国评定百所重点大学，广东也差点榜上无名。而梅州，这举世闻名的"教育之乡"，其所属的众多山区乡竟成了"希望工程"的捐助对象，失学儿童数以万计。广东教育的投入仅为全国平均数的一半，而梅州呢，又仅为广东的一半多一点……

历史是负不了责任的，我们也无权苛求于历史，我们拥有的唯有未来。千年回首，万里寻踪。

这是怎么啦？

也许，这也是万般无奈的事。共和国初创，便发生了朝鲜战争，美国第七舰队游弋于台湾海峡，联合国议决对中国实行禁运——国门又一次关上了，被迫关上了。

于是，东南人文渊薮地成了备战的前沿，国家建设重心内迁，文化内迁，向东南发展的几百年历史一下子来了个逆转，国家没投入，更不敢大兴土木，"须准备打仗，不是小打、中打，而是大打"，怎能不造成文化的失衡、教育的失衡呢？

历史是负不了责任的，我们也无权苛求于历史。过去已是常数，无可变易，我们拥有的唯有未来。

一个流落天涯，被逼到了穷乡僻壤的民系，除了文化底蕴，除了在贫寒中苦读求取功名，除了依靠教育提高整个民系的文化素质，还能凭靠什么去建功立业、光耀门楣，去报效国家，展现自己的社稷抱负呢？

于是，在客家地区，有多少土楼围屋，便有多少学堂。西方的传教士，曾经不止一次地惊叹，说这远比英法的学校密度还大。过去，客家人的宗祠，都专门设有学田或学谷，用以鼓励孩子读书。谁读书上进，谁就能得到资助。对客家人来说，教育就是文化传承的最直接、最有效的途径！

福建永定县振成楼楼主林目耕是这么给参观者讲解楹联内涵的：在土楼封闭的社会里，在当时的深山老林之中，土楼里特别有文化，他们思想教育得很好，好像这里这个对联，你看："振刷精神担当宇轴，成些事业垂裕后昆。"虽然住在土楼里，但客家人的胸怀很大，为了振作精神，为了国家，为了担当整个地球的轴承，要求每个子孙要做点事业和成绩来垂裕后昆，客家人在这个土楼里，整整培养了40多个大学生。

江西兴国县政协负责人胡玉春则是这么介绍该县的潋江书院的：客家人到达兴国以后，他们特别重视教育，尊崇文化，由全县客家人集资兴建了这个潋江书院。潋江书院是清乾隆十三年（1748年）兴建的，建成以后，全县各大姓氏的青少年都在这里读书，此后兴国县成为将军县，产生过80多位国共两党的将军，这些将军大多数都毕业于潋江书院，以及它后来的平川中学。

沿客家故地，我们一路可看到——广东丰顺蓝田书院、江西兴国潋江书院、福建长汀汀洲书院、广东五华文庙、广东兴宁文庙、江西赣州文庙等。

不少书院，是由祠堂演变而成的，而文庙，则是当地更高一个层次的学宫。缀连起来，便是一部客家的教育史，甚至是古老的中国教育史。在客家地区，崇文兴学蔚然成风。许多客家县被称为"文化之乡"，有的县还被誉为"人文秀区"，客家地区的教育规模令人刮目相看，教育成果丰硕辉煌。据史载，在宋代至清代的科举考试中，文武进士，梅州地区共产生了234人，龙岩地区有174人。而赣南地区仅宋代就有进士293人。

1949年以前，广东梅县是全国拥有中学最多的三个县份之一。

1940年，平远县已经有中学5所、小学174所。

大埔县百侯村有个中学，半个世纪以来，从侯中已经走出来500多位科级以上干部和中级职称以上学者。

一个仅十几户人家的小村，光大学生就有20来个，而且很多是博士生、硕士生，有的甚至到了国外留学。

高度重视教育、重视人才、重视知识，这是一代又一代客家人的共识。文化之根，上千年间，一直深深地扎在客家人的心中。

在永定县湖坑镇洪坑村有一所"日知学堂"。学堂的门联为"为学志在新民，训蒙心存爱国"。这所学堂建于1902年，至今已有100余年了。如果不是亲眼所见，谁能够相信，在20世纪初，在深山大谷里，客家人竟然兴办起新式学堂！谁说大山是封闭的呢？当中国社会仍然处在专制愚昧的黑暗之中，在客家山村里，就已经开始出现现代教育的曙光了。"为学志在新民，训蒙心存爱国"，大山里的客家人早就清醒地认识到办教育的根本目的，这是何等的眼界和胸怀！

造福多样：
反哺之谜

也许，陷入封闭的人们，已麻木与蒙昧，尊师重教的传统不复。有人提起：为了生存生计，钱只可投入再生产，哪还顾得上教育呢？在中华文化促进会上，一位耄耋老者痛心地用上了一句古语——"礼失求诸野"。倒是在海外的客家人，反而强化了尊师重教的传统，更看清了客家地区这种教育沉沦的巨大危机。

终于，20世纪70年代末，一度迷误的航船，又回到了原来的航道上。东南沿海，重新成为中国经济的"龙头"。梅县地区作为岭南的侨乡，曾在广东建立经济特区之际起到不容忽视的作用——汕头特区就位于韩江出海口上。

海外的亲人们，开始如潮水般地涌了回来。魂绕梦萦的故土，清流如许的江水，林涛声声的山野——这便是当年留住了几百万中土迁徙而来的客家人的地方。

周公吐哺，天下归心。

羊有跪乳之恩，鸦有反哺之义。

这是中国传统文化最为经典的教义。

在客家人中，母亲也被称为"哺娘"。

可是"哺"字之义,有何等的分量。

改革开放以来,"反哺"的意义又有了新的提升。

在这之前,历经"十年浩劫",教育更成了重灾区,我当年作为《园丁之教》的原作者,仅仅为迷失的教育呼喊几句,便蒙受了覆盆之冤。往事不堪回首。大学停办,知识青年上山下乡,十年断层,不,是整整一代人,失去受教育的机会。

如果说,在珠江三角洲上投资的华侨们,比较偏重于实业,有其经营大商业、大交通的历史传统的话,那么,在梅州到汕头这一片韩江流域上,华侨们的投资,却绝大部分放在教育与福利事业上,优秀的传统文化,在这里又闪烁出了独特的辉光。

曾有一位客家老人,颤巍巍地打开著名的美国学者埃德温·奥·赖肖尔的名著《日本人》,一字一句地念出如下段落:

> 19世纪中叶……整齐划一的全国性教育制度的采用扫除了许多阶级划分,使日本成为世界上最彻底的平等社会之一。义务教育和以此为基础的严格考试制度代替门第出身,成为人们职业和地位的决定因素。总之,日本从一个阶级制约的社会变成一个能人统治的社会……总之,现代日本成功的最根本原因是日本的教育制度。
>
> 当代日本重视正规教育,起源于东亚文明。中国人很早就强调读书识字的重要性,认为统治者的权威来源于他们的知识渊博和品德高尚……

老人长叹一声:"人家捡起来的,正是被我们所扔掉的……"

这也是一种"礼失求诸野"!

1979年改革开放以来,客家人重教育的优良传统,在梅州,在广东,甚至在全国,再次得以发扬光大。他们向全国教委捐献数以亿计的资金,设立了各种教育基金,各种教育方面的奖励基金;在各大学建立了教学楼、图书馆。

他们在广东全省,自最高学府中山大学、华南理工大学,到各基层中、小学，建立各种教学、科研、资料机构，设立各类基金、奖金，捐资亦数以亿计。

而在他们的故土——梅州，他们在教育方面的投资更是引入注目，打开一部由新华出版社印制的《群芳谱》，即《梅州市旅外乡亲捐资建设家乡群芳谱》，你就会惊奇地发现他们的投资和捐献，绝大部分都在教育方面，令人感佩不已。

无疑，这是极具远见卓识、功德无量的跨世纪的历史工程！

就这样，海外的客家人开始了对家乡的"反哺"，除开教育之外，文化体育、医疗卫生、社会福利，乃至修桥铺路，他们以感天地、动鬼神的"反哺"壮举，开始造福乡梓的"比拼"！

十年树木，百年树人。也许，今日梅州经济上的成就尚不怎么显著，但是，发展教育的后劲不可估量。在不久的将来，梅州经济、文化必定会后来居上，客家人亦将在中国未来的历史构架中扛起大梁！

从广州赴梅州采访，首先映入眼帘的是一座横跨2000米的嘉应大桥。它的意义，不仅在于加强了与西面广东人文中心——广州的联系，成为西部交通的主干线，更在于它是横跨几代人心智、学识与品格发展的历史与未来的桥梁！

请看当年嘉应商会关于捐资兴造这一大桥的提议。这是由30位乡亲发起，由海外客家人共同捐献了上千万元资金所建造的一座大桥。不过，捐献者的提议却颇为奇特：大桥建成后，收取汽车过桥费作为嘉应大学的常年经费。大概，只有客家人才想得出这样的"点子"。

自然，这个建议得到了广东省政府与梅州市政府的高度赞赏，认为这一义举既修桥发展了交通，又办学培育了人才，一举两得，有胆识，有远见。

于是，广东省交通厅投资500万元，梅州市政府投资500万元，而总投资2100多万元的差额部分，均由海外乡亲捐赠。在短短几个月内，1000多万元捐赠就已到位。1988年3月动工，第二年同期便全面竣工。全线长2911米，主桥为长311米、宽16米的钢架拱桥，另有配套的立交桥、石拱桥、双曲桥、引桥、引道、桥头公园等。

一桥飞架梅江，气势恢宏，景色壮观，衬以绿树、楼亭，别是一番风光，给梅州增添了一大人文景观。日看车流络绎不绝，夜观灯火如繁星流矢，令人流连忘返。当知该桥亦为梅州教育事业护驾时，更叫人心潮难平。

从桥东的纪念碑亭上，我们可以得知：此项义举的发起人曾宪梓、罗焕昌以及裕华国货公司等，各捐100万元；田家炳、姚美良、刘宇新等，各捐50万元；其余发起人捐款也在20万元以上。这些境外赤子对故土教育的拳拳之心，苍天可鉴，江山为证，在客家人办学史上，留下了醒目的一页。

早在大桥开工前三年，梅州的最高学府——嘉应大学，便于1985年4月经广东省人民政府批准成立。这在梅州具有深远的历史意义，它对于促进梅州的现代化高科技、高教育、高文化的发展，具有不可估量的影响。

梅子岗上，一个现代化的校园拔地而起，一幢幢别致的教学楼，掩映在绿树丛中、鲜花围里。良好的学习环境，独有的人文氛围，正是这所大学日后可望跻身于先进大学之列的可靠保证。

一走进校园，师生们便会如数家珍地向你介绍其间的建筑物——

一进校门，迎面可见的，便是八层楼高、建筑面积达10 000多平方米的"宪梓教学大楼"，气宇不凡、雄伟挺拔；不远处，即是以其夫人的名字命名的"丽群图书馆"，有4000多平方米建筑面积。仅此项，曾宪梓先生便捐资了400多万元。

这里，颇有现代色彩，用大几何色块拼装并以草木装饰的是"德龙会堂"，面积达3500多平方米，拥有多种现代化功能。这是美籍华人实业家熊德龙捐资200余万元兴建的。

在绿荷池畔，有一栋沉稳、庄重的田家炳科学馆，建筑面积为4800平方米，它与校内的园林建筑浑然一体。这便是田家炳先生捐资120万元兴建的科学馆暨家炳园。

香港嘉应商会现任会长、新宝德电子有限公司董事长刘宇新伉俪，则捐资50多万元，兴建了一栋四层的办公楼与1200平方米的教授楼，这两栋楼分别被命名为"宇新楼"与"庭芳楼"。

美籍华人何郑珍妮女士，则出资20多万元，兴建了以其先夫的名字命名的2200平方米的专家楼——亮湖楼。

在校园里，我们还可以看到格局别致、构思新颖的一幢幢楼宇：金利来阶梯教室、畹香学宫、周溪书苑、沐兴楼、友声楼……这所园林式的高等学府，成了粤东山区一颗最璀璨的明珠。

梅州人难忘"文革"前辉煌的教育事业，那时，全国大学招生不过几万人，而这里为全国大专院校输送的新生，每年平均竟在千人之上，其教育总体成绩水平不仅在广东而且在全国都名列前茅。来梅州招生、招干、招工的人都知道一句名言："知识分子的确是梅县的土特产。"

1963年6月，郭沫若亲临梅县，挥笔题词道：梅县"文物由来第一流"。

嘉应师专与嘉应大学于1988年7月合并。

在梅州，还有另一所高等院校——嘉应教育学院，现亦拥有两万多平方米的建筑面积。有设计颇具匠心的田家炳教学大楼和宏伟明亮的焕昌图书馆。前者捐资65万，建筑面积近4000平方米；后者捐资26万，建筑面积1300平方米。据院方称，而今，海外捐资已逾百万。

在梅州，还有一所国内外闻名、创建于民国初年（1913年）、已历100多年风雨的名牌中学——东山中学。

它一直是全省甚至全国的重点中学。

不少中外文化名人、学者、科学家以及学部委员，都曾在这里度过他们的少年时代，迈开他们成功的第一步。

校园内，气势恢宏的教学楼群落，浮托在一片绿色的树海之中。其中尤为凸出的，便是有名的"七十周年纪念大楼"——这是20世纪80年代由44位旅外乡贤捐资兴建的，有五层，总面积有2000多平方米。大楼前有宪梓教学大楼、宪梓图书馆，左侧有科学馆大楼、电化教学大楼，它们连成一片，形成了东山中学的教学区。而在校园东南边挺立的永芳楼，则是姚美良先生为教工住宿而提供的总面积近千平方米的大楼。

出人意料的是，梅州市还有一所非常独特的中专学校——梅州市足球运动学校。除了有令人艳羡的一片片绿茵草地之外，这里更有几幢崭新的楼宇。一为"宇新楼"，是刘宇新先生捐资30万元兴建的，建筑面积达1390平方米，办公条件良好；另一个为焕昌教学大楼，总面积超过2000平方米，是罗焕昌先生捐资50万元建造的。两座楼同时在1989年9月竣工。

众所周知，梅州不但是"教育之乡"，而且也是"足球之乡"。早在二三十年代，汤集祥先生自印尼返梅，便创办了"强民"足球队，并一举获得全省冠军，尔后再度蝉联。新中国成立后，该队队员亦成为国家队、八一队的主力。粉碎"四人帮"后，强民老会员曾宪梓，捐资给梅县重组足球集训队。足球运动之普及，不仅为全省之最，亦为全国之最，不少乡村都拥有自己的足球队；中国足球走向世界，梅州当立新功。

梅州的兴学，可以追溯到明清，而近代学校的兴办，则在20世纪初。现梅州中学，原名"务本中学堂"，创办于1904年；乐育中学，原名"崇实书院"，则创建于1902年。这两所已"高龄一百多"的名牌中学，如今却不见其"老"，由旅外乡亲捐献的"彩荪楼""丽群楼""雪麟楼"、图书馆、科学馆等，让这两所中学面目一新。

放眼整个市区，我们可以看到，水白中学、松口中学、华侨中学、丙村中学、隆文中学、新民学校、俊头小学、文兴学校，以及蕉岭县的焦岭中学、镇平实验中学、侨兴中学、华侨中学、五全学校、高思学校，大埔县的进光中学、家炳一中、玉湖中学、华侨二中、银江中学、古村中学、璜腾学校、圣堂学校、新政学校、平原中学、大麻小学、新乐中学、石宝学校、大觉学校、湖山公学、三河中学、养正学校、大留学校、进德学校、高道学校，丰顺县的华侨中学、东海中学、龙泉中学、龙山中学、汤西颍川中学、颍川学校、侨思学校、东联华侨学校、振华学校、大同学校、千顷中学与千顷小学、大同中学、培才学校、后安小学、黎峰学校、益草学校、东海广播电视大学、新岭学校、江南学校、成德学校、虎山学校等等，无处不见旅外乡贤捐资办学的实绩——这在今日的中国教育史上，不可不谓是一大奇观。

早在20世纪初，一位在嘉应州传教达20多年的学者、法国天主教神父赖里查斯就曾在他的《客法词典》自序中这么说：

> 在嘉应州，这个不到三四十万人的地方，我们可看到随处都是学校，一个不到三万人的城中，便有十余间中学和数十间小学，学生的人数几乎超过城内居民的一半。在乡下每一个村落，尽管那里只有三五百人，至多只不过三五千人，便有一个以上的学校。因为客家人的每一个村落都有祠堂，那就是他们祭祀祖先的所在，而那个祠堂也就是学校。全境有六七百个村落，都有祠堂，也就有六七百个学校了。

他不得不承认，自诩为教育程度高的欧美，较之梅县，也都不敢以老大自居。

这是上世纪末本世纪初，外国人惊呼在中国发现的一个奇迹。那么，在本世纪末下世纪初，世界是否会在同一个地方再度发现一个被称之为"全球之最"的教育奇迹呢？

这是完全有可能的！

因为，梅州市有那么多热心教育事业的侨亲们！更有着自古以来重教的客家优秀传统！

曾宪梓先生是梅县扶大乡人，出生于抗日战争的前夕。他从小便沐浴在客家人尊师重教的雨露之中，虽说解放前饱尝苦水、备受困顿，可少年时迎来新中国的建立，读书的愿望得以实现。他宵衣旰食，手不释卷，锐意进取，学业总是上乘。正如他说，自己四岁丧父，兄弟俩由母亲带养，孤儿寡母的，如无国家扶助，怎敢望日后学问长进呢？

他在家乡读完小学后，在梅州东山中学毕业，考入中山大学生物系。正是靠国家的助学金，才得以完成大学学业。而后，他被分配到中国科学院广州分院从事科研工作。

1963年，他获准赴泰国同亲人团聚。出境之日，过了罗湖桥，他回首凝视故土的蓝天，默默许愿："国家栽培之恩，我铭记在心，一有机会，我定要报答国恩。"他果然实现了自己的愿望。

在泰国，他学习和掌握了一套领带制作技术。1968年，他仅以6000元港币为资本，来到香港，在太太丽群的协助下，办起了一家"山寨工厂"，自己设计、自己剪裁领带，起早贪黑，还要亲自上街推销。凭借走南闯北的见识，他捕捉住了顾客的消费心理，力创名牌以闯天下，一反领带商推销劣质品的做法，高质量、多花式，终于，"金狮"成了"金利来"，与国际名牌平分秋色，他也成了声名遐迩的亚洲"领带大王"，并当选为亚洲领带协会主席。现在，他已拥有了金利来领带、皮具制品、纺织品以及贸易发展公司等多家企业，跻身香港十大巨商之列。

然而，他仍时时牵挂自己的家乡，他在给朋友的信中说："我没有忘记我是受祖国教育培养成长的人，我时时怀念着我的祖国，我的家乡，我的母校，我的老师和同学。"

早在改革开放之初的1979年，他便应邀回到广州参加关于广东对外经济活动实行特殊政策和灵活措施的讨论，与杨尚昆、习仲勋、刘田夫、吴南生等同坐一席，共商振兴广东大事。其时，他才40来岁，是与会者中最年轻的一位。

从此，他在国内、在广东、在梅州的投资与捐献便源源不断，开始以十万计，而后便是百万、千万，直到上亿。

京、辽、穗都有他慷慨捐资的公益事业。然而，他最执着、最钟情的仍是被称之为客家人的事业——教育！

除了将嘉应大桥过桥费当作大学经费的义举外，他在自己与梅州外经服务公司合办、作为"金利来"姊妹领带厂的合作中，仍把利润投入到教育事业上。当初，全国17个省市的企业与他联系并愿意以特别优惠的条件请他把厂办到当地去，可他仍毫不犹豫地回到了家乡。

这个厂引进了西德两条具有当代先进水平的专用生产线，为创名牌打下了坚实的基础。可他并不为谋利，剪彩会上，曾宪梓便表示："这间厂所得的利润属于我本人应得部分，我决定全部捐赠给家乡做公益事业，其中20%作为支持嘉应大学办学经费，其余部分用于支持足球事业和公益事业。"

公益事业方面，除捐资建医院外，足球也是他着力扶持的事业，早在1985年，他便同刘锦庆等一道，集资230万港元，在梅州修建了大型体育场看台。接着，又造福到了兴宁、五华。1986年，又独资举办了梅县首届"宪梓杯"足球邀请赛，1987、1988年又连续举行了第二、三届足球邀请赛，邀请了国家队、全国甲级足球队以及香港队。

与曾宪梓先生的名字一道频频出现在教育领域的，是一位年逾古稀的旅外乡亲——田家炳先生。

对于田家炳先生来说，故乡的印象已是半个世纪前的事了，真可谓"少小离家老大回，乡音未改鬓毛衰"。他是梅州大埔县人，直至1989年12月，才偕夫人房惠英重归故里。

当时已70高龄的田老先生，不顾旅途劳顿，一口气走了全县十几个镇，提出了一连串支持家乡教育、文化、艺术、交通、工农业等方面的捐资建设项目。他先后创立了家炳一中、家炳二中、家炳三中乃至家炳小学、大埔县职业中学、电视大学教学楼、礼堂、宿舍等，改建、新建众多的中学、小学、幼儿园，总捐资额为数千万元人民币。

在1986年，他便写信给广东省的领导："根据本年1月30日大埔县教育局规划，吾邑应加办初中13间，共约237班，学生12 000人，如此数属实，则高中起码加办7至9间，共150至180班之间。加办初、高中再加设大学之基建费用，总数费用将近5000万元人民币。炳虽自知力微负重，但极愿追随列乡贤之后，竭尽绵薄，共促其成……"这是怎样的一颗赤子之心！

众所周知，在广州，位于广州大桥一侧，广东教育学院（现已更名为广东第二师范学院）的田家炳教学大楼便赫然在目；在梅州，嘉应大学科学馆、嘉应教育学院教学楼等，均为他所捐建。

除教育事业外，他还资助其他多项事业。为此，大埔县专门成立了"大埔县家炳建设筹建委员会"，以精心组织实施他所新定兴建的工程项目。

这位世纪老人，年幼便命运多舛，只读完初二，就因父亲去世不得不辍学，从此走向社会以谋生计。这一走，踪迹便遍及南洋。

先是办瓷土外销，1937年他赴越南与同乡组织"茶阳瓷土公司"，奔走于大埔—汕头—越南之间。1939年，汕头沦入日寇之手，他亡命印度尼西亚，辗转于万隆、雅加达，致力于橡胶工业，创办了"超伦树胶厂"与"南洋树胶厂"，事业由此昌盛。1958年他移居香港，开始兴办人造革业。这一决策使他躲避开印尼1965年对华人的洗劫，又使他在香港开创了新的事业。他在元朗填海造地，办起了厂房，跻身于世界人造革市场，享誉香港与东南亚，终被誉为"香港人造革大王"，并获得英皇荣誉勋章。

功成不忘故土，早在1981年，他便将价值100多万港元的整套人造革机械赠送给广东省某厂，并提供最新技术，代为训练技工，使该厂创出了全国第一流产品。

后来，他便开始了在家乡的一系列"教育工程"和整个的"田家炳工程"。

这位年已八十仍四处不停地奔走、不停地出现在全国各地捐赠和剪彩仪式上的老人，每年至少捐出6500万元给国内教育界。对每一项捐建的项目，他都亲自过问，事事落实，呕心沥血，堪为楷模。近20年来，田家炳在全国各地独资和襄资捐建的各类学校达101所，医院29间，桥梁108座，图书室350个，以及大批文化、交通等公益设施。

捐资金额数以亿元计。天文台将发现的2886号小行星命名为"田家炳星",同时被命名的还有3388号"曾宪梓星"。

由他们两人开始,客家人的名字,进入了永恒的星空!

老一辈人捐资兴教的事迹,还有很多、很多,不少人甚至只留姓而不留其名,如独家捐建的进光中学,为87岁的肖老先生所为,当然他还有很多义举;还有不少捐资都只写王先生、罗先生……至于刘宇新、罗焕昌等的捐赠义举,更是有口皆碑。这里只能挂一漏万了。

刘宇新先生曾说:"现环视全球,深知教育乃富国治业之盛事,知识为发展生产之力量,人才是事业兴旺之关键。"

罗焕昌先生也说:"代代尊师,国富民康。"

这便是广大侨亲的肺腑之言,是他们承继了客家人尊师重教的千年优良传统。

泰国客属总会总干事卢均元称:"我们华侨到海外有二代三代了,假如我们不灌输一点华文知识,将来就没有华侨了,他(她)们也就没有中国心了,我们最主要就是培养他们有一颗中国心。"

印尼实业家汤锡林说:"我是老了,我希望第二代要接下去,这是一个接力赛跑,我们要一代一代接下去!"

马来西亚客籍华侨李木生先生更说:"想起早期的教育,我真是想掉眼泪,真的是太难了、太难了……"

问他:"我想问问你,李先生,这么难,你们怎么还要做下去呢?"

回答只有四个字:"这是责任!"

那些崭新漂亮的学校和校园里美轮美奂的建筑,常常和客家华侨分不开。学校里的一砖一瓦,一路一桥,无一不记载着客家华侨的赤子情怀。那里有无数名字,每个名字后面都有感人至深的故事。那是一座座丰碑,永远矗立在客家儿女的心中。客家人的"反哺",就这么彪炳史册上!

1992年,第19届国际文化与交流大会,于7月13日在英国剑桥大学圣·约翰学院隆重开幕。来自37个国家和地区的200位世界名人参加了这次盛会。

就在开幕式上，大会主席、英国剑桥国际传记中心总理事欧内斯特·凯博士重点介绍了一位梅州大埔人——姚美良先生，这位年轻的实业家，已是旅港乡亲中的世界名人了。

在会上，30来岁的姚美良，代表与会华人作了一个讲话，欢迎第21届年会于1994年到中国召开，他慷慨陈词："中国是一个在人类文明发展史上作出过巨大贡献的东方大国，在当今世界上又是一个举足轻重的发展中国家，我曾经对海内外华人讲过，只要我们平心静气地回顾中国近一个半世纪以来的历史，我们就会发现，中华民族是一个不甘沉沦的民族，一个奋发向上的优秀民族，一个充满希望的伟大民族！她不论遇到什么样的困难、挫折，都能顽强地生存下来，而且不断发展……"

在家乡，姚美良已先后捐建大埔县华侨二中永芳礼堂、银江中学、湖寮永芳学校等，还向嘉应大学、梅州东山中学、高级中学、盲童学校、水白中学等捐献了巨款。

在全国，他捐资100万元，在浙江美院设立"永芳艺术基金"；在中山大学，他创办了"近代中国研究中心"。天津、新疆、大连、重庆、武汉、沈阳、长春、哈尔滨等地的报刊、电台，也报道了他在当地捐资兴办文化教育事业、捐资地域遍及16个省（市、自治区）的消息。

当然，他投资6500万元兴建的广州嘉应宾馆、捐资百万的残疾人基金等等，都引人注目。但是，正如他一再强调的，他最关心的是祖国的文化教育事业。姚美良反复对家乡人说："一个国家最重要的是提高人的素质。智力投资是最实惠的事。而未来世界的最重要竞争，归根到底是人才的竞争，也就是教育的竞争。"

为此，他还提出了兴学育才的设想，这就是在五至十年内捐资1000万元，解决家乡中小学教师的奖金和住房问题以及学生的部分学习费用的问题……

他更看到，不光得"输血"，还得"造血"，所以，他斥资近亿元兴办了一些合资企业，并且非常干脆地声称："所有利润全部用于家乡的教育和文化事业。"

与姚美良年纪相仿的，还有另一位不愿透露姓名的客籍实业家。

在广东中华民族文化促进会召开招待会期间，我专门采访了他。他为人谦和、诚恳，没有境外人常有的讲究客套的味道，一问，原来他是80年代初才离开故乡去香港的，在短短几年中，在那样一个陌生的、竞争十分激烈的国际市场上，他迅速地站稳脚跟，并成为年轻一代企业家中的佼佼者。

他开门见山地说："我是在梅县长大的，梅县中学毕业后，又到了广州上大学。我是在大陆读书受教育的……"从这简单的几句话中，我们就可以明白他为何对祖国的教育事业一往情深了。

出国后仅两年，他便先后在梅州东山中学以及梅县、梅江区、平远、五华等地捐款200万元，资助发展教育、体育、卫生等公益事业。而后，又投资120多万元兴建"松源中学的教学大楼"，捐资400万元给广东仲恺农学院设立广州市教育基金，又捐资300万元给省教科所，不久前，又捐资500万元给他的母校，并再度捐资数千万元给广州市科学技术馆。

对于教育，他更有自己独特的见解——他提出了"软件投资"的概念。

他说："当今首先应关注的，是对软件的投资！什么是软件？对整个经济而言，人才是软件，造就人才，便是提供软件。过去，对有贡献、有成就的人才鼓励得少。尤其是人才方面下的投资微乎其微。教育事业本身不能创造利润，但它是更长远、更重要的事业，任何一个国家的高速发展，绝对离不开教育。劳动者文化素质低，是无法推动经济的发展的。高科技的发展，离不开教育这个后劲，没这个后劲就谈不上什么腾飞。我们的目光应放得长远一些。我总在想，怎样来回报社会给我的这样一个发展事业的良好机遇呢？我想到了教育事业。我衷心希望我的故乡——广东的教育事业能够得到更快的发展，成为科学技术进步的摇篮，成为赶超亚洲'四小龙'的有力支柱。"

无疑，这一番话，是经深思熟虑之后才倾吐出来的。

而今，他在国内的投资也是上10亿元了，捐资更是数千万元。奇迹是怎么出现的呢？唯一的解释，便是千百年来客家人对中国教育事业所形成的历史情结。

姚美良不幸英年早逝，然而，只要步入中山大学，置身于他所捐献的建筑物、雕塑群中，你仿佛仍可见到他的身影，听到他的欢声笑语。无疑，他与年轻的一代客家人，同样为这样一个大迁徙的民系，在超越了求生存的层次之后，赋予这个民系的生命以形而上的意义，以教育为历史的动力，为民族的复兴、为祖国的昌盛而无私奉献！当21世纪，中国高高地屹立在世界民族之林之际，姚美良当含笑九泉——这正是他所要的最大回报！

教育，是不会让一个民族沉沦的。

他们，都太了解自己的家乡，也太爱自己的家乡了。

爱得深切，那么，势必更爱她的未来！

而铸造未来，就得着眼于教育——因为教育正是通向未来的坚固、可靠的桥梁。殷殷园丁情，拳拳赤子心。

让我们期盼一个更为壮观、更为伟大的20世纪中国教育史上的奇迹再次在这"文化之乡"出现吧——这决不是虚妄，也不是空想，因为机遇正掌握在黄遵宪所说的"闽粤百万户"后代的手中。

我们从大量的资料中得知，这些岭南侨乡的海外赤子，这些年来，为造福乡梓、兴学重教，总共捐资万元以上的有数千人，项目有近万个，总值上十亿元——这，并不是神话。

我们深信，当第三届学部委员评定时，梅州地区将一洗第二届空白的耻辱，再创科学文化的佳绩。

1990年9月30日，联合国世界儿童问题首脑会议，通过了一项题为《儿童权利公约》的决议，振聋发聩地提出了"儿童优先"的响亮口号，要求在20世纪末，让我们这个蔚蓝色星球上的每一个孩子都能受到基本教育。

对于中国，这个问题尤为紧迫。

捐助校舍，也许只是解决了"硬件问题"。

"软件"情况又如何呢？

我不久前到珠江三角洲、惠州等地区采访。不错，在很多地方，最新的、第一流的建筑，大都是侨胞捐献的校舍，这些校舍无疑比广州市第一流的中小学的校舍都要漂亮。不少区镇，还专门设有接送学生的大巴士，条件之优越，恐怕是大城市无法相比的。但在这些地方却流行着这么一句话：一流的校舍，二流的设备，三流的师资，四流的质量。

这教人为之深省。

"软件"不上去，重振"文化之乡"的雄风也只能是一句空话。"筑巢引凤"，巢有了，可能不能引来金凤凰，却不是那么简单的。人才工程，方兴未艾。

中国若干名校，不乏客家人的校长；京、沪、穗等大都市，也不乏客籍的学者、专家、文化人，如何整合这些宝贵资源，当有大文章可做。毕竟，他们更懂得教育。

有着千年兴学重教历史的客家人，面对新世纪的风云，当怎样再造教育的奇迹呢？

著名的英籍有客家血统的华人作家、学者韩素音，近年写了一篇题为《明天的眼睛》的大文章。讲的便是教育问题："重新思考全世界范围的教育，一个我在中国广泛谈到的话题。"她讲到家教、母爱，也讲到远程教育等等。

无疑，唯有教育，是"明天的眼睛"，方可俯视我们今天的所作所为是否与明天相衔接，是否在过去与未来之间建造了一座坚固无比的桥梁——奇迹，当发生在这里！

客家人，正是这样把握着未来的！

当我们欣赏远在异国他乡的客家侨胞们，在异乡艰难的条件下，仍回到国内投资办学，或者在当地坚持把华文学校办下去时，同样，也别忘了注视在穷乡僻壤里，被视为弱势群体的贫困人家，是如何让孩子们上学的——众所周知，客家人"后到为客"，只能到比较贫瘠的山区……

就上客家人南迁的第一个驿站——江西石城看看吧。

这里有个横江镇，位于武夷山中、琴江之畔，镇下边有一个罗云村。一位很普通的客家农妇，却给我们讲出很普通但却极有震撼力的一番话。她的名字叫邓菊英。

这个山坳上的家离最近的公路也要走上半天，男主人十多年前不幸瘫痪，而她作为女主人，为了两个孩子能像所有的孩子们一样念上书，十多年来含辛茹苦，以世人不可想象的毅力撑起了这个残缺的家。这位山村妇女是可敬的，但更可敬的是她对教育的认识。

正是她说出了如下一番话：

"赚钱的机会也有，穿衣裳的机会也有，吃肉的机会也有，可读书的机会错过了就没有了，哪怕再苦都要读书。"

这番话，再朴实不过了，却道出了一个人人心中有却人人口中无的真理：什么都可以错过，唯独读书不可错过。因为，读书的机会错过了就不会再有了——年轻岁月的读书机会是一辈子追不回来的。

我们不知道这位客家农妇是如何总结出这一番哲理的。

我在拍摄《客家人》专题片时，还遇上这么一个催人泪下的场面。那是广东揭西县上砂镇一位姓庄的人家，作为母亲的女主人，在二十年的时间里，扎了5万把扫帚，来供养四个儿子读书。这个家很穷，但这个家却又很富有，因为四个孩子都考上了大学。

这一天，刚考上大学的小儿子，就要离开母亲到远方求学去了。亲人们的手紧紧握在一起，那是多少的鼓励和祝福，它胜过千言和万语！

夕阳西下的时候，载着儿子的班车，缓缓离开了。儿行千里母担忧。母亲还有千言万语没有说，母亲不停地流泪。这是离别的泪，更是幸福的泪。多少年的含辛茹苦，今天，母亲又再一次有了喜悦的收获。喜，毕竟压倒了离别之忧！

在客家地区，我们所见的一对对、一群群宛若华表的"石笔"——它们，在有的地方亦被叫作"石桅樯""石楣杆"……这拔地而起、冲天直立的石笔，不仅仅是建筑奇观，更是客家人文化精神的形象写照！石笔，它绝不是为了炫耀功名，它铭刻着历史，它给后人以启迪。它那不甘沉沦、宁折不弯、冲天一啸、傲视千古风云的形象，代表了客家民系的性格和气节，象征着客家民系的精神。这种精神，也正是中华民族宏博悠久的文化精神。

当日的初衷，只是为得到功名的客家弟子立一个纪念、树一个榜样。而后来，它则成为了一个民系的历史记忆、一个民系永远的良知，用来表达对人类文明的坚信，对愚昧野蛮的拒斥……

而它也成为客家文化之中一个颇有哲学意蕴的谜语。它毕竟与各种各样的图腾，如我们的龙的蟠柱，又如印第安人的木雕，大不一样，它是理性的张扬，更是理想的高举！

石笔，你还在告诉我们什么？

● 明清时期，它是中国四大雕版印刷基地之一，所印古籍行销全国。

古镇四堡，就是唯一活着的古代雕版印刷的见证者。四堡，位于闽西连城、长汀、清流、宁化四县交界处，是一个偏僻的山区小镇。然而，这里曾以其兴盛的雕版印刷业而赫赫有名，成为明清时期全国四大雕版印刷基地中目前保存最完整的一个，名列"福建省历史文化名乡"，幸存的古书坊建筑群也被列为国家重点文物保护单位。

正是在那些贫困人家中,我们看到了一如石笔一般的冲天精神。

末了,我们还想补上一笔,当然,还是一位穷孩子,而且是一位孤儿。他便是全国政协委员、香港知名企业家刘宇新。

他曾这么说过自己的身世:"几十年在香港,特别是这许多年来,好多记者总在追问我,我的父母是哪儿人,我说我不知道。总之,我是中华民族的儿子,祖国就是我的母亲,所以我做的事呢,都是我自己做的,作为中华民族的一员应该做的事情。"

改革开放20多年,从梅州到省会广州,从希望小学到大学,他已经捐资了不知多少笔了。

对客家人来说,爱国主义精神的具体表现通常就是无私的奉献。这是一种豁达的人生态度,是豪放洒脱的人生追求。

出生于广东省兴宁市的刘宇新是百家奶喂养大的孤儿。他60年代初到香港打工时,每天早晨竟为节省两角钱车费,跑步一个多小时上班。可他毅然将平生第一次赚到的100万元,捐给家乡办教育。他是梅州地区的海外港澳台同胞"文革"后回乡捐资的第一人。

对像刘宇新一样的千万客家人来说,没有什么比追求人生的境界更重要了。

一如石笔,在蓝天上抒写下一代又一代客家人的豪情……

石笔,主题是客家人的图腾、文化的图腾——其实,中原文化、汉文化所崇尚的"文"的具象,不就是好像大笔,当在蓝天上抒写豪情斗志么?

石笔,写下了一个民族的苦难史、迁徙史,更写下了其精神史、文化史!

它之笔直,宁折不弯;它之大气,充沛天地——这不都是客家人的象征么?

石笔,当永远屹立!

一个民族的骨气,当不会折挫!

在晨曦与晨雾中渐显的石笔群,永远庄严!

山歌之乡：
千年古韵之谜

一泓春水，几座山影；一行白鹭上青天，几片白云落溪底……当你徜徉在客家山区，沉醉在原始古朴的自然风光时，却不时会为清亮、深情的山歌所惊醒：

> 唱山歌哩唱山歌，
> 这边唱来那边和；
> 山歌好比春江水，
> 不怕滩险弯又多。

这歌声，当比自然风光更让你欣赏。尤其是后两句，是那么豁达、浪漫，又那么大胆、豪迈，集中体现了客家人——无论是男人还是女子的那种"天放"的精神。是的，我一直在用庄子的这个独有的词语，来形容客家人的气性与品格。

我曾这么写道："任何人，第一次接触到客家人，便会骤然为其人格魅力所吸引，他们是如此有别于被规范化或格式化的汉族其他民系，每每热情如火，自由放达，多姿多彩，刚毅开朗，不可抗拒。"换句话说，在任何一个地方，不单单在闽粤赣三省，你可以在任何一群人中，立即判断出谁会是客家人——他们没有如广府人那般理智、淡泊,也没有赣人那般温婉、柔和,更没有闽人的心计、机巧,他们总是那般热情、豪爽,甚至好出风头……

客家山歌,也许正是这种性格外化的产物,才唱得那么如醉如痴、无遮无碍……

还有,客家女子,更是出类拔萃,自古以来,不缠足、不束胸,男人的活照干不误,手艺也半点不比别人差……

于是,人们不禁要问,这么一个民系的品格,为什么会如此突出?这究竟是怎么形成的呢?

这是又一个客家文化之谜了!

他们,来自一个"天放"的家园,更来自一个"天放"的时代!

这一来,我们又一次去追溯客家人的历史足迹,穿越峻岭丛山、激流险滩,去追溯嘹亮、悠扬的客家山歌。

山歌当如陈年老酒,岁月流长,势必生出千古绝唱。当年黄遵宪所搜集的山歌,被视为"天籁",自比文人骚客吟断青丝所得的要清纯、高明得多。

> 唱歌唔系贪风流,
> 唱歌本为解忧愁,
> 唱得忧愁随水去,
> 唱得云开见日头。
> 山歌又好声又靓,
> 画眉难比妹歌声。
> 上岗过坳唱一首,
> 百斤担子也变轻。

山歌,更敢嘲弄所谓"盛世之君"——乾隆皇帝,当是对其"文字狱"的抗诉:

> 乾隆登基古怪多,
> 官府出来禁山歌。

> 俚个山歌禁得绝,
> 你个皇帝台难坐。

真可谓敢唱、敢骂、敢为！也敢爱、敢说、敢做——

> 阿哥有情妹有情,
> 不怕山高水又深。
> 山高自有人开路,
> 水深自有撑船人。
> 敢吐山歌敢大声,
> 敢放白鸽敢响铃,
> 敢耍大刀敢出阵,
> 敢恋妹子敢同行。

这里，只是随手辑录了几首……

在客家人居住的广大地区，人们经常听到这种质朴深情的客家山歌——它优美如蓝天上的白云，素雅似田野里的黄花。

在天地间自由地歌唱，无拘无束地表白心灵的客家人，他们的性情和气质，就像山歌一样迷人。刚健爽朗，多情重义，敢爱敢恨，这就是客家人，"天放"的人！他们天生热情奔放、自由、豁达、开朗，无论在什么时候，遇到什么困难，绝不悲观失望，绝不气馁，没有这些，他们也无以面对接踵而来的灾难、打击，他们正是靠这种精神，走过了上千年。

从中原到边远的山区，如果没有自由放达的"天放"精神，怎么能够坦然面对荆天棘地、艰苦卓绝的迁徙命运？正是这种"天放"精神，使客家民系在一片蛮荒之地得以再生，从荒原中开出沃土，在绝壁处开拓出港口，在不毛之地养育出文明之花！

> 入山看见藤缠树,
> 出山看到树缠藤,
> 藤死树生缠到死,
> 树死藤生死也缠。

一个"缠"字，唱尽了追求爱情的勇气和至死不渝的深情。多么美妙的歌曲！含蓄巧妙却又大胆泼辣。

最能代表客家人"天放"特色的，莫过于客家山歌；最引人注目、回味无穷的客家山歌，又莫过于客家情歌。

英籍华裔女作家韩素音说："他们的情歌可以远溯至汉朝，他们的方言是南北方言的混合物。"这位女作家从山歌里，听出了传统声音和当地文化发展的美妙融合。客家山歌已成为客家人生活里不可缺少的一个重要内容，它和客家人生息相伴、荣辱与共。许多客家县市，山歌活动一直开展得如火如荼，像梅县、兴国，就被誉为"山歌之乡"。在这些地区的城镇乡村，到处都有山歌手、山歌师甚至山歌大师。

客家山歌，是客家人真实地表达敢爱敢恨的情感生活的最直接的方式。

来自故乡原汁原味的客家山歌是台湾近500万客家人感受最亲切的乡音，山歌声中传递着血浓于水的骨肉亲情，诉说着两岸人民盼望统一的共同心声。

来自台湾的吴川铃女士告诉我们："我们客家传统的歌，本来就是由我们从大陆带到台湾去的，然后慢慢地在台湾改良了，改良后，我们再回来，到大陆来找有共同兴趣的知己，大家共同研究，来联谊。"

湖南省客家学研究专家许志强则称："因为他们的整个历程，生活历程，都是一个苦难史，酸甜苦辣都尝试过了，用什么来表达呢？只有唱山歌来表达。"

广东梅县水电局干部周福泉面对慈祥的老母亲，回忆母亲当年教他唱的山歌：

> 早上起身没米煮，
> 唱条山歌来充饥。
> 别说山歌不好唱，

> 有无有米又何妨。

"唱条山歌来充饥",这是多么豁达、乐观的生活态度!而客家人的这种天性,不是也丰富了客家人的文化和生活吗?

梅州地区客家学研究专家黄火兴,更是编写了多首客家山歌,他认为客家山歌,劳动山歌和生活山歌也好,爱情山歌也好,都是有感而发,都充分抒发出自己喜怒哀乐的各种感情。

我们来到江西兴国红军女歌手谢水莲家。这位耄耋老人给我们唱起红军时期的山歌:

> 送郎当红军哪,妹妹在家里,家中的事情我郎就莫挂心,哎呀我的郎呀,我的郎。

这位客家老人是著名的红军山歌手。当年,在她的歌声影响下,1000多名客家山乡子弟参加了红军,走上革命道路。

岁月沧桑,60多年过去了,80多岁的老人依然能够完整清楚地唱出她当年唱过的歌曲。因为,那是最让她激情澎湃的时代,是她生命中最灿烂的年代!

据江西媒体报道,在1998年长江流域发生的水灾中,谢水莲老人走上街头唱山歌募捐,得捐款数万元,她将这笔捐款全部捐给灾区。

我们来到江西兴国县实验小学,教师正在教唱红军歌曲《苏区干部好作风》:

> 苏区的干部好作风,
> 自带干粮去办公。
> 日穿草鞋干革命,
> 夜走山路打灯笼。

在客家地区,这些当年盛行的红军歌曲,一代一代流传下来,至今仍传唱不衰。

江西兴国县文化局创作室的胡怀兴老师,给我们介绍了方志敏的狱友唱着山歌就义的故事:关于兴国山歌,在第二次革命战争时期,不管从哪个角度讲起,都有很多可歌可泣的故事,这些故事啊,不是我今天晚上能够讲完的,关于山歌故事,我可以讲几十个几百个。他们爬雪山,过草地,凡是碰到困难的时候,只要听到兴国老表唱声"哎呀来",那就精神倍增,跟方志敏同一个监狱的是一个兴国人,他临刑时就唱了这样一支山歌:

> 哎呀来,
> 我就不怕死就不贪生,
> 我就不怕血水流脚跟,
> 我说你我为工农是求解放,
> 同志哎,刺刀挂颈也不惊。

唱着山歌从容就义,视生死如等闲,这种"天放"的精神,怎能不令人肃然起敬!

不经意间,我们发现,客家山歌和中国革命的一段历史竟然有着无法割裂的亲密关系。客家人也和这段历史有了血肉相连的特殊关系。

这一切更让我们联想起太平天国用来号召民众、宣扬道义、激励斗志的各种"歌""诏""训",其中不少与客家山歌同出一源:

> 男将女将尽持刀……
> 同心放胆同杀妖。

不少人都从形式上去追寻客家山歌的源头,最早追溯到作为民歌源头《诗经》的"十五国风",或汉代的"乐府民歌",近的,则为唐代的七绝《竹枝词》,这些都不乏道理。但是,从客家山歌所体现出的文化精神,我以为更应从一个"天放的时代"——魏晋南北朝去追寻,且不说形式上,魏晋南北朝的乐府民歌可视为客家山歌的母体。

精神史抑或思想史,是历史上最可靠的并且无法作伪的内容。目击历史事件可以有不同的角度。中国人对鸦片战争的记忆,自与入侵者不同。事件可以让各方面说得扑朔迷离,但思想——包含在历史事件之中的思想,却是无法作伪的。

像南北朝时期的《捉搦歌》，对爱情的大胆吐露，便与客家山歌有直接的"亲缘关系"：

> 谁家女子能行步，
> 反著夫禅后裙露。
> 天生男女共一处，
> 愿得两个成翁姬。

这种直露、坦率、敢做敢为的个性，不正是客家山歌一脉相承下来的么？

而魏晋南北朝，正是中国历史上一个精神极为自由、情感极为浓烈、思想极为开放而艺术上也极为浪漫的"天放的时代"！人的命运，在那样一个动乱的岁月中大起大落，导致人的情感大开大合、大悲大喜，从而激发出艺术上最瑰丽也最痛苦的表述……国家分裂、社会秩序的解体、伦理束缚的崩溃，给精神以一片了无羁绊的天地，更给创作拓开了前所未有的空间！

生命由此勃发出英姿，哪怕时时刻刻须面对死亡；艺术因此高扬，哪怕只在顷刻间如闪电般掠过——难怪美学大师宗白华称这让他联想到1000多年后西欧的"文艺复兴"！

这便是精神的源头！也是客家人人格品藻的"历史定格"。1000多年，他们"本性难移"，豪气不改，锐志如常。破译客家人的秉性，当从这里入手！

作为"精神史"上客家山歌的源流，以上已经说得相当清楚了。当然，我们还需要从内容、形式上，对客家山歌的"源"与"流"，再来一番认真的破译。

山歌，作为民间的口头创作，是以口头传唱作为发表手段与传播方式的，因此，也就有着较深广的文化内涵。客家山歌在中国音乐中的影响，更相当深远。很多流传很久、很广的音乐，已被不少人视为是整个民族的了，可细细一寻究，其源头仍是客家。这也与客家本就是中原汉族分不开的。因此，有人认为客家山歌的形成，与客家民系的形成是同步的，先是发轫于汉魏六朝中原乐府，而后又因在江淮辗转，又为江南等地的竹枝词所融合，到了南方，与土著（包括壮、瑶、畲）等少数民族相交汇——如著名歌剧《刘三姐》，其曲调可以说完全源于客家山歌，可又表现的是壮族歌手的故事。而在客属中心地带梅州，则很早便有刘三姐的原型。

关于客家山歌，我在《客家圣典——一个大迁徙民系的文化史》中，有过较为详尽的研究与论述，考虑到客家民系近代同样为海洋文明浸染，与海上丝绸之路有着同样密切的关系，因此，在这里亦予以一定的概括。

首先，如我在《客家圣典》中所称，"称情直往""兴往情来"，是客家山歌最为显著的特点。因为这个民系，肇始于魏晋南北朝那样一个"天放"的时代；在生活最痛苦——战乱、灾荒、颠沛流离、背井离乡之际，所寻求的是一种精神最自由、人格更独立的境界，这也就反映到其文学创作上——一如鲁迅称的"文学的自觉时代"，敢于无拘无束、泼辣大胆地唱出自己内心的一切。最著名的，莫过于前边提到的脍炙人口的《生死缠》式的情歌：

> 生爱你来死爱你，
> 江山能改情难移，
> 阿哥若系寅时死，
> 妹死唔等到卯时。

又如《唔怕山高水咁深》：

> 郎有心，厓有心，
> 唔怕山高水畸深。
> 山高自有人开路，
> 水深自有撑船人。

后一首中，已融入有粤语"咁"的成分。

再看《生爱连，死爱连》：

> 生爱连来死爱连，

> 两个相好一百年；
> 曼人九十七岁死。
> 奈何桥上等三年。

客家山歌中，情歌的数量是最多的，也反映了这个民系在感情上的浓烈、奔放，以及在人生态度上重情重义的开放心态，有别于已被格式化了或扭曲了的传统观念——诸如"笑莫露齿，话莫高声"之类，客家女子不缠足、不束胸，也有别于封建社会后期汉族女子缠足束胸的陋习。

其次，来到近海地带，虽说所居之处山地居多，土地贫瘠，工商业不发达，可海边的一切还是有吸引力的。不少客家人由于生活所累，不得不经过潮汕、穗港等地，远涉重洋去"过番"。因此，粤东闽南客地，亦大都为侨乡，海洋文化亦对其有相当影响。因此，作为客家山歌的第二大特点，恐怕就是《过番谣》中表现出的思乡之情，以及"客人开埠"的坚强信念。

> 想起当日过番客，
> 黄连树上挂苦瓜。
> 黄连树下埋猪胆，
> 从头苦到脚底下。

"过番客"的凄苦，从这寥寥28个字中当可以品尽。在外，未必全是"金山客"，成功者毕竟少而又少：

> 想起过番更孤凄，
> 水蟒准席搭准被。
> 转来大家喊番客，
> 几多凋凉谁人知。

水蟒为浴巾俗称，凋凉即受苦受难。在海外，思乡、思妻之情，更是揪心：

> 阿哥出门去外洋，
> 郎就孤单妹凄凉，

> 赤水黄沙家门远,
> 望妹唔到痛心肠。

以上两种,即情歌与过番谣,当是客家山歌的主要代表。当然,它们反映的生活内容还很多,包括劳动、家庭、祭祀、歌颂、对酒、戏谑、相骂、嗟叹、劝诫等。

客家山歌可以称得上是一部大书,内容颇为丰富多彩;客家情歌更可以称得上是一部爱情经典,浓缩了古往今来最精彩的名篇;当然,它更是一部艺术上的杰作,各种艺术手法都表现了出来,而且还不断有着创新,所以,它不曾与时俱逝,而是流传万代。

今天,作为客家的山歌剧,更是扬威海内外,不仅进京演出获奖,而且为海外客侨所欣赏,常被邀请出外演出。

接下来,再说说客家儿歌。我自小就是听客家母亲在摇篮边上轻轻吟唱的《月光光》长大的。

无论古今,抑或中外,儿歌都是不可或缺的。然而,客家儿歌为何能如此深入人心,却不是三两句话能回答得了的。就拿《月光光》来说吧,它就有众多的版本。

有纯粹游戏性的、逗开心的,只要押韵就行:

> 月光光,好种姜,
> 姜必目,好种竹。
> 竹开花,好种瓜。
> 瓜变黄,孙子摘来尝。
> 瓜变大,孙子偷来卖。
> 卖到钱,学打棉。
> 棉线断,学打砖。
> 砖断节,学打铁。
> 铁生鲁,学劚(zhu)猪。
> 猪爱走,学劚(zhu)狗。
> 狗爱咬,学打鸟。

鸟爱飞，飞到哪里？
　　飞到榕树下，捡到一只烂冬瓜。
　　冬瓜拿转去，泻到满厅下。

也有的与客家人重教化分不开，如：
　　月光光，秀才郎。
　　骑白马，过莲塘。
　　……

这意境却是耐人寻味的。还有比较直接的：
　　月光光，夜光光。
　　做个学堂四四方，
　　兜张凳子写文章。
　　写得文章马又走，
　　赶得马来大天光。
　　……
　　箩面上，一本书，
　　送畀哥哥去读书。

类似月光的童谣，还有《月光哗哗》等，就不再选取了。如果认真搜集，恐怕不下百首，各个客家村落都有各自不同的版本。无论是劝人读书的，还是长知识、好认字的，抑或只是好玩、逗乐的，一如众多客家乡贤所称：一首童谣常常就是客家人启蒙教育的开始。

尤其是客家人重传统、强教化的表现——这方面的儿歌，每每寓教于乐，意味深长，活泼生动，琅琅上口，如《唔读书》：
　　蟾蜍罗，咯咯咯。
　　唔读书，有老婆。
　　山鹁鸠，咕咕咕，
　　唔读书，大番薯。

连催眠歌，也少不了"书"：
　　老鼠吱吱叫，

> 阿姆唔在哩。
> 阿姐连（缝）书袋，
> 细妹熟熟睡。

这一切，都不知不觉地潜移默化，让孩子们从小好读书、长志气、识是非、辨真伪、知善恶、分美丑——懂得知识是最珍贵的东西。

这也就说明，客家人为何能成为一个"形而上的民系"，客家人中的文化人、学者、大师会那么多——从小，他们便被置于一个理性的环境之中，确定一生寻求的目标。儿时形成的秉性，是一辈子难以移易的。客家儿歌就这样显示出其沉甸甸的分量。

客家人深懂得进化之三昧，所以，在他们的摇篮歌中，便已经渗透了教化的内容。

当然，不要以为这一来，客家孩子都会变得少年老成、食古不化。其实，在儿歌中，更多的是充满了童趣、诙谐、戏谑的成分。如《颠倒歌》：

> 年三十甫月光好，
> 摸子看见贼古佬。
> 哑子喊捉贼，
> 聋子先听到，
> 跛脚带头赶上去，
> 又被跛手先揿倒。
> 势必逗你开心一笑。

即便在儿歌中，也充满了客家人那种放达、浪漫的精神。

《火萤虫》《鸡公子》《鸦鹊子》《禾毕子》《菱角子》《洋叶子》《白翼子》《牛背鸟》《细妹子》《羊咪子》《蝴蝶子》……这五彩斑斓的客家儿歌，这一时间可唱不完啰！

夯土的史书：客家土楼之谜

客家土楼、方楼、圆楼、角楼、围龙屋……人们统称为"客家围"，是世界建筑史上独一无二的民居建筑。外国学者更称之为"无与伦比的、神话般的山村建筑"；日本建筑师还把它叫作"天上落下的飞碟，地下冒出的蘑菇"；而美国的间谍卫星，甚至把它误以为是中国东南沿海的巨大火箭发射场，闹出了一场笑话——的确，从太空俯瞰下来，巨大的圆楼，太像火箭发射口了！

客家人何以有如此神奇的建筑？它是怎么演变而来的？历来也是众说纷纭，百口不一，说不清，道不明。

这也同样成为了客家文化当中一个难以破解的历史之谜！

客家围楼，实在是太丰富多彩了！

仅以广东为例：

方楼——蕉岭北磜郭氏方楼，前后两座；大埔湖寮蓝氏泰安楼、绳武楼……

圆楼——大埔林氏花萼楼、陈氏祥发楼、范氏福庆楼、钟氏祥和楼、詹氏新彩楼……

半月楼——大埔谢氏德馨堂、饶平林氏半月楼……

椭圆楼——梅县黄氏新围里、兴宁刘氏恒丰围、翁源陈氏宗祠……

八角楼——饶平黄氏道韵楼、詹氏听捷楼……

围龙屋——这是广东数量最多的,人们见到规模大至七八围的,航拍下的兴宁刘氏大刘屋、曾氏义隆围、陈氏柳溪堂……都非常壮观。

四角楼以及其他角楼……

城堡式围楼……

围村……

……

还有中西合璧式的、自由式的、碉堡式的,乃至港式的。深圳的鹤湖新居、龙田世居,客家腹地的承启楼、遗经楼、环极楼、裕隆楼等,均堪称经典之作,令建筑学家们叹为观止。

这些气势万千的古建筑,同样也表现出客家人那种豪迈、放达、充满想象力的气性,是客家人人格的外化——这里,也深深地积淀了

永定土楼

● 月亮楼

一种历史精神。客家围无疑是一部"夯土的史书""石头的史书"!

围屋或土楼,其外形或圆或方,近似于堡垒,事实上也起到堡垒的作用。大的围屋,高达30余米,占地十数亩,有3~5层不等,外墙厚达1米左右,底层不开窗户,3层以上则开有类似枪炮眼的小窗,兼采光与防卫用。围中有水井,当中有的设祠堂,有几进深。一个围屋里,一般是一个姓,分支为几十户人家。

至于围龙屋,则多建于较缓的斜坡上,屋前必有半月塘,亦有人称这是"八卦图"阴阳相济。半月塘后是一块大坪,可供晒谷或活动用。再是二三至七八个围不等,如今仍可找到六七围的大围屋,从天上看,如半个剪开的靶。但在中轴线上,亦有正天井,天井后为供奉祖宗牌位的祠堂式正厅,天井左右为东西侧厅。一个围龙屋,一般也是同姓人家,常有十几乃至几十个小家庭"聚族而居"。

客家民居是我国五大民居之一,是造型艺术最富有魅力的一种建筑样式。外表造型别致、奇伟壮观,内里别有乾坤。它可以是圆中有圆、方中有圆，也可以方中套圆、圆中套方，巧妙地体现出阴阳八卦、三才五行的传统哲学思想，同时也体现出客家人大胆奔放、不拘一格的想象力和创造力，体现出客家人对自然、社会和人生的体悟。

不论是圆楼还是围龙屋，都是客家人外圆内方的人格化的体现。

圆的文化，圆的哲学，圆里蕴含着智慧，包容了历史，揭示出理想。天地玄黄，春秋代序，日月往来，生死轮回，一个圆，说不尽道不完宇宙至理。

走进这些建筑，你便是走进一部历史，走进从《易经》《论语》到孙中山的《治国方略》的古今文化智慧之中。从中，你可以感受到千年的风云际会、潮起潮落，感受到一种无形的力量！你会为之景仰，为之振奋！

福建省永定振成楼里，题有"澡身浴德"的横匾。有人问，这土楼里头的澡堂上为什么题了这四个字呢？这"澡身浴德"是什么意思呢？楼主是这么解释的，这四个字用以教育后代：你身体肮脏的时候要洗澡，洗澡的同时，连自己肮脏的头脑也一并冲洗干净。

把洗澡与道德净化如此巧妙地结合起来，真可谓苦心独运。这其实也集中反映了客家人的道德境界与人生追求，在任何细小的生活枝

● 南靖方楼与圆楼

● 面承启楼

节上也不忘教化的功能。

在众多的"客家围"中，无一不以楼联的形式来张扬这么一种教化：

棣华居：棣棠并茂，华萼相辉。

"棣华"一词，来自《诗经·小雅》：

堂棣之华，鄂不韡韡？

凡今之人，莫如兄弟。

蕉岭文福丘氏培远堂，是民族英雄丘逢甲的故居，故横联为"念台精舍"，书房联为：

扫除万事付诸命，卓荦高才独见君

横屋则为：

诗书千载业，孝友一家春

兴宁罗岗袁氏善述围，正门石柱对联为：

青山不墨千秋画，绿水无弦万古琴

东转斗门上书"大夫第",门联为:

水舍其和山挺其秀,雪庆我瑞风扬我仁

兴宁罗岗刘氏翼宁围门联为:

有严有翼,攸芋攸宁

深圳龙岗罗氏鹤湖新居横联为:

聚族于斯

翁源江尾张氏蒽茅围,相传为唐相张九龄后裔所建,故宗祠的堂联为:

千秋事业承京地,十策家声继曲江

始兴太平曾氏永成保障楼,有张之洞题匾:

永成保障

门联为:

永古千秋泰壮,成今一洞乾坤

梅县程江陈氏济济楼,取名自《尚书·大禹谟》"济济有众,咸听朕命"。

南口潘氏南华又庐的门联是:

南州节度,华国文章

……

这只是随手拈来的一小部分,但已渗透了中华民族源远流长的文化意识。

颇有意味的是,在"客都"梅县,著名的山歌镇——有"自古山歌从口(松口)出"之美名,有一座颇有声名的"承德楼"。这座民居的主人叫梁密庵,是东南亚华侨,辛亥革命时的名人。他曾变卖家产,积极支持孙中山领导的民主革命。辛亥革命后,他叶落归根回到故乡建楼。他对"建楼"、对"家"有自己独到的见解。

梁密庵80岁的孙子梁杰佑是这么说的:"我的祖父造这个房子,他有一个遗训,房子一定要造好,要造漂亮房子,这样子孙才会回来,田地他不要卖,田地多了,他们就有依靠了,就不出去了,他讲这句话现在看起来很有意思。"

对于曾经大迁徙的民系来说,安土重迁、父母在,不远游的观念是陈腐而理应被摒弃的。又要子孙"叶落归根",却又不让他们坐吃山空,从小把他们放出去闯世界——这多少已经为海洋文化意识所浸染,二者似乎是矛盾的,但却又是有机的整合。客家人,不正是两种文化之"优势互补",而"客家围"本身也同样是一种既可守住自身文化边界又可敞开胸怀迎纳八面来风的人格外化的表现……

我专门为客家围屋之谜,写过上万字的学术研究论文《客家民居:文化记忆的一次历史定格》,从学术上,即从中国建筑源流上来阐释客家围形成的历史进程。不说一锤定音,但学术界也基本上接受了我的观点。

同样,这一独特的建筑,就如我在这篇论文开宗明义所说的:

> ……探究客家居处方式的历史渊源,只能是这么一个朝代——魏晋南北朝;也只能是这么一个地方——中原。当然,阐述出这一"物证",对于研究魏晋南北朝的历史以及深入探究客家与中原汉族的有机联系,乃至客家人文风貌的演绎,都是相当有意义的。

土楼内景

自然,论文讲的"物"是指从东汉末年到魏晋年间的"庄园化运动",即士族知识分子在庄园中滋生与培育出的独立自主精神,与官僚社会相抗衡,从而由庄园发展为具有军事色彩的坞堡——这正是"客家围"最早的历史之根。

而"聚族而居"与自卫功能一旦成为一种文化记

振成楼

忆，则经历上千年也挥之不去。于是，到了东南沿海地区，正逢社会形态急骤变更之际，这种文化记忆便又重新被唤起。这一来，千年古风传下的聚族而居，又同风水相结合，从而产生出这么独特的客家民居，在"庄园"的原始形态上，发生了"置换变形"，这才教"客家围"如此多姿多彩，风生水起，韵味无穷，成为中国建筑史上的一朵奇葩。

当我们把客家民居置于精神上、文化上予以考察，使其抽象乃至幻化，不是能更多地读到人性的张扬、艺术的升华，从中品味到更为隽永的诗味、更为深刻的哲理么？

它是镌刻在客家大地上的永恒的历史记忆！而这种历史记忆，思想史，不比任何正史、野史、帝王史之类更为可靠么？

在这里，我愿意向研究客家围的同仁们推荐若干形象化的著作，这包括《福建民居》之类所包含的客家土楼众多的摄影作品——这里我不简单说是"照片"，因为，摄影同样是一门艺术，是形象的艺术。

而近日，更有杨耀林、黄崇岳的《南粤客家围》。这里，并征得他们的意见选取了内中不少围屋的摄影作品，它们也可以作为我关于"客家围"形成的学术论文的形象叙述，这么说，这部典籍性作品已

● 客家府第式民居

有点掠人之美了。

的确,这部图文并茂的典籍性作品,不仅以其规模之宏大引人注目,同时,还以其深厚的学术功底令人瞩目。它通过大量的史料、物证,论述了"客家围"乃是由汉魏六朝的庄园、坞堡演变而来的围楼式客家围及府第式的围龙屋。总而言之,客家围的确是传统文化的宝库,里里外外都透出了几千年中华文明深厚的底气:尊师重教、耕读传家、敬祖睦宗、克勤克俭、乐天知命、奋发有为、格物致知、修身齐家、治国安邦……

这是从历史文化传统上的纵深开拓,那么,在对客家围上——即从粤东、粤北客家围流变上来研究,该书更是大大地迈进了一步。在闽粤交界处,土楼,以圆楼、方楼为主,与福佬民系的土楼有相近之处;由圆楼演变为粤东的半月形围楼,再到兴梅地区的围龙屋,则可以看到客家民居由于地域而发生的变化;由圆楼到半围楼,由半围楼到围屋,即半围的平房,前边还配有半月形的池塘(或称月池、泮池),而半月围,则由两围、三围,扩大至七围、八围。通过图示与论述,进一步证明"围龙屋是客家围屋发展的高峰""是自中原、赣南、闽西至粤东迁徙过程中生活经验的积累和思想文化升华的结晶"。围龙屋与周围环境的整合,达到"便可谓阴阳调和、天圆地方、大吉大利、完美无缺""是客家人在追求一种天人合一、人与自然的统一与和谐"的境界。而地域的变化,同历史纵深开拓是交互在一起的,是客家人迁徙的时空中不可分割的表现。有的图片,你甚至可以一眼看出庄园坞堡的留痕,由此证明,客家民居建筑,实是中原建筑的传承。这对于有人标新立异地称客家为土著的伪说,予以了有力的驳斥。

与此同时,作者通过图片(图片本身也具有创作的属性,它毕竟融入了作者的主观意向,或者说是其主观镜头)论述说明了客家围所具有的"聚族而居"的传统与功能,进一步论证了客家人传承下来的中原文化所突出的血缘关系的特质,也论证了客家人作为中原人的价值取向与人生观、宇宙观乃至美学观。

　　接着,作者对客家围赖以长期存在的具有"滚动性"的经济发展方式、经济基础,尤其是与自然所取得的和谐共处、"天人合一"的建筑观、艺术观,都作出了认真的分析与研究,最后概括,说明南粤地区具有代表性的15种类型119座客家围以及530余幅实景照片所具备的资料意义——这工作,是过去从未有人做过的。当然,如果仅仅说"资料性"未免太贬低这些照片的价值了,如我在前边所说的,照片本身也具有创作的意义,是作者的主观镜头,作者采用不同的取向视角自有不同的寄寓的意思。阅读这部大书,对视角的艺术冲击无疑是非常有力的,它也可以称是客家民居建筑的形象化历史,更是客家文化的具象化。相信当中更渗透着作者无数心血与汗水,这部书的内容可以说是十里挑一乃至百里挑一,选取最佳的角度、最佳的效果,才最终汇编成一巨卷。

● 石雕

● 梅县南口的南华又庐

家的胞衣："风水林"之谜

"无山不住客，无客不住山。"

似乎山就是客家人的宿命。

山重水复疑无路——这更是自大山辗转而来的客家人每每遇到的境地，也是他们的心理状态。

可他们常常把山穷水尽同样演绎为不羁的诗意，一如"柳暗花明又一村"，让人眼前豁然开朗，气象万千。

毕竟，后到为客，他们来到南方，肥沃的土地轮不到他们，旖旎的风光摊不上他们，八方通衢更不会有他们。一切，都得从头开始，他们只能去开垦不毛之地，去战胜洪荒岁月，使沙地变绿洲，把荒原化田园，让围屋、土楼平地而起。

凭此，他们当付出怎样的心血、多大的牺牲？

相传他们有一种"秘密武器"。

那是什么？

且慢慢道来。

民间都说，每一个客家人都是风水先生，这或许绝对了点，但客家人好风水、懂风水，却又是毋庸置疑的。

两晋年间，有个郭璞，衣冠南下时，以堪舆术名垂一时。及至客家形成之际，唐宋年间，又有个杨筠松，为风水理论的"形势派""赣南派"的开山祖师，因为出身清贫，为官清廉，心系百姓，故又被叫作"杨救贫"，其救苦救难的传说传遍民间。

也正是这种风水理论，改变了贫瘠的客家山乡。

就拿粤北来说，喀斯特地貌，亦即石灰岩地区，不少山上寸草不生，人们常称之"鸟不拉屎，兔不筑窝"。古代诗人杨万里吟诗：

未必阳山天下穷，英州穷到骨中空。

相传元末明初，陈友谅与朱元璋争皇帝，由于这里的原住民支持陈友谅，陈败绩后，朱元璋从罗霄山脉杀到粤北，使得偌大一个英州城里只余百十号人。之后，客家人才从赣南、粤东填补过来，面对的是杀掳之后的满目疮痍。然而，客家人择地而居，使穷到"骨中空"的英德很快就恢复了元气，成为一个人间奇境。

古文明的痕迹在这里俯首可"拾"，英德市近郊的南山、亭、塔、摩崖石刻，你可以数得出一个个朝代来；而著名的"碧落洞"，洞壁上更有无数古人的题字；连气势万千、让人目不暇接的通天岩里，都有千年以来名人所题的诗文，更不说举世著名的园林石——英石了，连英州、英德均由此得名，古人称英德的山为"大英石"，称玲珑剔透的溪中石为"小英石"，可见历史是如何垂青于此的。

清代著名学者袁枚更抛下名句：

山裹山，山裹舟，真阳峡中浪不休，
不如人立看人游，我若不吟被石笑，
石若吟成被我偷。世间奇景岂空设？
半使行人愁，半被诗人收。
我老无愁好吟咏，且撒四面篷窗，
掉白头！

名副其实的长达25公里的长湖，竟似一枚玉簪，自银河泻下，插在英东的群山峻岭中，不知是湖水洗碧了山林，还是山林染绿了长湖？湖有放有收，有曲有弯，水清见底；山也有开有闭，有深有浅，呈现出八九个层次，天仿佛蓝得可以透视。湖中泛舟，恐西湖的美意也远远不及；垂钓林间，只怕姜太公已无心垂钓，留恋于此了。到了这里，任何人都会为此超凡脱俗的静美所震慑，愿永远揖别滚滚红尘，洗净身上重重物欲与名位之想，愿把一生停泊，与天地共永，同大自然浑然一体——此方为无我之境。

及至到了通天岩，又是两般景象。高不可测的岩洞顶上，一对紧连的"天眼"把天光与轻雾投入到浑沌难分的巨大洞穴之中，一时间，无数的历史事件便在游人眼前重演——天崩地裂、万炮齐轰留下的嶙峋的怪石、断壁浅植，以及在刹那间被定格的千军万马，看那长戟、旌旗、长啸不已的战马……洞中乾坤，变幻无穷，忽而又是峰回路转，一抹青山秀水，有几处远村升起袅袅炊烟，竟隐约可闻鸡啼几声，再一抬头，奇异的岩顶，蔚蓝间，有几抹白云，你还误以为自己竟真步上通天岩，到了又一重青天外，天蓝云白，让人们心旷神怡。岩洞中，同样留有千年以来文人骚客的骈文、诗篇、对联，不少保存极好，可以临帖。仔细寻问，竟是隋唐、两宋之际的。

而宝晶宫——一个有几个层次的巨大的溶洞，却是古人未曾涉足的。其奇丽俊美，恐非宜兴的善卷洞、张公洞等所能比拟。你尽可以发挥自己的想象，在这里演绎出《西游记》中的故事，探索出《三国演义》中的史迹，想象出《封神榜》中的神神怪怪……不过，比起那弯弯曲曲、绵绵几千米地下长河，它似乎因为"五行缺水"而留下了某些遗憾了。乘舟进入地下长河，忽而开阔，可见鸟儿与蝙蝠一同飞翔，两侧与顶部变幻着各种奇绝的景象，忽而有海豚凌空，忽而有观音指路——走过这地下河，可否真到西天福地？忽而瓜藤满架、葡萄垂挂，忽而似烽火连天，万马齐奔……说不尽，道不完，看不够。兀地，暗河变成了明河，果然是"柳暗花明又一村"，两岸均是匀称的桑林，绿得似一汪汪潭水，掩映的农舍又令人想到桃花源的去处，更有丛丛翠竹，真可谓"凤尾森森，龙吟细细"，格外撩拨人心，你仿佛来到了另一个远避人寰的世界。别兴奋得太早，华彩乐段还在后边，去过一段明河，上了岸，再步行个一两百米，又到了另一处地下河的入口，撑船的村姑说，这才算真正的地下河，又长，又险，又刺激……果然，一进去，水流湍急，狭处，得趴在船中方可过去，一不小心头上就会撞出一个大包；连蝙蝠也不复有了，它们都不敢深入如此幽深的地方。可河面上方，云气氤氲，变化无常，忽而以为天高地阔，忽而竟又以为到了阴曹地府，没有人敢作声，只用各自的电筒四处照射，默默地去发现自己心中才有的意象……

地下长河长无尽，后边一段尚待进一步开发，但光这几千米便教人惊叹不已了。

同样，英德的自然风光，我们此行只是浮光掠影，大多数景点来不及问津，只好匆匆归回了。好在还会有第二回、第三回……

光匆匆揭上这几页，英德这片未闻面的山水便叫我们心动了。这时，方才省悟，古人是讲究"天人合一"的，所以，古代文明是不会伤及这片自然风光的，古塔、石刻之类与山水交融在一起，成为自然风光的一个有机的构成。

如果一一历数英德的"双景观"，我们还可以列出一连串的名单，如英西峰林、浈阳峡风光、古城址、祠堂、客家炮楼、围屋等等，无法胜数。

我的外祖父郭宝慈，他不仅是广东高等农业教育的开创者，还是这里的"风水先生"。1909年的广东农业教员讲习所第一任所长就是他——他刚从日本帝国东京大学农科毕业，参加了清末的"洋科举"，被委派到此。他还是辛亥元戎，1911年他率部光复了粤北三州——连州、韶州与南雄州，还回师支援广州，直选为国会众议员，在京十多年。孙中山逝世后，他急流勇退，在广东办学，最后回了英德。民间关于他的传奇不少，比如他制止了溺女婴，说这家人以后还得靠这女儿救命，果然，三年困难时期，这家人就靠这位嫁到南洋的女儿救济才没死人……而更多的，则是他拼命卫护客家围屋后的"风水林"，使得这片"风水林"没在大跃进中被毁之一旦，毕竟，村里没人敢违抗这位老农业专家。

这风水林便是客家山乡丰腴起来的"秘密武器"。客家人每到一处的居所定是靠山傍水，宅后必有一片"风水林"。哪怕在平地建屋——到沿海，如深圳龙岗等地，也要在屋后人造土坡，这个土坡被称为"花胎"，在土坡上种上四季常青的各色树木。时日久远，众木成林，有的由几十亩发展至上百亩。树龄更是几百年不等。

风水林树种的选择也是相当讲究的，大都是耐旱耐贫的树种，如生命力极强的楠木、红梣、樟，还有各色竹子。几百年下来，树木葳蕤，遮日蔽日，不少珍稀植物也在它们的庇护下得以生长，所以，植物专家每每在风水林中能有意外的收获。

可见，风水林在水土保持、抵御风沙、调节气候以及卫护客家民宅上，功不可没。

风水林自有禁忌，神圣不可侵犯。

有的地方，专门有乡规民约，任何人不得入林砍伐，罚的方法有：违约者罚一台大戏，以向百姓及风水林赔罪；或者罚款，赶猪——猪是农家的小钱库，把猪杀了，分到各家各户，以起到警戒的作用。关于这受罚的故事，到处都能听到，可见纪律之严明，如今罚一台大戏办不到，也得放上一场电影。

有一首古诗，当是写客家人与风水林的，别有韵味：

深山最深处，禽落自成村。

结庐在山顶，圭窦而荜门。

牵牛天上出，鸣鸡林外闻。

方知吾客族，住遍岭头云。

一个拥有风水林的客家山村，便是这般写意的。

这村后或宅后的"风水林"被视为村舍之"胞衣"，也就是孕育生命的地方。人，在天地之间，故孕育在视为"风水林"的胞衣里，这里其实有很深的哲理或我们所认为的生命哲学。风乃天之呼吸，水为大地之血脉，有呼吸，有脉动，方可以有人的生命存在。所以，天地人，人居其中，既独立，更在三者的互动之中。知天地，也就识人文了。反过来，欲知人文，也就须知天地方可。

从这个意义上，风水也就是一种生存哲学，风水同样是环境美学，是人文与地理的结合，所以更称得上是自然哲学了。外祖父是农业专家，负笈东瀛归来，作为客家人，无疑把祖上传授的风水学与自然科学有机地融合在一起。他是1959年去世的，乡亲们说他是奔走呼吁对风水林的保护而殒命的。如今60岁以上的英德人，无人不怀念他，追忆他当日为风水林的"鼓与呼"。

改革开放40多年了，有的地方为追求GDP不惜对生态造成严重的破坏，我的外祖父如还在世，不知该怎么痛心疾首。一朝污染，需付出的代价则不止百倍千倍。他老人家守护的风水林也大都不在，令人扼腕长叹。

进入到现代城市，包括世界上评比的"花园城市""宜居城市"以及我们讲的山水城市、园林城市、森林城市在内，讲究的是生态平衡、环境保护。人类的越来越高的审美追求，这是人类认识水平的又一次超越。正是在这一原则下，城市与乡村的模糊或交融，城市边界的消失——所谓艺术在哪里终止，自然在哪开始，或城市在哪里终止，乡村在哪里开始，便是这一意义。客家城市也是这一意义。传统"风水林"的观念，即风水林乃是围屋、村舍的"胞衣"，这一观念对今天仍不无启迪意义。

当我们失去赖以生存的环境，生态平衡被打破，满目葱茏的绿色世界被废气、污水所取代，古人一直维护的"天人合一"被分解，从而遭至大旱大涝、泥石流种种大自然无情的报复时，我们是否想起客家谣谚中的警句：

近河莫枉水，近山莫枉柴。
山上树木光，好田会变荒。

> 人误地一时，地误人一生。
> 靠山吃山，吃山养山。
> 千棕万桐，永世唔穷。
> 一年红花草，三年地力好。
> 源头冇水来，河坝也流干。
> 山上多种树，好过修水库。
> 千桐万竹，永世享福。

开发无度，河流干涸，山林荒芜，我们与大自然都无法和平共处，人类还能有什么退路？一切，都会毁灭，而首先肇于自毁。今天，我们讲绿色崛起，讲生态经济，讲可持续发展，讲低碳，讲和谐，讲幸福，却已失去赖以休养生息的家园，那还能做什么？

过去，客属地被称为"穷山恶水"，那是一种偏见。其实，正由于开发得迟，生态环境保护得好，反而与我们今天更先进的知识经济、生态经济相衔接，可以超越工业社会而提早进入生态社会。无可穷尽的生态资源，恰好是今日客属地最大的优势，可惜并不是所有人都能清醒地认识到这一点，或者有这样宏阔的胸怀。

没有祖宗自觉培育的风水林，客家人就不可能把因为自己后到只能居住的穷山恶水改造成宜居、宜种更宜生存的风水宝地。风水林本身就是一种生存智慧。

有了风水林，山活了。

有了风水林，水清了。

有了风水林，人更有精气神。

有了风水林，围屋更宏伟壮观。

这是永恒的生命之光！

星河灿烂：
独领风骚之谜

在灿烂的客家名人的星河上，有一簇异彩闪烁的星子，在近现代史上尤为夺目——他们，便是客籍的文化大师、艺术大师！无疑，对于这样一个最适于抒发情感、最易于激发豪气、最能表达心志的领域，客家人怎能不独领风骚呢？毕竟，客家先民就是从那个"浓于热情"最富于生命的浪漫史的"天放时代"——魏晋南北朝中走过来的！

只是，他们又怎么能把这千年的激情保留下来？又怎么在近现代重新把这份激情激发出来呢？从而一下子照亮了这样一个"贵族化"的领地？

这当又是一个客家文化之谜！

打开一部客家文化史，可以发现，客家人身上那种不愿受陈规陋习束缚、顽强追求自由思想以及不惜以身殉职的精神气质，使这个民系涌现出大批敢开风气之先的学者大师和铁骨铮铮的仁人志士。

欧阳修、曾巩，开宋代文学新风气；宋应星撰写科技巨著《天工开物》；洪秀全提出"打倒孔家店"；丁日昌力主引进西方先进技术，主持架设第一条电话线，倡建首条铁路；陈寅恪毕生追求学术上"自由之思想"；李金发开我国象征派诗歌先河；郭沫若"立在地球边上放号"；韩素音天马行空，写出一部部充满玄思与哲理的鸿篇巨制；黄药眠奇特的人生与美学建构……还有很多、很多。我们还是从近代客籍作家群的崛起追溯起吧！

客家文学史中，其先民在唐宋的文学功绩，包括唐代开元贤相张九龄的诗文，唐末邵谒的五言古诗，宋代的粤东诗人古成之、蓝奎、罗孟郊、蔡蒙吉等。但当时客家民系尚未完全形成，其划分尚有可商榷的余地，总的可算作粤人吧。至于入粤的名人，如苏轼、韩愈，一直到文天祥、汤显祖等，历史上已予以了充分评价。

严格地说，客家文学形成气候并一枝独秀，当从明清之交算起。这期间，有"明清八大家"之一的廖燕（1644—1705年），韶州曲江人，其著作《二十七松堂集》多次出版，远播海外，在同治元年（1862年），便有了日文版。人称其"大家笔墨，迥非凡手可及"。其历史论文《明太祖论》《高宗杀武穆论》等，颇有真知灼见。尤其是《金圣叹先生传》，更是字字珠玑，力透纸背。文末评点：

> 余读先生所评诸书，领异标新，迥出意表，觉作者千百年来，至此始开生面。呜呼！何其贤哉！虽罹惨祸，而非其罪，君子伤之。而说者谓文章妙秘，即文地妙秘，一旦发泄无馀，不无犯鬼神所忌，则先生之祸，其亦有以致之欤！然画龙点睛，金针随度，使天下后学，悉悟作文用笔墨法者，先生力也。

廖燕的诗也是颇负盛名，其最有客家特色的，当推《曲江竹枝词》，笔下客家风情万种：

> 河西万室绕溪斜，
> 男得闲游女作家。
> 汲水溪边都跣足，
> 樵归插得满头花。

而最早的客家小说，则应推黄岩的《岭南逸史》。

黄岩，大致为清乾隆时代人，程乡（今梅县）人，人称其著作等身，诗尤苍老，纯乎唐音。《岭南逸史》是中篇章回小说，凡28回。主人公是客家士子黄逢玉，以他与张贵儿、李小环、梅映雪、谢金莲的爱情、婚姻纠葛为主线展开，虽不脱才子佳人小说窠臼，但"千变万化而复无事荒唐"，很有历史真实感，又有引人入胜的情节，有一见钟情，以身相托；有瑶族女王亲自选夫婿，又有生离死别，众女释前怨，共救黄逢玉的血战；还有黄逢玉荡平寇盗……"标新领异，据实敷陈，堪与国史相表里"，写出了民族融合的历程。

小说不仅运用了大量客家山歌，还使用了众多客地的方言土语，人物刻画，匠心独运，不失为南方一部有地方特色的力作。而首推第一客籍诗人，当是在中国诗歌史上有一席之地的宋湘。

宋湘（1757—1826年），嘉应州（即今梅州）人。清史有传。著名学者钱仲联称"南邦屈宋无前辈"，把他与屈大均并列，视为岭南的屈原、宋玉，并说明"清初岭南诗人，屈翁山为冠；中期无有出宋芷湾上者"。他的《红杏山房诗钞》一再出版；其书法被视奉为拱璧，对联更传诵不衰。

宋湘出任丰湖书院院长，再又出任粤秀书院院长，后返京授翰林院编修。曾外放云南曲靖13年，再升任湖北督粮道。

除大量地展现客家风情的诗歌外，他还"以诗论诗"，有相当出色的诗论。宋诗中充满了特有的客家情调，客地的田园风光以及客家文化风情，如牧童"北犊声喧野"、浣女"湔裙影倒渊"、农夫"蓑衣携插出，箬笠采山还"以及"风雨归渔筏""榕径歇柴肩"……令他"长歌爱樵答，短笛羡牛牵"。

其著名的《西湖棹歌》十首中更有：

卢橘杨梅烂不收，

荔枝龙眼出墙头。

东坡若解西湖乐，

早解朝官住惠州。

宋湘的诗亦有雷霆之力、浩然之气，如写船夫征服急流险滩的《下蓬辣滩》：

> 群山森盘回，滩声破天地。
> 山鬼不敢啼，客舟行且至。
> 且至夫如何，两桨插两翅。
> 天上一叶飞，雷霆落气势。

他的诗论，尤为强调、突出自我，如《说诗八首》中：

> 学韩学杜学髯苏，
> 自是排场与众殊。
> 若使自家无曲子，
> 等闲铙鼓与笙竽。

他强调诗作皆应"从灵腑中流出"，后人则称他"独往独来，全在意兴"。他不仅在客籍诗人中，而且在整个粤籍诗人中，堪称巨擘也。

宋湘之后，客籍诗人中，更出现了黄遵宪、丘逢甲这般洪钟大吕式的历史人物，他们不仅是大诗人，而且是伟大的爱国者。

黄遵宪（1848—1905年）是中国近代"诗界革命的旗帜"，时人称之为"中国诗界之哥伦布"。他力主"我手写我口"的创作宗旨，且创作了大量反映近代社会重大历史事件的诗歌，与杜甫一样，为前后两"诗史"。梁启超认为："公度之诗，独辟境界，卓然自立于二十世纪诗界中，群推为大家，公论不容诬也。"

少年黄遵宪，就以杜甫诗"一览众山小"破题，出句惊人——"天下犹为小，何论眼底山"，透出他的远大志向。入仕后，曾东渡扶桑，任驻日使馆参赞，当了14年外交官，先后去过美国、英国、新加坡等国任总领事或参赞。在中国积弱、列强肆虐之际，他用自己的诗歌抒发激愤与爱国情怀——自是在海外有更深的感受。《赠梁任父同年》是脍炙人口的名篇：

> 寸寸河山寸寸金，

> 伶离分裂力谁任？
> 杜鹃再拜忧天泪，
> 精卫无穷填海心。

对列强分裂、鲸吞中国领土义愤填膺。

"我手写我口"是黄遵宪响应梁启超"文界革命"之际所举起的"诗界革命"的一面旗帜，它强调的是抒发"我"自己的情怀，并且用人人能懂的口语，这对于旧诗无异于是标新立异了。他还身体力行，亲自辑录客家山歌，"采其能笔于书者"，视之为"天籁"，如其《山歌》中所辑的：

> 催人出门鸡乱啼，
> 送人离别水东西。
> 挽水西流想无法，
> 从今不养五更鸡。

真是"学士大夫操笔为之，反不能尔，以人籁易为，天籁难学也"。

他号"入境庐主"，自有深意。先后写有上百万字的《日本国志》《日本杂事诗》等，最著名的，则是《入境庐诗草》及《入境庐集外诗辑》。在美国时，他亲自出面交涉，使得大批因种族歧视而身陷囹圄的华侨得到释放，他被美洲侨领司徒美堂称之为"中国历来驻美外交官中唯一能做保护华侨工作之人"。甲午战争，黄遵宪闻爱国志士在台湾发动反割让拒日寇斗争，更奋笔疾书：亡秦者谁三户楚，何况闽粤百万户！

强烈的爱国主义情怀，"我手写我口"的创作主张，加上无法割断的"客家情结"，是黄遵宪文学创作的三大特色，后者如《己亥杂诗》中：

> 筚路桃弧辗转迁，
> 南来远过一千年。
> 方言足证中原韵，

礼俗犹留三代前

这首诗高度概括了客家人千年迁徙、万里长旅但始终坚守自己的文化边界的特点。

在《台湾行》一诗中,黄遵宪写有:

万众一心谁敢侮,

一声拔剑起击柱!

这写的却是同时代另一位客家志士、爱国诗人丘逢甲。

丘逢甲(1864—1912年)原籍广东镇平(即今蕉岭),出生于台湾苗栗县。1895年,即甲午战争后,他奉旨回粤。辛亥革命胜利后,他赴南京出任参议院议员。

清廷割让台湾,他愤而咬指血书:"拒倭守土",并多次刺血上书,要求"废约再战"。清廷却以"台抗京危"为由,要赶紧把台湾交割给日本。由此,丘逢甲在台湾率部奋起抵抗,打了几个大战役,使日寇指挥官能久亲王也一命呜呼。然而敌众我寡,义军弹尽粮绝,伤亡过半,丘逢甲在部将力劝"台虽亡,能强祖国则可复土雪耻"后,挥泪返粤,临别赠诗:

宰相有权能割地,孤臣无力可回天。

扁舟去作鸱夷子,回首河山意黯然。

● 丘逢甲

回国后,他致力于兴学,参与黄遵宪的"诗界革命",并成为其中的"巨子",又积极参加辛亥革命,策动推动广东独立于清朝。后重病,去世时年仅49岁,临终嘱家人:"葬须南向,吾不忘台湾也。"

丘逢甲的主要代表作为《岭云海日楼诗钞》,之所以用这个名,是寓身在"岭云"中、心往"海日"

之意，亦念念不忘台湾之意。所以，诗钞中最突出的内容，便是怀念沦陷后的台湾：

《春愁》：

> 春愁难遣强看山，
> 往事惊心泪欲潸。
> 四百万人同一哭，
> 去年今日割台湾。

《天涯》：

> 天涯雁断少书还，
> 梦入虚无缥缈间。
> 兵火馀生心易碎，
> 愁人未老鬓先斑。
> 没蕃亲故沦沧海，
> 归汉郎官遁故山。
> 已分生离同死别，
> 不堪挥涕说台湾。

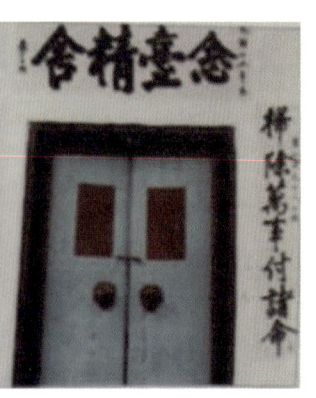

● 念台精舍

直至十多年后，朋友提及往事，他仍——

> 多君欲问台湾事，
> 曾作大将军现身。
> 满目劫尘无法说，
> 青天碧海哭诗人。

诗钞中，他一再悲叹"风雪满天尘满地""半壁江山半腥血"，担心"金刀欲下踌躇甚，多恐神州似此分"，疾呼："偏呼黄帝诸孙起，莫作华胥国里人！"

与此同时，他对祖地炽热的"寻根"之心，也跃然纸上，有《忆上杭旧游》15首，内四：

> 寻碑亲拜左丞坟，
> 谱牒都成史阙文。

> 七百年来遗老尽，
> 更无人说旧参军。

还有"仗剑归来人事改，故居只有青山在……孙枝万叶遍东南，自幸能归奠尊酒"。

黄、丘二位，在近代史上作为中国一代诗杰及爱国志士高高地屹立。应当说，正是激烈的爱国情怀，才熔铸出他们足以传之不朽的诗篇。伟大的诗篇，当出自伟大的人格，二者是分不开的。

与黄、丘同时代的客籍文学家、诗人中，还有胡曦（1844—1907年），兴宁县人，其著述甚丰，计40多种，主要有《湛此心斋诗集》（十二卷）、《湛此心斋文集》（四卷）以及骈文钞、竹枝词、诗话等。

温仲和（1849—1904年），嘉应州松口堡人，曾钦点翰林院庶吉士、散馆授翰林院检讨。因母丧归家，从此致力于办教育，主纂《光绪嘉应州志》。主要著作有《求在我斋集》，后人称其"诗联俱佳"。

其间，还出现了好几位客家女诗人。

主要有范荑香（1797—1884年），大埔县人。有诗近千首，重刊《化碧集》，只见百多首，但在其身后一刊再刊，影响甚巨，其情其才，人称"骇心魂，泣鬼神"。

叶璧华（1844—1915年），嘉应州白渡堡人。毕生致力于在家乡创办第一所女校——懿德女校，并留下了诗钞《古香阁集》。后人评述其"清绮秀妍""冰肌玉骨，吐气成虹"，为奇女子也。在那样一个封建年代，殊为难得。

客籍作家的崛起，与整个民系在近代脱颖而出、一鸣惊人是分不开的，这也是一种文学气候使然。

> 头颅碎掷哭浏阳，
> 一凤而今剩楚狂。
> 龟毛正需洴澼药，

语君珍重百金方。

　　在戊戌变法失败、六君子喋血菜市口之际，黄遵宪为谭浏阳——谭嗣同写下了以上这首悲壮的诗歌。从诗中看，他并未对中国的明天失去信心，仍寄望于后人。

　　在他的诗中，我们仍无处不感受到他作为客家人的激情、浓情、豪情以及血性！

　　黄遵宪无愧为中国近代史上最富于自由精神的大学者、大诗人。他身上充分表现出客家人那种开放的胸怀——在作为外交家的十年海外生涯中，他满怀激情地接纳了海洋文明，敢于反观为清廷腐败落后而弄得千疮百孔的故国，哀民生之多艰。

　　"上感国变，中伤种族，下哀民生"，当是以他为代表的客家人在那样一个动荡、昏暗年代中的宏博胸怀的真实写照。

　　可惜，他未能活到辛亥革命成功之日。

　　但丘逢甲活到了辛亥革命成功之日，且当上了民国的议长。而这股客家人的豪气，又自他身上，传到同为大诗人、大才子的郭沫若身上。

　　童年时期，郭沫若便表现出自己鲜明的艺术倾向，大气、豪气，他是这么说的："唐诗中我喜欢王维、孟浩然、李白、柳宗元，而不甚喜欢杜甫，更有点痛恨韩退之。韩退之的诗我不喜欢，文我也不喜欢，说到他的思想我更觉得浅薄。"也许，郭沫若晚年为人诟病的《李白与杜甫》，其思想与童年的好恶分不开，即便如此，这部晚年之作仍有不少过人之处。

　　他坦诚承认，童年时代，"我好议论的脾气，好做翻案文章的脾气，或者就是从这儿养成的罢。"

　　所以，在他的著名诗集——这也是中国新诗的开山之作《女神》中，便有大做"翻案"文章的《匪徒颂》，并自称："小区区非圣非神，一介'学匪'，只好将古今中外的真正的匪徒们来赞美一番罢。"

他颂的是"反抗王政""敢行称乱""私行割据,抗粮拒税",还有"妖言惑众""离经叛道""毁宗谤祖"的匪徒们——却都是开创历史的伟人!

而他的《立在地球边上放号》,迄今读起,仍教人荡气回肠:

无数的白云正在空中怒涌,

啊啊!好一幅壮丽的北冰洋的情景哟!

无限的太平洋提起他全身的力量来要把地球推倒。

啊啊!我眼前来了的滚滚的洪涛哟!

啊啊!不断的毁坏,不断的创造,不断的努力哟!

啊啊!力哟!力哟!

力的绘画,力的舞蹈,力的音乐,力的诗歌,力的Rhythm(节奏)哟!

郭沫若,既是诗人,又是剧作家,还是小说家、纪实文学家。仅仅在文学上,他已是一代宗师了。然而,他还是一位大学者,在甲骨文、金文研究上,贡献卓著,他同时又是一位历史学家、考古学家。而且,他还参加了北伐战争,是一位出色的社会活动家……而这些,还不足以概括他的一生,在人文科学几乎每一个领域,他都有超乎常人的重大建树。他是"时代的骄子",又是国学大师。传统与现代,如同他多学科融汇、立体交叉式的研究一样,结合得是那么紧密,难以划开。这也是中国现代文化史上的一位奇人。

郭沫若的一生何其多姿多彩!作为浪漫主义的诗人,他那想象力超凡、激情澎湃的诗歌,震动了五四运动后的中国新诗坛,带来一片新天地,他也由此成为中国新诗运动的领袖人物之一。

他的《凤凰涅槃》,凤凰无疑以一种凛然的姿态,傲视百鸟,其集香木自焚,则是表达与旧世界的决绝、对未来新世界的向往以及再生——这里所激扬的,正是伟大的五四精神,同时,这种精神也表现了客家人那种九死而不悔的品格。

凤凰涅槃般的情操与精神,郭沫若一以贯之于《屈原》等古典戏剧之中。其间的浪漫主义情怀,并不因残酷的历史与现实而淡薄——这同样与客家人的秉性是相一致的。

如果说,郭沫若一生的作品基调是高昂的、瑰丽的,那么,作为同是客家人,亦是对20世纪初叶中国文学作出重大贡献的,还有两位著名诗人、作家,而他们作品的格调,除叛逆性外,其他方面却各有千秋,同样需浓墨重彩加以介绍,不可落下。

这两个人物便是李金发与张资平。两人的文学成就及艺术贡献,集中地表现了客家文化在全球20世纪文化碰撞、交流与对话语境中的多元取向及不同的发展,而其取向与发展又与客家文化本身的内涵是不可分割的。两人有不少相一致的地方,如出国留学,均受当时所在国的文学思潮的影响,都有着相似的历史文化背景与接受教育的阅历,尤其是从小接受过中国古典文学的影响与熏陶,同样在作品中表现了对中国古代文化的守护以及对外来文化的扬弃、吸收等。

但是,两人却也有鲜明的不同。

对李金发而言,客家人"以郡望自矜"的贵族意识表现得要突出得多,他在《浮生总记》中"筚路蓝缕以启山林"一章中,很是强调:"其实我们是真正中原的居民,正统的汉人,而不是土族。""……有如英法人初到新大陆""始祖以下有名的坟墓,记得有雄狮摆气、绣针落槽、猛虎跳墙……"很有祖上的贵族化自矜——当然,这种贵族意识不仅挂在口头上,而且浸透在其生活行为之中,他就似没落的贵族,"恐怕是先天的遗传,我从小就多愁善病,对一切都悲观,没有勇气向前奋斗……我好似有特权似的,躲在书房里,看《玉梨魂》《牡丹亭》之类的书籍,倦了就睡,醒了再看,养成徐枕亚式的多愁多病的青年。"——自然,与其说这是一种生理上的病态,倒不如说是一种生存状态及生命感受,阅读寻求的是享受快感,更是一种精神追求,这也是他"贵族化"的例证。

正是这种贵族化倾向,决定了他在文学上的价值取向,追求"为艺术而艺术",奉行一套唯美主义的原则,他甚至宣称要改变中国

"丑恶之环境"，要让自己的民族跻身于"文明民族之列"，过上"人的生活"。他认为"艺术上唯一的目的，就是创造美，艺术家唯一的工作，就是忠实表现自己的世界"。所以，他的美的世界，是"创造在艺术上，不是建设在社会上"。如此，他便与现实社会拉开了距离，独自生活在心造的贵族化的象牙塔之中——所谓"美的世界"。

这种不可救药的贵族色彩，却成就了他对诗的探索——这也许正是艺术上个性的需要。

人本身就是高贵的，是万物之王，人应当有自身纯美的追求与享受，而决不应该与走兽、泥沼为伍——李金发自然而然地接受了当年是在国——法国的象征主义派诗人的影响，这同他所具备的贵族气质是分不开的，同他作为客家人也是分不开的。

如今，他已被誉为我国现代象征派诗歌的开山人、奠基者，他是粤东梅县人，1919年留学法国学雕塑，1920年开始写诗。其时，正是西方象征派诗歌兴起之际，艾略特的著名代表作《荒原》发表，而李金发的成名作《弃妇》也几乎发表在同一时间。《荒原》与《弃妇》有不少可比之处，不单在意象、暗喻等象征性手法的运用上，还在各自对各自所在民族的古典文化的传承上，以及作品中体现的贵族气——阳春白雪，这当是一个时代文学高峰的标志。

我国著名散文家、学者朱自清亦在当时指出，李金发的诗是突起的"一支异军"，是他"第一个人介绍"法国象征派诗"到中国诗里"来的，并说"象征派诗要表现的是些微妙的情境，比喻是他们的生命"，"虽用文字，却朦胧了文字的意义，用暗示来表现情调。"

可以说，李金发为中国新诗走向真正的独立与成熟（即"纯诗"，还原诗的本体）拓开了又一条大道，摒弃"文以载道"的传统。如他自己所称："艺术上唯一的目的，就是创造美，艺术家唯一的工作，就是忠实表现自己的世界。"所以他的美的世界，是建设在艺术上，不是建设在社会上。

《弃妇》写的是一位被遗弃的妇女，已无泪水来装饰冷漠的世界——这恰巧与《荒原》的意象是极为接近的,"四月是最残忍的岁月""枯骨伤不了人"……

人们无法忘掉李金发的名句:"如残叶／溅血在／我们脚上,生命便是／死神唇边的笑。"这当是整个人类生存状况的一个概括。生命意识与死亡意识本就是一枚硬币的两面,这一名句,当是李金发的一个绝唱。

李金发于1925年间,接连出版了《微雨》《为幸福而歌》《食客与凶年》等诗集,为中国象征派诗歌立起了第一座丰碑。虽说后来这一流派一度因种种原因而中断,但到了20世纪末,当朦胧诗又一次异军突起之际,追根溯源,人们仍不得不承认李金发当年开拓性的贡献。他扩大了中国新诗的题材领域,拓展了新诗的表现手法,在促进了诗歌流派与风格的发展方面,他功不可没。

然而,作为一个大迁徙的民系,作为"边缘人",他们既有祖上遗传下来的"以郡望自矜"的贵族意识,却又因沦落他乡,一贫如洗。新的社会地位,又决定了他们不能不接受新的平民思想——我曾说过,贵族意识与平民思想的冲突,形成了一系列"客家式的命题"。

而李金发与张资平,正是这一"命题"的两个方面。

张资平,早年留学日本,是我国现代文学中最著名的文学社团创造社的创始人,是"四大天王"之一,另三位是郭沫若、郁达夫与成仿吾。无论是从作品反映的社会问题,还是从所描写的对象来说,张资平的作品却是彻底地平民化了,这与他自称深受当时日本的自然主义文学思潮影响分不开,他力主的"身边小说",便是这一审美取向的反映。

作为中国现代文学史上第一部长篇小说《冲积期化石》(发表于1922年)以及众多名篇,如《梅岭之春》《苔莉》,包括茅盾极为称道的《上帝的儿女们》等,均充分表现了他的艺术价值观。时人称道:"他运用白话文的流畅程度,在当时的小说家中首推第一,不似他人文白夹杂。"换句话说，他最成功地把平民语言运用到了自己的文学创作之中。不仅语言，他的创作倾向、写实手法以及早期作品中的人道主义色彩，都与他的平民思想分不开。他之所以成为当时"海派文学"的主要代表人物，正是因为他在其作品中充分表现平民、市民当中无法摆脱的金钱压迫、情感变异这一系列"身边纠葛"。

时人批评他专写三角恋爱、写人的原始性欲冲动，这多少不够公允。当时的青年评论家李长之便提出过异议，而今，在重评张资平的作品时，徐肖楠提出称之为"情幻小说"的说法，当更切合实际。毫无疑义，张资平的小说在"五四"以来的文学作品中，其反封建、反对包办婚姻、争取自由、追求爱情，是有相当的积极意义；在揭露精神钳制至性压抑上，更是不可多得。

在当时的作家中，张资平出版作品的数量是最大的，影响也是相当大的。张爱玲在追忆其中学时代生活时曾称，张资平的小说她一本也不放过。也就是说，张爱玲后来成为名重一时的市民小说作家，则是从读张资平的小说开始的。二张即张资平、张爱玲是我国现代文学史中市民小说的开拓者。目前，研究张资平作品的进程已重新开始，人们当有新的发现与新的观点。

张资平一共出了20多部中长篇小说，在短短的七八年间，不少作品如《飞絮》《最后的幸福》更是出版再印八九次之多。除所谓"恋爱小说"之外，他也是留学生小说的开先河者。他的主要作品，一类是留学生小说，表现了"弱国子民"在海外的屈辱与对祖国的怀念；另一类是前述的小说，主要反映的是中国知识分子凄惨处境及"党国要人"的骄奢淫逸、横行霸道的内容，另外还有若干揭露日本军国主义的作品。

李金发、张资平，可以说是中国现代文学史中的一个"异数"，如何重新认识他们，到今天也不是没有争议的。但两人在文学史上却是一个不可抹杀的存在，其积极意义也是不可以低估的。

文学上有如此多姿多彩的人物，客家人在艺术上也更有卓越的表现。

他便是当代中国和世界画坛上，公推为20世纪艺术大师的林风眠。在其艺术名作中，瑰丽、斑斓的色彩，透出的哀婉、凄独，也是客家人的生命长旅中不可或缺的另一方面。

我想在此为他多着几笔。

他多舛的命运，自是郭沫若不可相比。在我得知林风眠临终前用一生最后的力量写下的四个字"我要回家"时，心不由得颤抖了。这位少年时代饮恨离家的艺术大师，在其漫长的艺术生涯中，竟未能有一次机会再度踏上故土；直至今日，他过世也已有几十年了，骨灰仍寄放在香港某道观——死后仍在漂泊之中，不得归家。

林风眠是客家人，而且就出生在被誉为"人文秀区"的梅县。客家民系，被认为是一个形而上的民系，她更重精神领域上的东西，重义而轻利，重学而轻商。精神领域中的创造，是客家人自己的本行，对此他们责无旁贷，因此，才有了林风眠这位艺术大师的出现。

我们提到他，从一开始，便要讲到"客家人自中原南迁"，讲到历史悠久，内容丰富而又独具一格的客家山歌，讲到林风眠对"具有石头精神"的祖父的怀念，尤其是讲到他的图画老师梁伯聪先生"独有的人格魅力与师长风范"……这寸寸节节，都渲染、烘托出这么一个重学敬教的古老民系的历史丰姿。同样，以开阔的胸怀，善于博取众长，敢于创新，这更是客家精神的核心。梁先生指导林风眠的一段话——你要想攀登艺术顶峰，就应该到巴黎去，那里有世界的艺术巨匠，你站在巨人的肩膀上去深造，前途才能无量——也反映了客家人不固步自封、海纳百川的大气。

林风眠去了法国巴黎，汲取了西方艺术的精华，却又在那里为名师扬西斯所引导"蓦然回首"所影响，"开始学习中国的艺术传统"。他不曾数典忘祖，而是集中西艺术之精粹，为我所用，从而在艺术上凭借自己的悟性，一下子跻身于世界美术的前列。关于这一条，吴冠中的一篇文章说得好："郎世宁的努力对中西绘画的交流确也起了早期的垫脚石作用。但他无视关键性的审美功能,他不理解东方的审美情致。他只停留在西方审美的低层次上。也许他留下了有文物价值的图画,但他忽视了中西绘画高层次的审美比较和交流。是彻悟东、西艺术精髓的林风眠,在审美领域中致全力于结合双方的优点和特点,创造了丰富的、新颖的审美境界。他是东方的,也是世界的。他的绘画语言毋须翻译,他的作品毋须注释,更不用文字题跋。他在传统绘画中以形式感的革新,鞠躬尽瘁。"这么一段话,足以概括了林风眠的艺术追求与成就,已毋须我们多着一笔了。

显然,客家人的精神,为他这一艺术追求与成就起到了酵母的作用。他的艺术始终是高层次的、属于精神世界的,绝没有媚俗的、粗鄙的、下作的成分——这在一个物欲横流、权力至上的世界中,该是多么的难能可贵。可以说,他本身便是客家精神的化身,是客家精神史上无可替代的一环、承前启后的一环,他永远是"精神贵族"中的一员——正由于这一点,他的一生才如此寂寞孤独,甚至难以为人所理解,他如同寥寂的夜空中一颗有着独自光辉的亮星,在精神上引导我们摸索与进步。

"回家"也同样是客家人一个永恒的追问。对于"处处无家处处家"的他们来说,何以为"家",家的定义又是什么呢?

应是一个抽象的"精神栖息地"么?

似乎是,又似乎不是。

谁又能作出一个明确的回答呢?

艺术家的叩问,总是这样意味深长……

令人瞩目的是,在面临民族危亡之际,客籍诗人更以超过任何一个时代的"历史群落",出现在中国的文坛上。

其中,在现代文学史上颇负盛名的太阳社,其中一位重要的诗人冯宪章(1910—1931年)就是兴宁人,他是左联的成员,并参加了左联的成立大会,1931年被捕,英勇牺牲。他写了不少荡气回肠的诗歌,如《是凛冽的海风》《三·一八》《匪徒的呐喊》《致被捕的难友》《警钟》《心坎里的微音》等，可惜才21岁便被害，未能一展诗才。

林英强（1913—1975年），也是梅县人，是20世纪30年代知名的现代派诗人。不少诗写得颇有意境，相当精美，但在时代大潮中，亦有《黎明颂》之类刚劲、向上的诗作，《侠士咏》之类悲愤的抗日救亡的呼号的作品。

侯汝华（1910—1938年），梅县人，被称为"从写古老的意象和情绪转向现代派""诗风独特，才力浑厚"。有《迷人的夜》《天和海》《没有睡眠》《静夜默坐》等现代诗，也有《水手》《单峰骆驼》等好诗。

陈江帆（1911—1970年），梅县人，亦有《灯》《南方的街》《恋女》《荔园的主人》《夏的园林》《秧尖绣的海》《深巷》《穷巷》等优秀的诗作。

与他们齐名的一位李心若（1912—1982年）同是梅县人，"既写现代派眼中的农村，也写大城市的感觉和迷乱"，有《失业者》《夜风》《珠空》《我的眼》等诗作。当提出来的，还有如柳木下、白鸥等一批客籍诗人。

此期间，蒲风与温流，当是现实主义诗歌中的佼佼者，在中国文学史上留下了光辉的一页。

蒲风（1911—1942年），也是梅县人。大革命失败后，他被迫流亡印尼，30年代回到上海，1938年投笔从戎，参加了新四军。

《茫茫夜》是他的第一本诗集，内有他自1928年到1933年写的25首诗，全是在面对血与火的现实后写下的。长诗《六月流火》是他的代表作，1935年在东京出版，写的是火红的六月，稻子熟了，农民为反抗白军的"围剿"揭竿而起。诗中讴歌：

> 铁流哟，如今，翻过高山，流过大地的胸脯，
> 铁的旋风卷起了塞北沙土！
> 铁流哟，逆暑披风，

> 无限的艰难，无限的险阻！
> 咽下更多数量的苦楚里的愤怒，
> 铁流的到处哟，建造起铁的基础！

诗歌歌颂了长征的伟大壮举，预示出长征必胜的光明前景，震撼人心，激起斗志。如蒲风所说，这首长诗是"在中国它尚未有足供前车的姊妹"的情况下写的。

全诗24章1800行，是中国新诗中第一首最长的抒情叙事诗。

后来，他还写有《钢铁的歌唱》《第一颗子弹》《我迎着暴风雨》《武装田地山河》《抗战三部曲》等，另外，在艺术探索上，如《可怜虫》《景暗的角落》也分外引人注目。

温流（1912—1937年），也是梅县人。1936年，他出版了第一部诗集《我们的堡》，接着又出版了《最后的吼声》。他的诗，描写了下层人民的悲苦生活，讴歌了抗日救亡的爱国精神。如果说，蒲风以粗犷率直出名，他则以细腻委婉见长。不过，《最后的吼声》亦一样悲壮，其中的《青纱帐》，是用"十万支枪""廿万支枪"组成：

> 青纱帐，
> 新的青纱帐！
> 咱们钢的城墙！
> 守住咱们的土地，
> 守住咱们的家乡，
> 咱们要用血、用肉，
> 让它长坚久，久长；
> 它，新的青纱帐，
> 永久不会倒下，
> 永久伴着咱们冲锋、打仗！

可惜这位才华横溢的诗人英年早逝。

也有不是艺术家亦非诗人的客家人，在面临困厄，乃至于死亡面前，一样慷慨悲歌、豪气干云的。

这便是抗日名将叶挺。

他的《囚歌》是妇孺皆知的，谁说武夫不能唱吟豪迈歌！

> 为人进出的门紧锁着，
> 为狗爬出的洞敞开着，
> 一个声音高叫着：
> 爬出来吧，给你自由！
> 我渴望着自由，
> 但也深知道——
> 人的躯体那能由狗的洞子爬出！
> 我只能期望着，
> 那一天——
> 地下的火冲腾，
> 把这活棺材和我一齐烧掉，
> 我应该在烈火与热血中得到永生。

叶挺

叶挺将军的这首《囚歌》，至今读来，仍觉正义凛然、荡气回肠！

那里面表现的是高尚的人格、自由的精神和不屈的气节！那里面又何尝没有英雄主义和浪漫主义的豪气！

这便是诗！客家人精神的诗篇！

客家人身上所具有的自由放达、特立独行的精神特质，是在千年与万里的时空中淬炼出来的。万里辗转的迁徙史，决定了客家人没有任何外援和依靠，也绝不奢望外援与依靠，一切，都得依靠自立、自主、自为和自强。客家人别无选择，只能一往无前，哪怕遇到波涛汹涌的大海，也决不望而却步，而是奋不顾身，扬帆出海！

就这样，在历史的风雨中，特立独行的客家人，朝着理想的目标，百折不挠、义无反顾地走下去！

帆济五洋：
大山中的侨乡之谜

中国的第一侨乡，当是江门市，也就是当今所称的"五邑"——广东江门新会、恩平、开平、台山与鹤山，过去亦有"四邑"之称，即前边四个县。我参加过广东华侨博物馆的设计与布展，该博物馆就设在江门市，那里有著名的院士广场，数十位院士的雕塑齐聚于此。我说"数十位"，是因为其数量同样"与日俱增"，不敢用个固定的数字。梁启超是新会人，他是戊戌变法的主帅，文化大师。他的孩子中有三位成为院士，其雕塑自然在其中。因为明清十三行于广东之故，现代科学较早在这里勃发，院士之多，正出于此。中国飞机之父冯如、铁路之父詹天佑，都是在这里出生、成长起来的，外出的人多了，华侨就多了，诸如台山，海外的台山人有100多万，比本土的台山人还多。整个江门，华侨与本土的人数几乎是一比一，不用问数字，只要知道遍及开平的上千座碉楼便知这一事实。它中西合璧的建筑形式震惊全球，比客家土楼还早几年列入了联合国的历史文化遗产名录当中。

中国的侨乡——江门、潮汕及闽南，自然都在沿海地带，它们就在南中国海北部，自古舟楫发达，百舸争出，去海外发展、经商、传艺、务工，几千年不曾辍止，由此也带动了东南沿海令人咋舌的经济。改革开放，东南沿海的经济更不让人后。

然而，远离海滨，在深山老林里，同样也出现了一个侨乡，而且达数百万之众，这就匪夷所思了。

客家侨乡之谜由此而来。

坦率说，早些年间，我在做十三行的研究时，并没有把客家商人考虑在内。作为十三行行商的后裔，自是深受周围环境的影响，认为这仅仅是广府人与福建人（福佬）惨淡经营的事业。当然，十三行的历史意义，在于在那样一个大航海时代，中国行商所拥有的气魄，所具有的历史能量——不仅仅指令人咋舌的财富。尽管清廷允诺广州"一口通商"，但仍制订了中国商船大小尺寸的限制，让中国商船造得很小，无法出洋"通夷"，可他们却敢背着清朝政府，买下欧美的大帆船的股份，成了不少"外船"最大的股东，争取最大的利润。他们不仅仅是海上贸易的商业巨子，而且同样是国际金融业的巨子。他们买下美国等多国的国债，还投资横贯美国东西部的太平洋铁路与其他大工程……十三行鼎盛之际，中国的GDP在全世界占32.4%，近三分

● 松口

之一，比今天美国的GDP占世界的比例要大得多。"通商裕国"这一理念，正是与十三行同时产生的。

只是，我一直没与客家联系到一起。

直到近年，我才在浩瀚的资料中发现，十三行商人，不仅仅有广府人、福建人，也同样有骆姓的客家人，甚至有当时的"官商"及满族人。

不过，我仍纳闷，远在粤东山区的客家人何以会出现在十三行商人的行列中呢？

当年，在《客商》一书中，我曾这么写过：

> 我正在做"十三行商人"的研究，曾富可敌国、名列当时世界首富的十三行商人，却是在鸦片战争之后，立时败灭，不是破产倒闭、便是流放充军，但更重要的原因，则在于"五口通商"，以及上海、香港的开埠。无独有偶，驰名全国的晋商、徽商，也几乎同时走向了没落，晋商的没落，是因为威名赫赫的山西票号，无法与现代的商业银行相抗衡。咸丰七年，英商麦加利银行设分行于上海，票号也罢、钱庄也罢，统统寿终正寝了。而徽商的衰亡，一说是缘起于陶澎在两淮实行的"改纲为票"，令暴富的盐商（徽商的主干）纷纷破产；二说则因太平天国于徽州与清军打拉锯战，兵荒马乱，徽商自身难保。然而，被称之为"红顶商人"的胡雪岩，作为徽商最得意的人物，恰巧在乱世中如鱼得水，聚财千万，名满天下，直至1883年才步入穷途，沦为钦犯，抄没家产，未得善终。其以"官商"发迹，亦以"官没"而终了，其荣其衰，恐怕与十三行商人财灭的主要原因之一即亦官亦商分不开。
>
> 故清朝中、末叶著名思想家郑观应断言，官非但不能护商，而只能害商。也许，正是有这么一位思想先导，粤商在晋商、徽商陆续败灭之际，不仅把持住自己，还能及时转变观念，由"红顶商人"向民营转换，适应历史潮流，继续在商海中充当弄潮

儿，从而一直经清末、民国，发展兴盛起来。

　　一说粤商，人们大都知道是广商，还有潮商。潮商，大抵与闽商不分彼此，因为潮人一般被视为"福佬"，本也是福建过来的。名闻天下的十三行商人，便是由广商与闽商组成，闽商其实有相当一部分为潮人。其时，没有客家商人——他们后来才成为粤商三大组成部分之一，因此十三行走向衰亡时，客家人，作为整个民系还没有真正崛起，世人知道客家，大都是因为太平天国，而太平天国兴起时，十三行早已烟飞灰灭十多年了。后起的客家人跻身于商界，并不为人看好，毕竟他们农耕文化色彩更重一些，且历来有重文轻商的顶尖人物，竟全是客家人，而且是由"红顶商人"过来的。客家人重视仕途，"红顶"不足为怪，可经商能摘冠，却未必让人相信。然而，近人在《十大商帮》等书中，拿出来作为粤商的第一号代表人物，不是广商，也不是潮商，却是地地道道的客商。这个人，便是张弼士，他先是靠诚信，勤俭创业，从当帮工开始，开商行，办矿业，成为粤商首屈一指的巨商，而后，亦商亦官，入仕途，先后任清廷驻槟榔屿（这是客家人在海外最早的聚居地之一）领事、新加坡总领事等职。他先后投资兴办粤汉铁路、广三铁路，特别是创办了山东烟台张裕酿酒公司，成为了"中国葡萄酒之父"。

　　这段文字，显然带有某种武断，虽然后边仍讲到，后来作为粤商的翘楚，不是别人，却恰好是客家人，是大埔出去的张弼士。虽然他是"红顶商人"——这对客家人来说，不足为怪，因为重仕途是他们的传统，"可

● 信丰玉带桥

经商能摘冠,却未必让人相信",可张弼士"亦官亦商",最后,仍回归为民商,则是历史的真实。

毋庸置疑,张弼士同样是来自粤东山区。而粤东山区成为侨乡,则应在他"出山"之前。这一点对我而言也仍是个谜:是怎样的历史原因,让这样一个深藏在客家腹地的山区,居然会同沿海的三邑(南番顺)、五邑(今江门所属县)一样,成为南方著名的侨乡呢?海边的县市成为侨乡,这顺理成章;可山区成为侨乡,则匪夷所思了。

幸好不久,在研究十三行的"前史"时,我终于又有了一个重大的"发现",那便是明清之际,在粤东山区"沉积"了不少"海匪"或"海盗"。

的确,长期以来我一直纳闷,以"耕山"著称、稻作文化兴盛的客家人为何在远离滨海的山区——梅州,发展出了一个有300万海外华人华侨、可与珠江三角洲上的五邑媲美的侨乡。在主编《客商》一书之际,黄启臣教授专门为这部书写了"明清梅州客商"一章,其中提到,早在明朝嘉靖年间,程乡(今梅州)就有商人林朝曦等人,与饶平的张琏结盟,自号"飞龙主人",先后在粤闽交界经商。万历年初,林、张二人更到三佛齐岛贸易,列为番舶长。

而这仅仅是个案。

这回,却在光绪《漳州府志》中读到:

> 中丞阮鹗帅兵讨倭,倭走南澳,乱民从倭者,集梅岭,从万家。众议往屠之……中丞曰:其在浙、直为贼,还梅岭则民也。奈何毕歼之。

我不由得大吃一惊,"集梅岭,从万家",是何等规模。

这终于消释了我心中的疑团。因为凭此,已不难解释梅州今日为何会成为著名侨乡的历史原因了。

原来,我还认为十三行行商只是广、潮(闽)人,后来又听说有骆姓的客家人,但始终将信将疑,现在看来,应该不存疑义了。

须说明的是,如我们解决了"亦盗亦商"的问题,便能明白,为何中丞认为"倭"为"还梅岭则民也",不可以"贼""盗"讨之。而这里所说的"梅岭",则是指粤东至粤北一带,并非梅关古道那一段。

可见,"集梅岭,从万家"指的就是重返那里的客家商人在嘉靖、万历年间,客商活动于粤闽交界处,后来更至三佛齐岛(马来半岛)做海上贸易,甚至当上了番人的舰长——这与后来十三行行商当外轮的大股东已经太接近了。

所谓的"海盗",在历史上常常是海商。因为,一开海,盗即为商;一禁海,商亦为盗。二者身份之变换,在于"开"与"禁"。众所周知,自从元朝首开了禁海的恶劣先例之后,明、清二朝,时而开海、时而禁海,反复了不知多少次。既有郑和"七下西洋"的辉煌,又有清初禁海"内迁五十里"导致数以百万计的海民背井离乡、死难无数的惨绝人寰的大悲剧。

而郑芝龙、郑成功建立的"金厦帝国"商贸基地,正是在这反复的开与禁中形成的。这个基地,货殖五洋,富甲天下,并凭此一举收复了为荷兰人所侵占的台湾。当时郑芝龙的称呼,便是"郑　官",与后来在十三行中称行商为"潘启官""谭康官"是一致的,这应是闽南人的叫法,但十三行就沿袭了这一称谓,可见,金厦帝国与十三行分明有某种联系,而且同是对外贸易的基地。

就在郑成功的队伍中,有着约三分之一的客家人。那队伍中著名的副将刘国轩,就是客家人。

因此,当郑成功失败后,他的部下,尤其是大量的士兵潜回内地,沉积到了粤东山区,势在必然。

而且,在郑氏之前,活跃在东南沿海的海商——海盗,就有林凤等一批客家人——也就是说,最迟在明代,客家人在海上经商也已经非常活跃了——而这,与客家族群形成的两宋相去并不太远,只隔了一个只存在不到一个世纪的元朝。

而客家人大规模涌进粤东,则在明朝。我们从黄启臣整理出的

"明清部分客家帮商人列表"中亦可以看到，还在十六世纪初、中期，明嘉靖年间，就有好几位"经商闽粤沿海"的、来自大埔、梅县的著名客商：林朝曦、萧雪峰、罗袍……

我们甚至可以发现，康乾嘉年间，罗芳伯、丘燮亭、姚德胜、吴德馨、陈振勋等客家人已在加里曼丹、巴达维亚（今雅加达）、爪哇、马来亚（今马来西亚）等地经商。这与十三行时期，可以说是完全同步的。

而后，便是张弼士这一代，从清末衔接到民国。

追根溯源，客家地区成为侨乡，固然有种种机缘，如前所述的郑成功的部属流散至梅岭等，但从历史长远的目光来看，这更与客家人血液中在千年大迁徙里凝结下来的漂泊基因是分不开的。

他们从中原，到闽粤赣的大本营，并没人停下自己的脚步。

一枝散五叶，有辗转广西、湖南的，更有抵达云、贵、川的，还有渡海上台湾的。如今这每一个省份，都有上百万之众的客家人。

面对大海，多少人望而却步，以为是世界的尽头。

然而，客家人并不曾止步，而是视大海为更广阔的世界，升起了生命的风帆，走向了整个世界。

东南亚，尤其是印度尼西亚，还有马来西亚、新加坡、泰国等，有近千万的客家人。

他们还远涉重洋，到了南亚，到了欧洲，更到了大洋洲，特别是北美、拉丁美洲。

"凡是有咸水的地方就有客家人。"

以写长篇巨制著名的美国作家詹姆斯·米切纳，更在其经典之作，上下两卷本的《夏威夷》中，浓笔重彩地描绘了客家人开发这个太平洋中心若珍珠一般美丽的宝岛。

大海，为客家侨乡扬起举天的白浪！

冲天一啸：
"硬颈"精神之谜

> 将军一叱人马惊，
> 从而往者五千人。
> 五千人马排墙进，
> 绵绵延延相击应。
> 轰雷巨炮欲发声，
> 既戟交胸刀在颈。
> 敌军披靡鼓声死，
> 万头窜窜纷如蚁。
> 十荡十决无当前，
> 一日横驰三百里……

一首《冯将军歌》读下来，你会立时荡气回肠、锐志无比——这位冯将军的英武、胆魄，教入侵者闻风丧胆、魂飞魄散。

写的人与被写的人，都是客家人。这位冯将军，便是著名的抗法英雄冯子材；而写诗的，则是大诗人黄遵宪。当时，法国侵略者大兵压境，广西巡抚潘鼎新望风而逃，放弃了谅山，逃进了镇南关。法军长驱直入广西。已经70

岁高龄的老将冯子材临危受命，亲赴前线，收集溃部。于光绪十一年二月（1885年3月）在镇南关外，与法国侵略者短兵相接。骄横的法军没有料到中国军队会如此勇猛，被歼千余人，仓皇后撤，把谅山也丢了。这次败绩，导致发动侵华战争的茹尔·费里的内阁倒台。闻此，黄遵宪极为振奋，即席赋诗，诗末更有：

得如将军十数人，

制挺能挞虎狼秦；

能兴灭国柔强邻，

呜呼安得如将军！

仿佛是黄遵宪的一声召唤，在这之后，所涌现的客家将军又何止十数人。在短短的半个世纪中，他们横刀立马，叱咤风云，在中国十九、二十世纪中，迭立奇勋、彪形炳赫，成为这一段历史中的最夺目的亮点！

是呀，在过去，客家人只是以诗书传家著称，文人骚客出得多，尚不足为奇。为何骤然之间，出现了那么多的革命家、军事家、领袖人物与将军呢？

由文入武，是怎样一种历史转换？

● 陈寅恪墓

于是，又一个客家文化之谜被推到了我们的面前——

来自中原的文化薪火，在客家人手中代代传承。客家人同中华民族的所有优秀儿女一样，以天下为己任，赤胆忠心、热血报国。他们在国家和民族遭到危难的时候，毅然挺身而出，用生命谱写人间的正气歌。从文天祥到袁崇焕，从抗法援越的刘永福、冯子材到抗倭保台的丘逢甲，在他们身上充分表现出强烈的民族意识、高昂的民族自豪感和民族自尊心。

还有洪秀全，太平天国天王；孙中山，辛亥革命元勋；抗日战争、新民主主义中客家名人更如恒河沙数……

历史学家曾震惊于这一现象：中国近现代史上三次重大的革命运动，也就是太平天国起义、辛亥革命和新民主主义革命，都和客家人有着莫大的关系。大量的客家人在这100多年的政治历史舞台上，成为重要角色，深刻地影响着中国历史的进程。

客家人，在千年的辗转和磨难，在千年的等待和积蓄后，终于冲天一啸，在中国近现代史上，用如椽之笔写下光辉灿烂的一页！

的确，客家民系在闽粤赣山区形成之后，正好又处于中国近现代一个重要的发展阶段。在这个阶段里，中华民族多灾多难，而客家民系由于它的特殊的历史和特殊的社会环境，造成了它的一种特殊性格。到海外的客家人，固然是为了出去谋生，但是当时的条件又造成了他们可以把海外的一些民主思想、科学思想带回客家住地。这些民主思想、科学思想跟客家人所固有的一种文化传统相结合，使得客家人传统的民族意识、爱国精神，与求进取、求发展的这样一种需要紧密地结合在一起，在中国近现代史上就扮演了引人注目的非常重要的角色。

他们就这么"应运而生"！

鸦片战争掀开了中国近代史。广东是鸦片战争的前沿阵地，这场战争的揭开和客家人直接参与的两次运动有着直接的关系。

深圳龙岗区的大鹏镇历史上是客家人居住地，清政府为加强海关防卫在那里增置了卫所。道光十九年（1839年），大鹏所城的将士奋起反击英国殖民侵略军，城郊的三元里人民自发组织起来围歼殖民入侵者。率先举事的是在当地以打石头谋生的五华籍客家石匠，这批血性汉子用榔头和铁钎唤起四乡八寨的人民起来反抗。而平英团的领头人王韶光，正是来自梅县的客家人。

原广州花县，今天的花都区，仍保留有洪秀全故居、半月塘、桌椅、洪秀全手植的龙眼树、书房阁。借此，建立了洪秀全纪念馆。太平天国革命的领袖洪秀全，正是从这个客家小山村里——广东花都市官禄村，走上历史舞台的。他接受了西方宗教思想，创立了"拜上帝会"，利用传教形式进行革命宣传活动。咸丰元年（1851年），太平天国起义爆发，起义大军很快便攻占武汉，定都南京，和清政府分庭抗礼，极大地动摇了封建社会的基础。

太平天国提倡"天下平等"的思想和"平均地权"的革命主张，并且兴"女兵"，开女科，一系列革命举措惊世骇俗。

太平天国革命是以两广客家人为领袖和骨干的。起义时的三千主力和重要将领都是客家人，以致清军在镇压太平天国后，认为太平军是"兴于嘉应，灭于嘉应"。外国人更称之为"客家人的革命"。因为太平天国革命，客家民系终于为世界瞩目。客家人冲天一啸，震惊了整个中国乃至整个世界！

根据现存的资料来看，太平天国在中国近代史的过程当中，起了重要的作用。从太平天国的历史来看，从太平天国的酝酿到组织拜上帝会，一直到起义，建立政权来看，它的主要领导人大部分都是客家

● 洪秀全

人，五大基地的群众很多也是客家人。

可以说，这是客家人作为一个族群、一个民系，第一次在中国与世界上引起了关注——一次辉煌的"亮相"！

太平天国引发的历史震撼，并不因为它的失败而消失……

洪秀全逝世的两年后，孙中山先生诞生在广东香山县翠亨村一个客家家庭。和历史上所有的革命造反者不同，孙中山先生不仅接受了中国传统文化的教育，从小抱有救国救民的伟大理想，还接受了西方的科学知识教育，接受了西方资产阶级民主思想，矢志把中国改造成为富强民主的国家。

这位以"洪秀全第二"自勉的伟大的民主革命先行者年少学医，他不仅救人，更要救国。他长期致力于革命的组织和宣传工作，先后组建了兴中会和同盟会。为了革命，他一生奔走于海内外，唤醒民众，并组织多次武装起义。

● 孙中山

1911年，辛亥革命终于推翻了清朝统治，结束了中国延续了两千多年的封建帝制，孙中山先生就任中华民国临时大总统。

"天下为公"，这是孙中山先生一生的写照，也是让后人仰止的思想高峰。

在中国近现代史上，很多客家人或者客籍人，他们成为优秀的人物，并成为一种新的思潮和一种新的运动的标志，或者严格地说起来，是成为旗手、旗帜。孙中山12岁到国外学习，后来回到故乡，继续学习，他是真正受过欧洲式教育的人，他成为当时罕见的向西方学习的最伟大的代表。

无疑，客家人的秉性——好学、好强，对他投身革命不惜赴汤蹈火起到了关键作用！

自然，众多的客家人追随而来了！在孙中山先生身边，始终围绕着一批革命意志坚定、屡创奇勋的客籍革命家和将领。

辛亥革命前期，追随孙中山参加组织、宣传发动工作的就有客家青年谢逸桥兄弟、廖仲恺、胡汉民等人。1905年，同盟会在日本东京成立的时候，有30名客籍华侨参加，人数为广东之冠，而同盟会领导核心成员近一半是客家人。

武昌起义后，广东同盟会迅速成立以客家青年为主体的新军，北上声援。北伐军三战三捷，对于推翻清朝、建立民国，功不可没。这支北伐军的总司令，便是广东平远的客家人姚雨平！

辛亥革命之后，一批客籍政治家、将领继续追随孙中山先生革命，反辟帝制、反军阀割据，成为民主革命的中坚。

1911年3月，孙中山革命党决定在广州起义，并且组织了800名敢死队员，大批客家勇士踊跃参加，仅梅县松口体育会就选送了30人。起义不幸失败了，七十二烈士血染黄花岗。在长长的烈士名单中，已经确认的客家子弟占了三分之一。

● 黄花岗

> 卷土未忘东子弟,
> 置身应拥汉旌旗。
> 元龙豪气今无恙,
> 忍看龙蛇上陆时。

姚雨平用这首诗痛悼死难的客家英雄。碧血黄花,客家英魂永在,浩气长存!

与黄花岗相隔不过数里之遥的红花岗同样铭刻着四位客家好男儿的英雄壮举。

广州新军起义前,为激励革命同志的斗志,华侨青年温生才孤身刺杀在广州的清军将领,一击未中,慷慨就义。临刑前他大喊:"快死快生,再来击贼!"悲壮豪情,令人血脉偾张!在温生才的感召下,又有三位客籍青年先后参与了英勇无畏的刺杀行动。他们用鲜血和生命,展示了客家人身上的义烈遗风。

孙中山先生曾为"建国粤军烈士墓"题字"建国成仁"。这四个字,不仅是对烈士的哀悼,更是对烈士的礼赞!

这一大批客家人是抱着自己的这个理想——为实现平等的社会,为实现一个民主共和国,去追随革命。他们默默地为民主共和国的成立、为革命的成功奉献了自己的一切。从这一点来看,客家人对中国革命的历史贡献是不可磨灭的,值得我们进一步深入去研究,去发扬光大的。

辛亥革命如此,随之而来的土地革命,客家人照旧义不旋踵!

一般人大都不会想到土地革命运动大多发生在赣闽粤交界的客家聚居地,革命大本营的红色苏区正是客家人的家园——宁都、兴国、瑞金、长汀、武平、石城等,如今处处可见当年红军留下的印记。

历史为我们幸运地保存下来这些珍贵的革命遗址。这些毫不起眼的客家民居、宗族祠堂,今天看来是何其宁静,然而,半个多世纪以前,这里到处插满了革命的红旗。无数的客家儿女和来自各地的革命同志一道,在这片土地上浴血奋战、前仆后继,用鲜血和生命描绘着民主共和国最初的蓝图。

又何止是客家大本营如此呢？红色苏区的"朱毛"亦是如此。"朱"，便是朱德，来自四川的一位已"功成名就"的将领。

朱德，出生于四川省仪陇县马鞍场一个贫苦的客家农民家族。他的祖先，是"湖广填四川"时，从广东韶关迁移到这里的。

1922年，朱德离开云南，到上海、北京等地去寻求救国救民的方向和道路。他在上海乘船赴德国留学。在欧洲，他高兴地接受了马克思主义，经周恩来介绍，加入了中国共产党。20世纪20年代到国外留学，追求革命真理的大多是热血青年学生，而那时，朱德已35岁了，并且由于在讨袁护法战争中军功彪炳，他已经成为滇军著名的将领，荣华富贵，权重一方。但是，为了真正实现救国救民的理想，他毅然抛弃掉多少人梦寐以求的高官厚禄、荣华富贵。

从此，他的一生就和枪林弹雨、呕心沥血的革命斗争联系在一起，和一个伟大的时代联系在一起，一刻也没有分开过。朱德和他的革命战友毛泽东、周恩来等共产党人一道，再度谱写了中国历史上"天下为公"崭新篇章！

以天下为公，有了这样的精神境界，什么样的荣华富贵不能抛弃？又有什么样的挫折磨难不能克服呢？

在中国共产党领导的新民主主义革命运动中，投身革命浴血疆场的客家儿女成千上万。震惊天下的秋收起义、平江起义、黄麻起义的地方，居住着许多客家人。有多少客家儿女拿起梭镖和大刀参加了起义，现在已无法统计出准确的数字了。许多人九死一生、功勋卓著、威名显赫，而更多的人却以身殉国、默默无闻，他们的名字已湮没在历史的烟尘中……

据不完全统计，闽西地区为土地革命捐躯并且已经追认为烈士的有23 706人，而无名英雄还有多少啊！

在紫金县，有一块著名的"血田"。3 000多参加革命的客家儿女先后牺牲在这块面积仅仅只有八分大的田地里。3 000多人的血灌满了八分地,这是怎样的一种分量!为了革命,客家先烈付出了多少鲜血,令人难以想象!

在闽西,共产党将军就有68人,其中,上杭县有个"将军乡"叫才溪乡,有"九军十八师"之誉。

而赣南的兴国县更是被称为"将军县"。兴国县产生了共产党的将军54位,还有国民党的将军27位。

据说,改革开放后,一位兴国县籍的国民党将军,回到家乡了解到这两个数字以后,幽默地说:"是啊,国民党打不过共产党嘛,这一点也不奇怪,连将军都相差一倍嘛。"

这仅仅是一个缩影。一部现代革命史,客家人可谓群星灿烂,英雄辈出。

同样,在反抗外来侵略、抗击法西斯的斗争中,客家人也当仁不让!淞沪抗战,客家将士浴血奋战,打得非常英勇。加上自《马关条约》签订以后,日本占领台湾期间,起来反抗日本占领的客家人也很多很多。因此,引起日本方面极大注意,在1937年左右,日本军部队情报部门还专门发了一个内部的情报资料,提供给他们的侵华日军,提醒要注意客家人的问题。

所以,侵略军一旦得知前边是客属地,势必退避三舍。

抗日战争爆发后,为了民族的共同利益,国共两党联合抗日。全国人民携手并肩、同仇敌忾、共同杀敌。客家儿女奋勇杀敌的英勇身姿活跃在前方和后方的各个战场。国共两党抗日将领中有许多是客籍的,他们功勋卓著,为抗战胜利立下了汗马功劳。

仅仅是梅州,就出现了一大批抗日民族英雄。他们出生入死,驰骋疆场,这里,说一下淞沪战役中的"客家三杰"。

人们不会忘记坚守四行仓库的八百壮士——这是抗战初期最振奋人心也是最悲壮的一页!而率领八百壮士浴血坚守的,便是来自梅州蕉岭的客家子弟——谢晋元!

谢晋元是黄埔军校四期的学生,毕业后,即参加了北伐,数度负伤。1937年初,谢晋元已是国民革命军第八十八师二六二旅旅部中校参谋主任,他被调至无锡,准备抵抗日寇入侵。"七七事变"后,该旅各团开到了上海。

"八一三"淞沪抗战旋即打响。日寇狂叫:"三天占领上海,三个月内灭亡中国。"我军顽强抵抗,与敌军进行反复的拉锯战,击沉敌军战舰,歼敌数万……终因敌军占有海空优势,我军付出了巨大牺牲,不得不全线撤退。

为了引起国际舆论对中国的关注和声援,第八十八师受统帅部命令,要选派一位果敢的军官,率一支小部队坚守据点,并担任掩护。这一重任,落在了谢晋元肩上。

谢晋元率领五二四团一营,坚守在四行仓库。他命令各连清点人数,造好名册,牺牲后好按名册上报——八百壮士便是由此得名的。谢晋元还亲自组织了一支敢死队。在大军压境下,他们与敌激战,仅第一天战斗,便歼敌八十多名。

与四行仓库仅一桥之隔,便是英租界。其时,日英并未宣战,租界英军见八百壮士孤军死守,身处绝境,提出,只要我军卸下武装,便可退入租界,可确保人身安全。但谢晋元断然拒绝,称:"我们是中国军人,宁愿战死在闸北这块土地之内,也决不放弃杀敌责任。"又说:"我们的魂可以离开我们的身,枪不能离开我们的手。没有命令,死也不退。"

一个四行仓库,由此轰动了整个世界——全球报纸与电台,纷纷报道,一次又一次打退日寇的进攻,不少战士与敌人同归于尽。敌军最后竟惨无人道地用平射炮猛轰仓库,一秒一发,并且浇上汽油,使四周成为一片火海,最后还发射了毒瓦斯弹……日寇宣称:"将不顾一切后果,采取极端手段,对付中国守军。"

由于四行仓库不远,有两只巨大的煤气储气罐,一旦中弹,半个上海将飞到天上。公共租界当局恐惧万分,向中国政府施加压力。八百壮士,以弹丸之地,抗击日军数万之众,并毙敌二百余,激战四昼夜，已是战争史上的奇迹了。何香凝专程赶到苏州河南岸遥望致意："你们每一个人，都已充满了孙总理和廖党代表的革命精神、牺牲精神。殉国的将士将因为你们而愈伟大；前线的将士，将因为你们而愈英勇；全国同胞，将因为你们而愈加团结；国际人士，也将因为你们而能主张正义了。"来自上峰的致函更称："诸同志能服从命令，死守据点，誓与闸北共存亡，此种正义不拔、临危受命之精神，余与全军将士同致无上之敬意。此役杀敌致果，实开震天动地之历史伟绩，我黄帝兆亿子孙，全世界千百万后世人，必以血诚读此史页。"

租界英军司令史摩莱少将也说："我们都是经历过欧战的军人，但我从来没有看到过比中国'敢死队员'最后保卫闸北更英勇、更壮烈的事了。"

八百壮士奉命撤入租界，原定过沪西返回部队参加战斗，谁知租界当局食言，竟将他们解除了武装，并将他们羁留在一块15亩的空地上，以铁丝网围困。纵然情势险恶，谢晋元仍顽强抗争，不坠斗志，在又坚持了三年多的斗争后，竟被汪伪收买的奸细刺杀，死于1941年4月24日晨6时，年仅37岁。闻讯，在日伪高压下，从上海前往吊唁者仍达30万之众。时至今日，《八百壮士》的电影，仍在海峡两岸热放。

上海如今仍有晋元路、晋元中学，四行仓库旧址亦立碑纪念，晋元中学内亦有谢晋元的雕像，中国人民永远怀念这位爱国志士！

另一位客籍将军黄梅兴，也是在淞沪抗战中英勇捐躯的。他是黄埔军校一期的学生，参加过讨伐陈炯明的东征。由于他两次东征，作战英勇，晋升为营长，旋即又参加了北伐，在激战中负伤。

1932年的上海"一·二八"淞沪抗战，他亦与蔡廷锴部配合，重创日军，从而晋升为旅长。1937年上海"八一三"这天，他在上海江湾大场一带布防，亲率二六四旅三个团奋起抗击日寇入侵。他身先士卒，率部连续攻破了日军10多个堡垒。14日，他率部冲到八字桥，由于日军炮火密集，加上近百架飞机狂轰滥炸，不幸身中炸弹，为国捐躯，年仅41岁。他是淞沪抗战中第一位殉国的中国将领。

第二天，他的妻子赖伴梅写了一副挽帐：

马革裹尸还，是男儿得意收场，可怜母殁半年，瞑目尚多身后事；

鹃声啼血尽，恸夫子招魂不返，最苦孤生匝月，伤心犹剩未亡人。

好一对英雄客家儿女，男子死得壮烈，女子写得也壮烈！

其故乡平远城镇中学，如今一直叫梅青中学——梅，是黄梅兴，青，则是另一位客家烈士姚子青。两人同是平远老乡。

姚子青是黄埔军校六期生，参加过北伐。"八一三"淞沪抗战爆发，黄梅兴血染疆场，旋即，8月下旬，姚子青亦率部开赴上海前线。

姚部守卫大上海的重要防线——吴淞江口的宝山县，那里东西北三面临海，地势险要。自8月28日始，日机、日舰不断对宝山狂轰滥炸，全城化为焦土。9月3日，日寇登陆部队，以飞机、大炮为掩护，大举进攻。姚子青部队迎头痛击，血战一天一夜，毙敌200多人。9月5日凌晨，日寇30艘军舰汇集吴淞口，配合敌机，猛轰宝山城；又用20余辆战车，掩护2 000余步兵再度发动进攻。顿时，宝山全城成了火海。守军本可从西门撤出，但姚子青誓与阵地共存亡，纵然城墙已轰塌，他们不惜与敌人展开搏战，击退了日军一次又一次进攻。

就这样，连续两天两夜，血光冲天，日军从城东南蜂拥而入，姚子青率余下的20余人，作了最后一搏，坚持到最后只剩一人一枪一弹。

宝山陷落，姚子青营六百壮士无一生还，震惊了中外……其时，姚子青仅28岁。

海外客籍华侨在爱国上从不落后于人，从辛亥革命到抗日战争，他们前仆后继，爱国热情和爱国行为感昭日月！

在"卢沟桥事变"发生之前，日军的侵略就已经激起了华侨的公愤了。海外华侨一向具有爱国的传统，祖国遭到侵略以后，海外的华侨都有钱出钱，有力出力，买飞机大炮打击日本，客籍华侨劳工纷纷捐款，其中很多都是梅县的华侨，丙村西门寨人，大平堡云贵村人……这都是客家华侨,不管力量大小,他们作为出去的劳工,都比较辛苦,仍一样捐出自己的一点一点地积累起来的血汗所得,将血汗所得全都寄回来献给国家。

客籍侨领胡文虎和陈嘉庚一道,带动起海外华侨捐资热潮,广大华侨争先恐后购买公债券、购买飞机大炮,竭己所能,支持祖国的抗战事业,极大地鼓舞了祖国人民抗战必胜的信心。海外游子的报国激情,直到今天,仍然可以强烈感受到!

历史已经远去了,但是,客家民系所具有的革命传统和革命精神——那种中华民族捍卫尊严、不甘欺辱、敢于牺牲的精神,并没有远去!

客家人,总是受命于危难之际,力挽狂澜——

叶剑英1897年出生于广东省梅县雁洋堡。他年轻时即投身革命,接受了马克思主义学说,成为坚定的革命党人。中国现代革命史上,处处都留下他的身影:黄埔军校、北伐战争、南昌起义、广州起义、长征路上、延安窑洞、西安事变、抗日战争、重庆谈判、解放战场……他功勋盖世,成为中华人民共和国的开国元勋之一。

他毕生追求真理、服从真理、坚持真理,他高风亮节、忠心赤胆,多次在革命遭受危难的紧急关头,挽救了革命,为国家和民族做出了杰出贡献。在长征途中,是他在得知张国焘妄图另立中央、分裂红军的消息后,及时把消息告诉了毛泽东,使中央红军得以顺利北上,脱离险境。

1976年,在"四人帮"妄图篡党窃国的关键时刻,又是叶剑英和其他同志一道,英明果断,一举粉碎了"四人帮"集团,结束了中华民族长达十年的"文化大革命"的噩梦。

中国历史由此进入了一个新的时期。

叶剑英又是一位才华横溢的诗人。"八十毋劳论废兴,长征接力有来人。"他的诗,表达了毕生献身于人民解放事业的老一辈革命家坚定的信念与宽阔的胸怀。

小个子的客家人胡耀邦，在中国20世纪七八十年代短短的几年间，曾做出了多少名留青史、惊世骇俗的"出格"的事情，这些，已经有不少书及文章都写过了。

　　然而，他身处逆境，奋起抗命的经历，却更集中地体现出他作为客家人的本色。

　　在1964年12月1日至1965年6月20日，胡耀邦在陕西省担任第一书记，他任第一书记的时间仅半年零20天，即200天。为什么如此"短命"？这却是发人深省的。

　　他疲于奔命，8天走了7个县，解放了一批干部，救人如救火。老百姓说："胡书记下乡，地动山摇，刀下见菜。"雷厉风行，迅速解决问题。

　　结果是，"耀邦瘦了，陕西肥了"——这是张爱萍当时到陕西时所说的："一进潼关，就见陕西麦子长势喜人，耀邦瘦了，陕西肥了。"

　　然而，他并未"汲取"教训。1975年，他到中国科学院进行整顿，强调"科学技术是生产力"，反对"全面专政"论，否定"知识私有""白专道路"的提法，制订出了有名的《汇报提纲》（即《科学院工作汇报提纲》）。

　　他凛然地回答："至少，我还有一把骨头，那就——'高举骨头'！"

　　也许，只有客家人，才会做得出这样的回答：当一切都被剥夺之后，可一身的傲骨是无法夺走的！

　　从明末袁崇焕蒙冤死节，到邓演达命殒南京麒麟门，从文天祥绝笔伶仃洋，到叶挺狱中疾书《囚歌》，是怎样一副"骨头"在这个民系中一代接一代地高举下去，搏击世纪的风云雷电？

　　当年南社老诗人柳亚子，曾为邓演达遇难而写下四首七绝《哭邓择生》，录一首如下：

　　　　北海当年重豫州，
　　　　避人一面竟无由。

> 胥门抉目观吴沼，
> 太息乾坤剩几头。

他们的名字，使客家民系的灿烂星空更加辉煌，也使我们中华民族的光辉历史更添光彩！

客家人，一个蛰伏了1000多年的民系，在近100多年间骤然如惊蛰之雷，令世界为之瞩目！

作为华夏文明古树上的一枝新枝——客家民系，他们的英雄就是中华民族的英雄，他们的骄傲就是中华民族的骄傲！

箕裘承继，慎终追远。这是中华民族的古训，也是客家人的传统。正是不忘继承这样的好传统，客家民系才能够冲天一啸，才能够人才辈出，叱咤风云！

且记下这些名字——

行恩：唐佛教禅宗七祖；

杨时：北宋著名思想家，提出"致知必先于格物"；

文天祥：南宋宰相，民族英雄；

陈璘：抗倭援朝明军统帅；

袁崇焕：明代兵部尚书；

罗芳伯：西婆罗洲"兰芳大总制"创建人；

丁日昌：近代洋务运动先驱；

● 丁日昌

冯子材：清代抗法名将；

刘永福：清代著名黑旗军将领；

丘逢甲：著名爱国保台志士，诗人；

刘光第："戊戌六君子"之一；

孙中山、廖仲恺、胡汉民、邹鲁、邓铿、姚雨平等一批辛亥革命元勋。

胡椒与围堡：
十三行客商之谜

从土楼，到围楼，再到围堡，客家围屋的千变万化，不仅仅展示的是一部夯土的历史，即建筑史，还有更多的内容。

来到今日的深圳坪山坑梓镇，满耳听的是"坑梓黄"——这是对这个镇黄姓的尊称，而满眼则更是黄家的一个个客家围，一共有十多座，几乎都是大型乃至巨型的，并经历了土楼、围楼到围堡的历程，而且大都有历史可考。

最早当是康熙年间的洪围，也就是黄氏祠堂，该是黄家从客属地的惠东迁来时立的。祠堂，是祭祀祖先的地方，客家人新到一地，必首先让祖宗的牌位有安放之地。

洪围，始建于1691年。

其间，有几座黄氏所建的围屋不可考，年代不详。

这有松子坑大屋，相传是坑梓黄一世祖的三世孙所建；

还有井水龙大屋，屋后可见风水林，如今只余中堂了；

另一个是霭庐，屋中雕花甚为优美，一个罗马表盘，一本书，一点钟，意蕴深远。

这里须插进一段故事了：相传黄老太爷口味不佳，想尝尝白胡椒，于是，便发话给在广州十三行经商的儿子。人传人，话传话，结果传成了：老太爷要把十三行的白胡椒全买下。儿子领悟这应是一个绝大的商机，不违父命，立马把十三行的白胡椒如数买光。没想到第二年，国外的海商说当地白胡椒脱销，十三行无白胡椒供给了，于是，白胡椒价格飙升，黄家正是凭此发了大财，成为一方富豪。

于是，黄家围楼愈造愈多，愈造愈大。

1735年，雍正年间，美轮美奂的新乔世居动工，体量比之前大了数倍。快300年过去，一般气势不减，宏伟壮观，这个由坑梓黄三世祖黄昂然所建，于1753年即乾隆十八年建成，被誉为城堡式客家围屋的新乔世居，已列为深圳龙岗的文物保护单位。

1781年，乾隆年间，相传是新乔世居落成后，因备料大有富余，其后人另择吉地，历27年，建起了同样体量巨大的龙湾世居，从中可见财力惊人。

更惊人的是，1794年，黄家一下子建起了三大巨无霸式的围堡，它们是长隆世居、秀岭世居与秀山世居。

长隆世居是坑梓黄五世祖黄廷元所建，占地1.8万平方米。

秀岭世居则别有洞天，雕梁画栋，惊艳绝伦。

● 十三行

秀山世居呢，人称"院墙如城墙"，高耸、厚重。

之后，则是道光初年的青排世居，因背靠青排岭南得名。相距前面三大围堡建成不到几年，同样是黄家鼎盛时所建。

同在道光年间，还有回龙世居，1848年落成，紧随其后有1850年建成的龙敦世居，1854年的龙田世居——均为两次鸦片战争年间所建。龙田世居三面环水，高墙小桥亭阁，迄今完好。

1864年即同治年间，为盘龙世居建成的时间，由于黄家家道没落，盘龙世居的体量缩小了很多，1888年已是光绪年间，黄家建有吉龙世居，但已大不如从前了。

大约200年间，一个客家大族，从迁徙而至，落籍坑梓，仅百年光阴，便日臻鼎盛，可以在一年间落成三座巨大的围堡——这也是十三行最为显赫的日子。连英国来给乾隆皇帝祝寿的英皇代表马尔戛尼勋

● 回龙世居

● 龙田世居

● 永定初溪

● 泰安楼

爵也亲临十三行。

过去,一般人认为,十三行行商中,仅有广府、福建与徽州的商人,没有客家人,因为客家人经商意识不及前三种人。但黄氏的发迹史,却打破了这一定见。

从鼎盛的十八世纪末,到第二次鸦片战争之后不久,其间仅70年,黄氏却家道中落,辉煌不再,也应了"富不过三代"的中国式"魔咒"。

可巨大体积的客家围堡,却一直屹立至今。

虽说大约有一半风光不再,有的几近坍塌,但仍有一半在岁月的风云中铅华不改。如今,已有多座被列入了文物保护的名单。

想想当年在十三行的巨贾,如首富潘启官,当年一度为瑞典三十多艘商船的大股东,后又有偌大的"海山仙馆";还有被当作世界巨富的伍家,十三行之后仍能斥巨资投资美国的太平洋铁路,可如今,又留下了什么?

坑梓黄的围屋、围堡却是幸运的。

黄家虽说并非十三行中的"大家"——十三行八大家"潘卢伍叶,谭左徐杨"中并无黄姓,可这些巨堡却永远在叙说他们当日的繁华、豪迈与气派!

从福建的土楼、半月楼到梅县的围龙屋,从江西的"土围子"到河源、粤北的围楼、大围,都有个承传的关系,这也可以与方言的演变成为互证。而最后,到达海滨,则发展成为了围堡。龙岗坑梓黄家六代,第三代的新乔世

● 梯田

● 城堡式围楼

居尚保留围龙屋形态,但已有围楼,而到了第六代的龙田世居,则是围楼与围堡式的了。从而有了围屋—围楼—围堡的历史变迁过程。这也只有实地考察方可得出的结论。

围屋—围楼—围堡,这是物质的文化遗产的证明。

扬起生命的风帆：客人开埠之谜

在东南亚的华侨华人中，上百年来，流传着这么三句话：

客人开埠

广人旺埠

潮人占埠

这三句话，把广东三大民系在海外创业、兴业、守业的不同特性，做了较准确的概括。客家人长于拓殖开垦，在不毛之地上建立起港口、城市；不畏艰难，哪怕荆天棘地、虎狼成群，他们都义无反顾，他们永远是开拓者、创业者，也正因此他们留下万古流芳的美名。

而广府人呢，自汉武帝元鼎六年（公元前111年）自徐闻出发的第一支广府人穿越马六甲海峡，直抵印度、斯里兰卡之后，广府人深受海洋商业文明浸染，有比较发达的生意头脑，所以，总能把已被客家人开发的地方搞得风生水起；而潮州人却能落地生根，在所到之处都能安营扎寨，牢牢把住自己的地盘——如今，东南亚的潮人是最多的了。

毕竟，"开埠"是最难的，试想一下，由于战乱、灾难，驾一条船，越万里海疆，经历狂风暴雨、惊涛骇浪，最后却只能在一个荒岛或是野地里登陆，一无所有，该是何等艰巨？

对于客家人来说，他们当年更多是"政治难民"。宋末、明末，在南方殊死反抗元兵、清军的镇压，他们最后不得不流亡海外。逃时仓皇，不可能有什么准备，甚至连果腹的粮食都所余无几，面对野兽出没、飓风不断的荒原，要生存下去又谈何容易？

然而，他们不仅生存下来了，而且建设起了自己的家园，开创了全新的事业，并且拥有了一个又一个新的城镇——他们的双手，就如魔法师的一样，奇迹般地变化出了一切：庄稼、农庄、房舍、桥梁、城市、港口，当然，还有车辆、舟楫、橡胶园、矿山等。

"客人开埠"就是这么来的。

自然，这么简单几句不足以把这四个字说尽。那么，我们不妨继续追溯客家人的足迹，从中原到沿海，又从国内到海外，最终去破译这一客家的文化之谜吧！

我曾到过一个相当偏僻的山乡，却也是一个相当特殊的山乡。不难想象，当年这个山乡，不，只是一个山坳，是怎样的荒凉，恐怕也难以说尽这种荒凉。远山与云影相淆，林莽横陈……还是不去想象的好。一阵几乎可说得上刺耳的唢呐声，打断了我的思索，旋即，又是一阵紧骤或舒缓的锣鼓声，在山坳间传来。这是广东揭西县上砂镇。

走近，才见到一个非常隆重的祭祖场面，类似的场面，我在别的地方已经很少遇到了。而且我还发现，如此浩大的群体，祭的竟是同一庄姓的祖先。

在客家人的世界里，这是一个常见的场景。在历史的车轮滚动到一个物质飞扬的今天，不少地方早就没有了供奉的祖宗牌位，但是客家人对祖宗的崇拜，仍然是这样虔诚与执着。

这种虔诚与执着的背后，客家人坚持的是一种什么样的信念呢？

换句话说，是对祖先怎样一种精神的执着呢？

原来数百年以前，两个庄氏的兄弟经过艰辛的长途跋涉，沿着连绵千里的大山来到粤东的这个山坳扎下根来。南方的群山像一堵温暖而安全的屏障，将外界的人祸和天灾都挡在了山外。

经过一代又一代的繁衍，这个山坳已发展成了一个5万人口的纯客家小镇，令人感到惊奇的是，这个镇99%以上都是庄姓人家。

从这么一个小小的山庄，到5万人口的乡镇，数百年间，他们是怎么创业，又是怎样坚守自己的文化边界的呢？其中，足可以为人类文化学提供相当丰富的田野调查的原始材料。不容易的是，一个姓，外来的一个姓，竟可以牢牢地捆绑在一个地方不为周围所化解，也不曾自身瓦解，历经几个世纪不变，尤其是在近现代如此剧烈的历史动乱之中。但他们就这么坚守下来了。

一个新的客家群落由此形成。

对于客家民系来说，这不仅仅是一个小小族群的故事，也是客家历史的缩影。

客家人的历史，既是一部迁徙史，也是一部开拓史。客家人身上拥有落地生根的生命能力，同时也包含了迁徙民系的独特品质——就是独立性与包容性的神奇结合。

客家人无论走到什么地方，无论环境多么险恶，都能够凭着生生不息的开拓和团结精神，拓荒创业，建立家园，实现理想。

北京大学东南亚文化研究所所长梁立基教授，当是对东南亚华人族群研究的权威人物了。他认为要在一个地方生存，还要发展，需要一种强大的凝聚力，那就是客家文化，所以客家早期时候，这种团队精神特别重要。而这种团队精神，最早还是来自国内的迁徙……

被后人誉为梅州开基祖的程旼，在"五胡乱华"之后，率领族人跋山涉水，来到广东东北部的穷乡僻壤。当时的南粤大地人烟稀少，瘴气弥漫，百姓基本上还过着刀耕火种的贫困生活。作为中原名士，程旼不仅把中原先进的生产技术带给当地居民，同时也带来了中原文化。程旼以文化感染教育乡亲，以仁义道德感化人，在众多南迁士族中树立了榜样，成为南迁士族的楷模。宋代诗人徐庾，曾为程旼作过一首只有四句的诗，概括了程旼光辉的一生——

> 程旼当年一匹夫，
> 不操三尺正群愚。
> 片言能使争心息，
> 万里江山姓与俱。

程旼死后，当朝皇帝敕封程旼南迁功德，以程氏命名江河县邑。程江和程乡县，就是今天的梅江和梅州市。程旼也自然被当地客家人奉为客家先贤。

分布在全球五大洲80多个国家的1000多万海外客家人，更是把客家民系的文化传统、开拓开创和这种包容团结精神发挥得淋漓尽致，才在异国他乡撰写了一部又一部跌宕起伏的开埠传奇的故事！

浩淼的大海。

嶙峋的礁石。

一叶小舟在海面破浪向前。

客家女子在唱《过番歌》：

> 一送涯（我）郎出门帘，
> 妹子（泪汁）是滚滚翻（流），
> 人家问涯（我）哭什么？
> 涯（我）郎今日要呀要过番。

客家人对大海具有浪漫的幻想。在客家人的眼里，大海仅仅是世界的开始。

在客家人的辞典中，没有"望洋兴叹""苦海无边"之类的字眼，纵然过番谣中浸透了离乱的泪、垦殖的汗、拼搏的血……

> 妹送亲哥到汕头，
> 一看大海妹心愁。
> 大海茫茫有止境，

> 妹想亲哥无尽头。
> 阿哥出门去过番,
> 妹子赶到晒禾滩。
> 双手牵住郎衣角,
> 问哥几时转唐山。

这是一个个教人扼腕的生离死别的情景,却也造就了客家人的冒险精神——出海,不是满载而归,便是船毁人亡,可人生又能有几回搏呢?虽说下南洋者,真能成为"金山伯"归来者,又能有几人?但总归得去搏!

人生就如大海一般开阔,不扬帆起航,老守在岸边,势必一事无成;有客家女作坚强后盾,客家男人无四方之志,不敢闯荡四海,势必被人看小。所以,他们才义无反顾地出去了,"不混出个人样来",是决不会回头的。

毕竟,四海之志,是要压倒儿女情长——凭这,不应过多地去责备客家男人,虽然他们有时归家后,一任妇女劳作,自己却在偷闲,可谁知道,他们在外边闯荡时,又经历了怎样的磨难与风险,乃至于生死的考验。他们固然好幻想、好做梦,甚至有的人志大才疏,可人类的未来不正是靠梦想来构筑么?

客家人侨居海外的历史大约在宋朝末年已经开始,至今已有700多年。客家人不光是开拓了闽、粤、赣一带交界的山区,而且还开拓了其他很多的地方,比方讲,中国南方的十来个省份都有他们开拓的足迹。另外,其他的省份也有很多人到那边去建功立业,更主要的,更值得赞许的,是到海外去开拓,特别是到东南亚。

如今繁华的具有异国风情的东南亚城市,处处都有华人的商店、医院、学校等。纵然在东南亚历史上,不少国家都有过血腥的"排华"记载。但华侨华人包括客家人,都能在一度又一度的劫难中复苏,在血泊中重新站了起来。

"客人开埠",流传于东南亚华人中的这句谚语,四个字浓缩着客家人在海外发展中所表现的精神力量——就是客家人在一无所有的情况下，总能从无到有，化腐朽为神奇，用自己的双手，奉献出一个前所未有的繁荣家园！

马来西亚马六甲茶阳会馆会长曾对我们感叹地说："来这里发展以后，披荆斩棘，那么现在坟场里的白骨累累，全都是我们先辈的血汗。在这种客家精神的推动下，经过几代、十几代乃至几十代的拼搏，海外客家人终于巍然地站立了起来。"

去看看吧——

马来西亚叶亚莱大街，

芝兰纳宽广场，

宜发武特路，

……

在东南亚的许多国家，至今还有许多广为流传的客家人开埠的故事。叶亚莱，就是其中一个。祖籍广东惠阳的叶亚莱，是马来西亚首都吉隆坡的开埠者。

马来西亚雪隆会馆会长丘伟田对我们说："这个吉隆坡就是在这里开辟的，就是他，没有别人，他来的时候，这吉隆坡只有三间房子。"

马来西亚雪兰莪惠州会馆会长叶青也说："他是在很穷的情况下，以前好像卖猪仔一样跑过来的。"

马来西亚雪兰莪叶氏宗祠负责人叶汉生更说："因为叶亚莱当时在开发、在斗争等方面全力协助当地马来同胞，一起打平这个天下。所以他受到马来社会、马来华人社会的公认，这是他的功劳。"

为了纪念他，当地政府以他的名义命名了街道。海外游子的名字第一次和异国他乡的城市紧紧地联系在一起。

像叶亚莱这样的开埠者，在东南亚国家历史上还有很多……在印度尼西亚如今仍传扬着一个"大伯公"的故事——

罗芳伯是广东梅县人，35岁时乡试落第，冒险出洋，来到婆罗洲垦荒开矿。他带领家乡人到了北婆罗洲，即现在的印尼。在那里，由于他信誉卓著，德高望重，当地的苏丹对他十分尊敬，把那片土地送给了他，后来经过开垦以后，成了兰芳公司。据考证，这个兰芳公司，已具备了一个民主政权的形态，所以又叫"兰芳共和国"，他在那里当"大唐总长"，在公司实行"内部自治"。

在罗芳伯的故乡——梅县石扇梅北中学芳伯纪念堂，有这样一副对联：

百战据山河，揭地掀天，想见当年气概；
三章遵约法，经文纬地，犹存故国冠仪。

这副纪念罗芳伯的对联，于今读来，仍然可以感受到当年罗芳伯的豪迈气概！

打开一部东南亚的"开埠史"，我们可以看到众多的名字：

罗芳伯——开发印尼北婆罗洲

叶亚莱——开发马来西亚吉隆坡

盛明利——开发马来西亚森美兰

张理——开发马来西亚海珠屿

郑嗣文——开发马来西亚大霹雳

丘燮亭——开发印尼巴达维亚

古石泉——开发马来西亚槟榔屿

谢枢泗——泰国合艾市开埠人

这些杰出的开拓者，每开发一个地方，不仅要和一大群声求气应的客家人和其他民系的华侨团结一致，还要像程旼一样，与当地原居民打成一片，通过大量的沟通以达到和原居民和睦相处。

早期的客家人为处理各种复杂的社会人际关系，总结出一条经验，就是要善于利用"四缘"，即地缘、血缘、善缘和业缘。

把"地缘"放在第一位，可以看出海外客家人在处理与当地人民的关系时的良苦用心。

马来西亚财政部黄思华副部长曾对我们说："华裔在这个国家所

做的贡献,是永远不会磨灭的,从开国到亲善,到合作,到今天同甘共苦来面对国家的问题,都体现了一种合作的精神。"

在海外,客家人成立了许多冠以"总会"或"会馆"的客属团体。据统计,分布在世界各地和台港澳地区的客属团体就达数百个,仅广东大埔、茶阳会馆在马来西亚就有近20个。这些团体组织,对于客家人在海外保持文化传统、联络感情、团结互助等方面起到了十分重要的作用。同时,这些团体在解决与当地人的矛盾,加强沟通、促进团结方面同样做出了重要的贡献。

马来西亚居銮客家公会会长姚森良是这么认为的:"今天我们华人跟中国,我们华人就能够利用这个社团、会馆起到一个桥梁(作用)。促进中国、马来西亚的经济文化交流,我认为这个是很好啊,像这几年来,中马的关系之所以这么好,我相信我们华人起了很大的作用。"

马来西亚新山客家公会负责人刘一其则说:"把我们自己的客家文化或者中华文化保存下来,那个就是我们海外华人的共同心愿,那么这个共同心愿要通过怎样的途径去实现呢?在这方面,我以为海外的社团,尤其是乡团组织,就扮演着一种很重要、很重要的角色。因为它是我们乡情的凝聚点,也是保存我们客家文化或者中华文化的一个宗旨、结晶。"

为了更好地和当地人民和睦相处,共同建造美好的家园,客家人在衣着、语言、生活习俗方面已经融入了当地社会。

泰国客属总会

加拿大崇正会

为了消除种族、肤色的隔阂，为了获得共同发展的认同，客家人在漫长的岁月里付出了极大的努力！

马来西亚马六甲市议员黄树党告诉我们："中国人来马六甲是纯粹打交道，建立了邦交；那么葡萄牙人、荷兰人、英国人来马六甲的目的，是占领马六甲，所以从这几个国家的来过马六甲的人可以看得出，中国人是最没有野心的一族。"

可以这样说，"客人开埠"，不是帝国主义者的"疆土侵略"，也不是欧洲殖民者的"资源掠夺"。"开埠"事实上是一种没有统治野心的、具有"地球村"意识的共同开发，在当时世界各国为了一寸疆土可以引发一场大战的年代，客家人这种无私的世界观无疑为全球方兴未艾的移民潮树立了典范。

这是一种更宏观意义上的"团结与包容"！

从狭义而言，客家人当然有他独特的性质，但是，这性质里面也包含了中华民族的一个普遍的共性，也是一个最珍贵的特点，就是能够存异求同。而不寻求压倒对方、奴役对方，这点，与西方殖民者是截然不同的。

● 李光耀

正是有了这种团结包容，早期海外客家人才能在人生地不熟的异域闯出一片天地。才有了"天下一家，共享太平"的太平天国的理想；才有了孙中山"天下为公"的抱负；才有了"客家开埠"豪气冲天的传奇；才有了当代客家雄杰们商海驰骋的游刃自如；才有了无数的客籍巨贾不求回报、在世界各地投入的公益事业……

回顾一部华侨华人史，我们就可以清晰地看到，中国人，主要是广东人，包括客家人，移民到海外，无论是去经商，还是作为"政治难民"，他们都是和平的使者，绝对没有任何武力侵占的野心。不比西方殖民者，到了哪里，哪里便是腥风血雨，白骨成山——美洲印第安人悲惨的命运，印加帝国文明的覆灭，澳洲土著最后的结局……

中国人，过去大都有"叶落归根"的观念，富起来了，便想"衣锦还乡"，不想独霸一方。最早到达澳洲的正是中国人，他们与土著和睦相处，而且去了又回，不似殖民者，大肆掠夺、屠杀，否则，一部澳洲史，就不是如今这个样子了。

当初，西方殖民者到东南亚，利用华人与当地土著的良好关系，尤其是语言上的便利，去做贸易、沟通，可到了一定程度，马上便翻脸，发起了"排华"运动，从而剥夺华人在当地的经济利益，实施掠夺。

诸如印尼"红溪事件"、菲律宾对华人接二连三的大屠杀，还有马来半岛上一部部华侨华人史，应当说，首先是一部拓殖史、文化史、交流史、商贸史，而不是别的什么。只是到了19世纪，由于清廷腐败无能，中国积弱，这才出现"卖猪崽"的华工——但这也只是华侨史上极为短暂的一小段，也就半个世纪左右。

为了摆脱贫穷，同时，也不甘心于为清朝政府所奴役，他们才不惜去当劳工。

当时，世界正风行一股"淘金热"。华侨口中的"金山"，不胫而走。

在太平洋彼岸，是"旧金山"。正值美国西部大开发，美国、加拿大各自两条太平洋"跨州铁路"，无处不留下华工的血汗；

在南太平洋，是"新金山"——今日的悉尼，"卖猪崽"去的华人，在那里历尽艰辛，却并未掘到多少金子，一旦有钱汇回中国，便又被流放到那里的英国罪犯们忌恨，被抢劫、被杀戮……

在印度洋彼岸——南非，那里当是又一个"金山"，约翰内斯堡，1904年，一下子去了4万多华工，以顺德人与客家人为主，可一旦矿主发了财，便又把华工遣返了，当然，还是有人通过不同方式留下……

虽说是短暂的半个世纪，却教人难以忘记。

马来西亚华文学校一位历史科女教师告诉我们：英国人用船把沿海的这些华人带去东南亚开发，那时候，东南亚在开采锡矿、开采橡胶，所以这边需要大量的劳工，华人因为生活太困难了，所以就跑到这个地方来谋生。那时候来的大部分是男人，后期才有家眷来到这里。早期来只是为了谋生，想赚些钱回去，后来就慢慢落地生根，直到现在。

一个世纪又一个世纪过去了，海外客家人经过一代又一代的奋斗，在居住国落叶生根。随着经济的发展与文化素质的提高，今天的海外客家人曾宪梓，凭一把剪刀两把尺子，自己制作领带，创出"金利来"品牌，享誉世界，被誉为"亚洲领带大王"。

田家炳，由一个在越南做小商品买卖的华侨，变成一个举世闻名的"皮革大王"的经历，更是客家人创业史中一部催人奋进的传奇神话。

汤锡林，早期在印度尼西亚白手起家，尝尽人间艰辛，成为印尼著名的华人巨富。后来他经营房地产业，他的最大手笔，是在雅加达郊外一个30平方公里的沼泽地里，挖地填泽，建设起一座现代化的卫星新城。

在香港的服装界，提起"牛仔裤大王"，人们都知道是那位永远面带微笑的儒商——杨钊。他凭着超人的刻苦精神和对客户的信义，从做纺织品小生意开始，一步一步把自己的企业扩大到纺织业、服装业、酒店业和房地产业等领域。

黄清林是东南亚首屈一指的汽车零配件制造商，是奔驰、宝马、丰田等世界著名汽车企业指定的零配件生产商。

对经营现代企业，他也有自己独到的见解。他说："我就用客家人刻苦耐劳的思想，去发展自己的事业，尤其是配合天时、地利、人和才可以赚钱。"

香港知名企业家、全国政协委员杨钊称:"做事情要勤奋,要有责任心。"

几乎所有的客家人,众口一词:做人与做生意都是一样的,诚信最最重要。

客家人有一句格言:"无信不立。"这个"立"字,自然指的是立人。人若没有了信誉,就失去了在这个世界上光明磊落做人的资格!

身居海外的客家人,常常把"薄利重义"和"无信不立"的意识融入自己的商务活动中。在现代商业越来越走向世界的今天,这种"无信不立"对于商业精神而言,无疑是最具现代意义的。文化传统,就是这样与现代精神相结合,在客家人拓荒开埠的历史中,成为客家人生命的一部分而被固化。

在中国改革开放的最前沿——深圳,这个古老的客家属地,一大批年轻的企业家以前所未有的勇气与智慧,在商海搏击热潮中书写了

● 孙中山、宋庆龄在日本东京

一个又一个的惊叹号!

周玉泉,一个在十年间创建了以房地产、娱乐饮食业、高新技术产业为主的多元化发展的企业集团的年轻企业家,拥有超过10亿元的个人资产。平时不管多忙,每个礼拜天他都要回到离集团总部几十公里远的老家,和父母一起吃上一顿饭。从他身上,我们看到了年轻一代的客籍企业家仍然保留着客家人的那种重孝悌、重名节、重信义的可贵品质。

缪寿良,这个来自广东五华的青年人,从承包石场采石起步,在短短的几年间将事业发展成为一个拥有数亿资产的知名企业。

在缪寿良身上,特别反映出五华石匠那种坚韧不拔、不屈不挠、不达目标不罢休的拼搏精神。

现在,已是广东省杰出青年企业家的缪寿良对我们说:"对自己来说,不一定很多钱就能保证你享福、显富。尽管今天企业规模搞得大,浩浩荡荡,也只能代表今天以前的事情,那么对于明天、以后的事,我们企业界的人,不要说我们企业家,普通的人在漫漫的人生道路上,都是(面对)一个很大的挑战,只有能够学习更成功的一种经验,才能更好地面对社会。"

看看一个曾经贫困落后的客家小镇所发生的巨变,再看看在改革开放之机这些客家人身上所迸发出来的智慧与能量,这些正预示着广大客家地域的未来!

当我们跨越进21世纪的时候,我们看到照耀在我们头上的未来之光,它同样照耀着世界。我们有理由相信,在不断滚滚向前的历史车轮声中,客家人会以更新、更富有朝气的姿态,迎接新世纪的到来!

新的时代,新的思维,新的文化,新的生活,一个"新"字展示出古老华夏文明所焕发出来的勃勃生机。不分地域辖籍,不论民族民系,共同擎举着振兴中华的旗帜,为实现一个强盛的中国、一个统一的中国共同奋斗!

永恒的客家之旅

太阳，在大海上喷薄而出，不断向更高处飞升；

江河，在大地上奔腾，朝着大海，不舍昼夜；

飞鸟，搏击长空；

火箭，直刺向茫茫宇宙……

人类，永远有着一个进取的梦想，这与生生不息的大自然、与万千变化的宇宙，都是相一致的——唯有这样，世界方可能进步，人类才可能进化。

人类文明之旅，是永不会止步的。

客家人，作为文明的骄子，也决不会落后。

我往何处去？

对于进取而又执着的客家人，这是一个永远的叩问。

其实，这又何尝不是一个民族、一个国家、乃至人类自身的永远叩问呢？

不仅应当无负于历史，更要无愧于未来——这正是客家民系性格的巨大魅力所在。

要确认一个民系的生命，不仅仅要看重历史，更重要的是要看重现实与未来！

未来，才是一个民族或者一个民系强大生命力的证明!

人类历史的时针,已经指到了二十一世纪。

从蛰伏到崛起,并在十九、二十世纪一啸冲天的客家民系,当怎么去迎接未来的挑战?

过去,毕竟证明的只是过去——多少有着辉煌历史的民族,如今不是只在考古中才能确认其存在么?有着辉煌历史,并不能说明一切,哪怕今天仍显赫一时,也未必能永远显赫下去!

永远需要这样的一种机制:吐故纳新,自我更生,在任何变化的历史环境中,既可延续已有的光荣,更能激发全新的活力!

当今世界,已经同当年客家先民肩扛背负、跋山涉水的大迁徙时代大不相同了。日新月异的现代科技——尤其是现代交通与通信技术的飞速发展,令偌大的世界成为触手可及、瞬时可达的"地球村"。于是,人类面临着一个空前未有的大迁徙、大流通。

我们有过"四大发明",却未能躺在"四大发明"上高枕无忧,反而被接受了"四大发明"的后进民族远远地抛在了后头——这一历史教训,证明任何一个先进民族是不可以停止其进取的!

正是人类不停不歇的迁徙,才令这个世界充满生机与活力,才给这个世界带来了文明和进步。

地域上的大迁徙带来了文化上的演变,促进了经济上的大飞跃。当今世界文化更是在多种文化的交汇碰撞中,走向了多元文化整合以及全球文化趋同的道路。

或许,有许多人还不知道:深圳在历史上是个客家小镇;深圳原来的居民当中,大多是客家人。

20世纪70年代末,当世纪伟人邓小平以其超人的远见卓识在南中国海边"画了一个圈"时,生于斯长于斯的"老客家人",敞开宽阔的胸怀,迎接了成千上万从全国各地奔涌而来的新一代"世纪移民"。他们挟多元文化交汇碰撞而迸发出来的雷霆万钧之力,在短短十余年间,在这片荒芜的土地上,建设起一座拔地而起的"不夜城"，创建了现代中国的一个骄人奇迹！

无疑，在深圳这个地方，具有非常丰富多彩的客家文化的遗存。我们在市场经济条件下，应怎样继承我们的传统？又应如何面向现代化？怎样弘扬我们客家人文精神当中优秀的东西，同时又吸收呢？怎样用那种海纳百川的胸怀吸纳各种不同的文化呢？怎样用优秀的文化来丰富我们的所谓的新的客家文化呢？这些都是值得思索的、非常紧迫的问题。

深圳龙岗大万世居、丰田世居、鹤湖新居等客家围屋，如今都已被"发掘"出来，成为难得的文化遗产，并且作为深圳人文历史旅游的主要景点……

在原本是纯客家农村的龙岗——仍然保留着一座座古朴陈旧的客家大围屋的小区镇里，竟然建设起一个个令许多大都市都羡慕的欧陆风格的文化大广场、一座座造型别致的大楼、一座座现代化的花园式的住宅小区……

世代爱龙的客家人，还为伴随他们走过千年迁徙的龙，建造起别致的龙园。

气势生动、威仪四方的场面，是"国际龙文化节"；锣鼓喧天、节奏欢快的活动，叫"国际舞狮大赛"……

在这个客家小区镇里开展的，竟然是动辄冠以"国际性"名头的文化活动。这里所体现的，究竟是一种什么样的情怀呢？

这些建筑奇迹里所蕴藏着的，这些社会文化活动所折射出来的，不正是客家人敢为天下先的过人胆识和吞吐古今的博大胸怀吗？

我们不妨去叩问一下"另一个深圳"——位于特区"界外"的一座古老的客家村落。

这是位于深圳龙岗区的南岭村，今日，美轮美奂的山庄、旅馆，教人实在不敢相信，这只是中国最基层的一个小乡村！

放在博物馆里的那些客家人世代相传的生产生活工具，在现代化面前，只剩下了历史凭吊的意义。南岭村人为凭吊客家历史为后人斥资建起了一座博物馆。

在红花绿叶掩映下的一座座现代化的办公楼、别墅楼、农民度假村、文化活动中心、图书馆、学校，以及设施先进的一级甲等医院……处处都透出一股浓烈的现代化气息。

但是南岭村最让人肃然起敬的，是富裕之后仍能坚持劳动、坚持学习的那种群体文化品质：家家户户拆掉神台换书柜；全村干部自觉参加劳动；干部家属安排做环卫工人……这些平凡举动后面所蕴藏着的，该是何等非凡的集体自觉！该是何等坚定的文化性格！

有人称，这里是中国"第一客家村"，当然，这自有一定道理，至少在经济上、文化上，他们是走在了前头。而"致富思源，富而思进"一语，正是出在这个当年不起眼的客家乡村，是对他们历史的总结，也是对他们今后的勉励。

在这八个字的后面——

十多年里，仅仅以村里的名义，给各方的捐款，便达4000多万元——这笔数字，包括集体或个人大大小小的各种捐款捐物。

下边是人们可以数得出的数字：

15万，给延安老红军颐养天年；

20万，给井冈山老红军干休所；

20万，给瑞金建一所希望小学；

华东水灾，捐款70万；

丽江地震，捐款40万；

华南水灾，捐款50万；

长江特大洪水，捐款55万。

当年，村长张伟基，在看到运载火箭成功上天消息的同时，却听到了这样一个顺口溜："搞原子弹的不如卖茶叶蛋的"，竟辗转反侧，夜不能寐，半夜从床上爬起，写信给国防部部长：

> 每当我们听到社会上流传的那句"搞原子弹的不如卖茶叶蛋的"口头禅时，心里就似乎在流血，在发颤。为支持国防科技事

业的发展，我们村决定捐资200万，专门奖励对国防科技事业有突出贡献的著名科学家和国际科技尖端项目。

信写好了，还是睡不着，捱到第二天凌晨，他便早早找到了村上的客家乡亲们。一合议，算盘拨拉下来，此时，村上还可以多拿出一点。于是，200万又上升到了255万。

他们很快得到了国防部部长的回音：

你们富裕了，仍念念不忘国家，不忘人民军队，积极资助灾区、贫困地区和驻军单位，这次又决定捐资255万人民币，用于奖励为国防科技事业做出突出贡献的个人和单位。对于你们取得的成绩，我感到由衷高兴；对你们的高尚风格，我表示由衷的敬佩……

这便是深圳的客家人——他们不仅富起来了，而且，胸怀更加博大！这便是深圳的客家农民，居庙堂之远，却想的是天下大事！

同所有的客家宗祠一样，南岭村的祖祠门前，也有一副门联，刻下的是：

南极春融华鄂双辉涵雨露
岭前日丽乔松挺秀寿乾坤

这刻下的，不正是南岭人已有的、现有的以及将有的岁月写照么？

只是，富裕的南岭村是怎么走过来的呢？

还在改革开放的前一年，南岭村便爆发了逃港潮，连当母亲的，都忍心抛下仅仅周岁的孩子，不因别的，只因穷怕了。及至改革开放了，南岭村得到了"第一桶金"——30万元的征地费，村民们都还以为各家能分上几万。可沉睡的客家传统苏醒了，他们没像别处那样把钱分光，而是用来突击修路，内联办厂，让"母鸡"去孵小鸡……而今，南岭村集体固定资产从原来的7.5万元，飙升了1万倍，有了7.5亿元之多，1999年集体总收入为1.4亿元。

经济上的奇迹不算什么，难得的是全村20年来，没一人吸毒，没一人有犯罪纪录……在那里，我们还听到这么一个故事，在1992年的房产热中，一位港商看上了村中一个叫"天良坑"的地方，5000平方米，开价5000万元，一平方米1万元，不少人热昏了头脑，此时不出手，更待何时。可村长却一拍板，把这块地无偿给了布吉镇建高级中学，并对热昏了头脑的人说："风水宝地用作建校再风光不过了！"一句话，又回到了客家人重教化的传统上。

可圈可点的，还有很多、很多……

同当年的南岭村一样，一般来说，客属地都处于贫困山区，后到为客，好地方都给其他民系占去了。如果深圳不因毗连香港，"划了一个圈"，成了特区，当年也是穷得叮当响。

因为穷，人才往外跑呀！

加上客家人"重义轻利"，乃至于"重学轻商"，纵然也出了不少人才，但与别的民系相比，大实业家、大商人，则相形见绌，至少在整体上有太大的差距——这也是客家人急需补上的一课，否则，一句流行谚语"客家人有过去，广府人有现在"，其背后似乎暗示着客家人今天在经济大潮上的滞后。

客家人，当为这句话补上：我们都共同拥有着未来。

今天，契机已经降临。千万得把握住呀！

大京九铁路、广梅汕铁路、梅坎铁路……这几条贯通粤闽赣客家三角地的钢铁巨龙，是给客家山区带来福音的祥龙。这一条条携雷挟电呼啸而去的巨龙，这一道道四通八达的平坦国道，彻底改变了客家山区只有山道小河、只靠船载肩挑的落后面貌，给客家地区带来了新的优势和新的机遇。

从此，连贯一体的粤闽赣三角地客家文化经济大长廊便初具规模，整体优势的组合、不同区域间优势互补、三高农业的发展、招商引资的深入，以及思维方式与思想观念的更新……这一切，预示着客家地区的文化经济发展，将乘上巨龙，奔驰腾飞！

客家人，正迎着新世纪的曙光，由单一的山区经济走向多元的海洋经济，并大踏步走向新世纪。

赣粤闽的客家人当有这样的共识：整个客家作为一个重要的民系，有许多共同的东西，所以，使江西的客家和广东、福建的客家还有国内其他省份的客家乃至海外的客家加强联系至关重要。在这个方面，我们客家人居住的这个地区在许多方面可以实现区域之间扬长避短、优势互补。

从赣州、于都、瑞金，到长汀、龙岩，再到梅州、河源、惠州……客家文化经济大长廊的贯通连接，使蕴藏于这片热土上的物质资源与人文资源得以充分利用，也陶冶更新着人的生活方式与文化观念。

客家人意识到：精神文明建设和物质文明建设要利用客家的优秀传统来发展。全大陆的客家人、全世界的客家人都凝聚在一起，通过文化艺术来牵线搭桥，来搞活经贸合作。

血浓于水，文化的认同，远远胜于任何利益与权力。

走出围屋、走出土楼，冲出山区、冲破封闭的客家人，正利用这个从封闭走向开放的经济格局，利用由此而来的丰富信息，迅速使客家地区的经济、文化、教育、科技等各方面蓬勃发展。

他们有共同的心声——

客家人向来勤劳，敢于拼搏，敢于突破一些旧的传统，靠大团结、大联合、大市场、大流通来发展自己，壮大自己，进一步联合客家人，做到山连山、心连心，使经济得到发展。客家人发扬过去的传统，靠联合，互相帮助、互相支持，在发展中壮大，在壮大中发展自己。

改革开放的巨大动力加速了客家地区的进步。梅州，这座积淀着深厚客家文化的历史文化名城，由此发生了前所未有的巨变。

客家人没有等待，没有依靠，敞开胸怀迎接迎面而来的挑战，在创造、拼搏与开拓中描绘理想的蓝图。

梅江，已经把那酸楚的"过番歌"变奏为高昂的时代旋律，收敛起曾经肆虐的性格，张开迷人的笑脸。梅州，在今天的客家人手中竟变得如此美丽多娇。碧水蓝天，红花绿树，点缀着梅江两岸。城中水，水中城，大手笔绘就出一幅秀美的画卷。此情此景，促使了大批海外游子回乡读书，甚至有的干脆定居安家，感受故乡日新月异的变化。

新的观念、新的技术在崇文重教的环境中转化为改变山区的巨大能量。三高农业综合开发，种养植业全面发展，广阔的山区冒出了一座座清香四溢的茶山，冒出了一个个甘甜流芳的果园。科学开发所形成的良好生态环境，正散发出迷人的魅力。

省道、国道和即将通车的高速公路贯通了城镇乡村；铁路、机场更是缩短了梅州与世界的距离，也使梅州与海外侨胞的心贴得更近了。

一个个捐资投资项目签字剪彩仪式朴素热烈；

一项项形象工程、民心工程胜利竣工；……

在赣闽粤客家地区，像这样隆重的捐资投资场面，这样热烈的剪彩仪式，几乎是每周每日都出现的平常事。它是如此频繁地出现，以至于人们极容易对这些激动人心的场面司空见惯……

客家山区的人民不能忘记，也不会忘记，客家地区改革开放后所发生的翻天覆地的变化，其中饱含着多少海外赤子沉甸甸的爱国爱乡之情啊！

也许是在异国他乡的流离久隔，也许是客家文化传统的长期熏陶，远居异国他乡的海外客家人，是华侨中回乡归国投资捐资最热心、最踊跃的一个群体。或许他们更深切地感受到：国力软弱，就会遭外夷欺凌；经济落后，便无异于自行消亡！因此，在改革开放、华夏腾飞之际，他们将炽热的爱国情怀转化为捐资投资的实际行动，去努力推动家乡的现代化建设向前发展。海外游子对祖国对家乡的一片赤诚之心，动人心弦，感人肺腑。

拳拳赤子之心，又岂是"流离久别"几个字所能涵括的呀！

下边几个数字，是扣人心弦的：

改革开放以来,仅广东省接受海外华侨和港澳同胞的捐款捐物价值就达150亿元人民币;兴办公益事业项目26 304宗;学校14 861间;医院1353间、敬老院、幼儿园1966所;桥梁3381座;道路15 566公里;兴建自来水工程2468宗……

梅州市的客家人告诉我们:我们这里出去的那些华侨,港、澳、台同胞,他们也有个共同的特点,就是很重视教育,崇尚文化,所以他们对家乡的文化教育事业都非常关心和支持。从改革开放到现在,华侨和港澳台同胞捐资家乡的教育资金就达9亿多。

对此,香港知名实业家田家炳的回答是:"我虽然力量小,还是可以尽量希望追随前贤,来做我们家乡的事情。"

马来西亚知名实业家、慈善家萧畹香则这么回答:"因为为着祖国,使祖国兴旺就要振兴教育。"

全国政协委员、香港知名实业家杨钊则说:"成功以后,要怎么样回报社会,从而令自己、家庭跟社会以及国家产生互动呢?我想,唯有兴学!"

香港嘉应商会永远名誉会长刘宇新说:"为社会做点事,特别是为我们祖国、我们家乡做事,我感到非常自豪,所以我是非常高兴地做出我应该做的事情。"

马来西亚居銮惠州会馆总务傅金嶙更深情地回答:"中国是我们的娘家,所以我们非常希望她繁荣昌盛。"

曾宪梓还在祖国刚刚改革开放之初,带头回到家乡、回到祖国各地捐资兴学。为鼓励师范教育,他一次性捐资1亿元,他把爱国的情怀变为无私的奉献。在香港回归、港英政府设置重重障碍的历史时刻,他毅然拍案而起,挺身而出,为香港顺利回归尽赤子之责。

曾宪梓作为一个中国人,不论走到哪里,他时时刻刻都在怀念我们的祖国,一有机会,他就回到我们的祖国,为祖国贡献他的力量。中华民族的每一个人,龙的传人,都会有这个理念,都会有这个理想。特别是远离祖国、长期离开祖国的中国人,他们对祖国会更加怀念。你到外国去、海外去，你问问那些老华侨，他们对此有很深的体会。为什么他们离开了祖国几十年，还要回到祖国去寻根呢？这一点是外国人没有的。日本电视台来采访我，他问我这是不是客家人的特点？我说是客家人的特点，但也是中华民族的优良传统。

万无而生万有，迁徙促成发展，挑战衍生机遇。经济与文化，已是如此地密不可分。客家民系独立不羁的生存历程，观照出中华文化发展过程中一条多元文化整合的时空轨迹。

客家热的背后，是全球瞩目的华夏文化热、太平洋世纪热！

于是，这世界不得不重新打量客家人，重新审视这博大的中华文明。

文化认同，已成为大流动大交融中的一个突出的时代命题。在千年迁徙中，客家人在不懈地坚守自身文化品性的同时，也以开阔的胸怀，吸收和融合了其他民系和其他民族的优秀文化。于是，这世界才有了这么一个别具特色的博大而又精微、进取而又固执、创新而又守护、旷达而又儒雅的客家文化体系。

全国政协委员、马来西亚企业家姚美良生前曾这么对我们说："我觉得振兴中华是我们所有中国人的一个目标，也是所有流有中国血统、跟中国有血缘关系的每一个华人的目标，不管他拿什么护照，我相信这份情，都是一样的。"

姚美良，以客家后代的身份，以一个现代青年的角色，满腔热忱地为弘扬客家文化、光大华夏文明、推动两岸交流、促进祖国昌盛而不遗余力地在海内外奔走呼告，并斥资在世界各地举办众多有关中国文化、客家文化的展出，他深情地说："团结、群体、精神，这是一个社会进步的推动，所以今天搞孙中山画展也好，黄遵宪画展也好，我最后的宗旨，就是希望通过这种精神的东西，引导海内外更多的人，尤其是青年人，都能够把自己的精神、感情奉献给社会。"

香港十大杰出青年之一、企业家林光如身为商人兼社团领导人，他对社会、时代、民族怀有一份自觉使命。他在功成名就之时，仍能孜孜不倦地求学进取、超越自我，在教育上不惜做大投入，他告诉我们："我们中华民族要发展，首先要发展教育事业，我们宁可少吃一点，少用一点。关心教育事业的发展，是我们的责任。客家人有一个最突出的传统特点，就是热爱知识、重视文化教育。这是我们很值得发扬光大的一个传统。"

伴随着客家人在当代社会各领域日益突出的贡献与影响，客家学也成为当代世界文化研究领域中的一个热门学科。它融入了文化学、人类学、民俗学、语言学、历史哲学……众多学科的新鲜乳汁交汇在一起，结出了一批批丰硕的新成果。相信许多客家学上的未解之谜，将随着研究的深入而获得科学合理的解答。

深圳市客家研究会会长张卫东认为："我们今天来研究客家呢，也不是说仅仅局限于客家。我们从客家的历史来反观中华民族的历史，来认识我们的民族，认识我们的国家，认识我们整个文明发展的历史。"

广东省社会科学院原院长张磊称："（客家）它的文学艺术、它的饮食、它的风习乃至它的建筑等，都值得我们进行系统的研究。更好地研究我们这个汉族最大的、优秀的民系这个群体，继承发扬它的优长，是我们对客家研究的最大意义。做好这件事不仅具有学术意义，而且兼具现实意义。

从罗香林早年的《客家源流考》，到今日华南理工大学客家研究所的多卷本《客家研究文丛》，客家学，正一步步成为当代的显学，成为当今跨学科研究的热点。

闽、粤、赣、桂、川乃至秦、豫，一批批客家学研究的学者，已奉献出了一部又一部厚重的学术专著。

从源流史到当代史；

从文化史到文学史；

从人文地理到历史传记……

将汇成巨大的客家文库！

当代的客家学，已经没有了罗香林时代的软弱自卫与自辩；也丢弃了大客家沙文主义式偏激的自夸与自诩；更用不着为争夺"客家首府""客家大本营"等的尊称而进行狭隘纷争……于是，客学家抛弃了自卑与自辩，扬弃了自夸与纷争，在中华文化的背景下，"客家学"正高扬着大客家、大团结的旗帜，迈着自信而坚定的步伐走向新时代的巅峰。

客家文学的势头，更锐不可当！

从宋湘、黄遵宪、丘逢甲开始，客家文学便以其鲜明的艺术个性以及深厚的历史底蕴，在中国文学中独树一帜。

现代，被称为"客家文学三人行"的三位文学大师——汪洋恣肆、大气磅礴的郭沫若，身为雕塑家又是中国象征主义诗歌开山鼻祖的李金发，作为中国现代市民小说的第一人、20世纪中国情恋心理分析小说的拓荒者张资平，当用烫金的文字把客家文学记录在中国现代文学史上，使之传承不朽！

在当代客家文学中，命途多舛的白危，以他的《沙河坝风情》，在新时期文学中第一个重新擎起了客家文学的旗帜。

而在张胜友关于"大串连"等一系列的纪实文学作品中，我们同样可以聆听到客家人大迁徙中遥远的历史回声。

张永和众多关于客家名人的传记，如《胡文虎传》《科拉松·阿基诺传》《李光耀传》，当是客家文学中一道异常绚丽的风景线。

我的150万字的《客家魂》三部曲，沉雄悲壮，抒写了客家人20世纪矢志于"教育救国"的壮丽言行；我的《客家圣典》及众多传记，也以哲理与诗情相交融，教人耳目一新。

台湾更是涌现了一大批如钟理和、李乔、吴浊流、钟肇政、林钟隆、林清立等客籍作家，当然，人们也不曾忘记《城南旧事》中的"小英子"林海音。

而在海外，大家更知道写有五卷本自传《我的根在中国》的韩素音，她在自传中反复强调自己是一位客家人！

客家文学，正以自己大气、壮美、独特的品格，以在千年迁徙、万里长旅中形成的激越、悲恸却又坚定自信的气性，在中国文学中占有一席之地，并继续震撼着这个蔚蓝色的星球！

连外国人写客家人，也一样大气，詹姆斯·米切纳的《夏威夷》在欧美30年长销不衰，且拍成上、下两部电影，成为好莱坞名片。其中，便有三分之一的篇幅写到夏威夷的"客人开埠"！

从20世纪70年代开始，在东南亚，在大西洋彼岸，在中国本土，已经召开了一届又一届的世界客属恳亲大会。

2002年，第17届客属恳亲大会在动乱甫息的印度尼西亚召开。

天涯相隔的8000万世界客家人——这个数字可是高于犹太人人数好几倍，每隔两年都要相聚一次，好倾吐各自的衷情，展望新世纪的未来！

是呀，欧洲已经开放边境，统一货币——欧元，经济实现一体化。可在那里的学者、教授，却又纷纷在研究"民族认同"的问题，然而一体化并不等于一元化，只有民族的多元化，才能使世界称为世界。

单色不是未来世界的模式。

也许，这正是客属会、潮属会频频召开的最深层的历史动因。

当凭此去破解客属大会开得如此红火之谜！

相聚于此的客家人，以及遍布于世界各地的客家人，他们紧系着的是一条隔不开、斩不断的客家情和凝聚四海、辐射宇的华夏情。这是客家人也是华人一种坚定的自觉意识，一种主动的文化使命，一种神圣的时代责任。

人们不难看到，伴随这样的大会，来自五大洲四大洋的华侨华人、客家后人，都先后回到祖国内地，去祭祀中华民族的祖先——炎黄二帝！

黄帝陵、炎帝陵，香火不绝！

凭此，我们可以得知客家人对中国文化的那种推崇备至的感觉！

凭此，我们多少也可以得知，全世界为何对客家文化产生那么热切的关注！

千年不负客家人！

从宋末的"八千子弟走勤王"，到明末的"誓不仕清"；从"天京悲剧"，到辛亥血溅黄花岗；从建国，到改革开放；从中原，到沿海；从赣闽粤，到南洋，到整个世界……客家人背负着客家先辈的殷殷嘱托，背负着华夏文明的悠久历史，也肩负着中华民族的光荣与希望。

一个产生了许多伟人并仍将继续产生伟人的客家民系，朝着那由千年迁徙延伸至今的世纪之旅，又一次坚定地启程！

一个共存共荣的"大客家"，正以空前的大团结，推动着中华文明的全球飞升！

天地立黄，

宇宙洪荒，

一千年走过来，

一千年走下去，

日月不淹，

春秋代序。

永恒的世纪之旅，光辉的客家之旅，正一千年走过来，再一千年走下去。

在凡有阳光的地方，坚韧不拔的客家人正和全世界的华人携手并肩，为华夏文明的振兴，义无反顾、万众一心地走向新的辉煌！

客家人，一个新的世纪中值得骄傲的共名。

后记

近26万字的新作,终于如期脱稿,算是松了一口气。

人们常常以为我是畅销书作家,确实,这是我的第80部书了,数量之多,是易产生这一误解的。但我想,只要把书读完,这一误解应当是会消除了的。

我想,这部书是严肃的,如同我150万字的长篇小说《客家魂》三部曲一样,毕竟,这150万字只讲了一句话:教育救国。这一主题,无论怎么说,都是沉重的,凭此改编的45集连续剧,也定名为《千年圣火》,看起来,也是深沉的。

也许,这正是客家人的危机意识、忧患意识无形中给这些作品定下的格调。

我对自己的任何一部作品,也同样有一个颇为苛刻的要求:绝不重复自己。任何一部新作,务去陈言,一定要给读者全新的东西。

那么,这部作品呢?

诚然,在客家学研究上,在众多的学术专著及数十篇论文中,我较为系统地、全面地提出了自己很多新的见解。"敢于立言",这是学术界对我的评价。而大部分新的观点,现已普遍为客家学学术界所接受,甚至影响到了文学、影视、艺术的很多作品。世界客属大会为此给了我很高的荣誉，这也是对我有力的鞭策，因此，我绝不敢对笔下任何一部新作敷衍塞责，掉以轻心。

因此，在这部作品中，我以较大的篇幅、较强的笔力，去体现客家人的危机意识、忧患意识，从而揭示出经千年蛰伏之后，客家人为何在近代一啸冲天的历史动因——这一点，迄今为止，尚未见到权威的、有说服力的、理性的分析。自然，我将中国近代史开端视为华夏文明的第二度"死亡之门"，未必为史学界所认同，这仅仅是"客家立场"一说而已。当然，关于这些新观点，我也将会以一篇篇论文写出来，只是在这里先以广大读者能接受的方式加以表述。对于中国历史，既往的教条式的——无论是哪一种理论的——阐释实在是太多了，要从中跳出来并不容易。我这里无非是提供一个不同的视角、不同的阐释方式而已，相信以后还会有更多的视角与方式。

在这里，我仍想重复《客家圣典——一个大迁徙民系的文化史》的第三版序言中所引用的罗素的一段演说：

> 历史——我将这样坚持认为，就像人们公认的诗歌的情况那样，是每个人精神生活中值得向往的一部分。如果历史要起到这种作用，它只能通过迎合那些非专业的历史研究者的兴趣才行。

也许，这可以解释我为何会把这部小书写成现在这样——既是学术的，又是文学的；既是历史的，又是艺术的。一如罗素所云，历史同时是科学与艺术。迎合广大读者的兴趣，从而成为他们精神生活中值得向往的一部分；既可以畅销，又能坚守自己的文化品位。当然，要完全做到这一点，会很难很难。

可值得去努力。

那么，我在这部新作中，还向读者提供了多少新的东西呢？

我期望能在再版序言中，对此作出总结。现在，还是不多说为好。

为了使此书更适合阅读，做到图文并茂，我们使用了古进的画册《客家人》中大量的图片。我曾在《古进的五千年与八万里》一文中，写过他为此画册所付出的巨大的精力，在他身上，体现的也正是那种特立独行、百折不挠的客家精神。而我几百万字的客家著作所致力的，也正是要开拓一部客家精神史。我不知道我做到了没有，但我知道自己在做，这就够了。

末了，感激江苏古籍出版社对这一题材的关注，但愿我没辜负他们的期待。

谭元亨

2002年5月8日

新版后记

一晃，20年了，同时，也是我从事客家文化研究与客家文学创作的30年，岁月流逝，当年的年轻人，如今也近古稀之年。聊以自慰的是，这二三十年，仅客家方面的著作，不少于40种，大部分更是个人独著的，占我全部著作20%左右，至少，我没有对不起这个充满梦想同样充满挫折的年代。

当年，江苏古籍出版社陈晓清女士向我约稿，当时，她听人说，我是畅销书作家，问我愿不愿意为她策划的一套"探索与发现丛书"写一本，其他三本为《风遗西土：美洲文明播火者之谜》《骊轩绝唱：最后的古罗马人之谜》《大漠无声：西域古城兴衰之谜》。我欣然回答，没问题，我愿意。

其实，我也未必算得上是畅销书作家，纵然有的书印了上十万、几十万乃至近三百万册，包括《客家魂》，更被盗版无数，但作为学术著作如《客家圣典》，也是几个月即再印一次，我先后修订了几版，印数也以万计，当然，纯学术的，也有仅仅几千册的，虽然关于客家的学术专著，也有印上几万的，迄今为止，仅以学术类算，无论种数、印数，恐怕也未曾有人超过，文学作品就不用说了。

"前有罗香林，后有谭元亨"，这是20世纪末海外给我的称誉，我未必接受,"客家精神史的开拓者"这一称誉,亦为过誉。倒是骂我的,用的是"客家教父""精神领袖"什么的,我唯有苦笑。但不管怎样,也许是弗洛伊德说的"恋母情结",我对母亲所在的这个族群的任何请求,却从来不曾也不会拒绝,哪怕上当或被忽悠,也来者不拒,只因情之所系。从博物馆,到影视片,其中付出的巨大心血,我也权当作一种义务、一种奉献。

这次再版,毕竟是近20年之后,情势已有了很大的变化。当年还颇冷清的领域,如今已是引起各个层面的关注。无论学术著作还是文学创作,都有了长足的发展,争鸣之风也有所兴起,尤其是海峡两岸客家的交流,更有了很大的突破,已超出"破冰"的程度。客家学的方方面面,源流考、方言考、民俗学等得到研究,人类学、文化学得以提升,亦颇为可喜。过去说是显学,仅指学术界,而今,则是影响到了整个文化领域。

因此,这次再版,我也作了不少补充,所以,不再叫再版后记,而是新版后记。至少,添加了三分之一的内容,章节也从过去的18章节增加到了25章。

从章目中就可以看出,有:

华丽转身:客家形成之谜

身份确认:第二祖地之谜

物质与非物质:祠堂与谱牒之谜

族群尊严:麒麟、獬豸舞之谜

家的胞衣:"风水林"之谜

帆济五洋:大山中的侨乡之谜

胡椒与围堡:十三行客商之谜

……

然而,这么一部小小的图书,不可能完全解读出客家所有的谜团。

其实,当初,探索与发现的四部"谜书",不仍一样留下更多的历史之谜么?

当我们解读的谜越多,产生的谜也就越多。正如一位科学家所说的,当我们已知的圆越大,那么,与无知接壤的圆周也就越大,人类正是在面对越来越多的无知中有更多的发现,并在这一发现中得以成长、成熟起来。而发现是无止境的,人类的成长、成熟仅仅是个开始,圆梦之旅同样永无止境,让我们得知更多的无知,方可有更长足的进步。

这次改版,正是本着这样的意愿。

一方面,让更多的读者产生兴趣,从而有更广泛的受众,使这部书成为他们精神生活中所向往的一部,从而让读者了解自己,也认识世界;另一方面,让读者在愉悦的阅读当中,得到学理的熏陶,增进知识,提高品位。

所谓"雅俗共赏",要做到实为不易。

与旧版一样,本书力求图文并茂,除使用古进老师《客家人》中的图片外,还增加了我的博士生廖文等人的拍摄照片,以及我本人所拍的照片,从而让这本书更为多彩。

窗外,春雨正淅淅沥沥地下个不停,这永恒的倾诉,当是给我客家母亲、给哺育了我一生的故乡这一个谜一样的族群的诵歌……

岁月如歌,春雨如诉,一年之计在于春,这当是一个美丽的开篇。

谭元亨

2020年3月18日